CORRESPONDANCE

DE

P.-J. PROUDHON

TOME HUITIÈME

PARIS

LIBRAIRIE INTERNATIONALE

A. LACROIX ET Cᵉ, ÉDITEURS

13, RUE DU FAUBOURG-MONTMARTRE, 13

1875

CORRESPONDANCE

DE

P.-J. PROUDHON

Paris, 1er mai 1853.

A M. MATHEY

Mes chers amis, me voilà avec un procès. Ne vous effrayez pas trop, dussé-je y gagner cinq ans de prison. Avec un pouvoir discrétionnaire, il est possible que l'on me condamne; ce que je puis vous promettre, c'est de gagner ma cause devant la conscience publique, et cela sans vaine déclamation, sans jactance, qui plus est, avec la satisfaction du Pouvoir même. En ce moment, on instrumente, on prépare une assignation : j'attends. Je vais encore ici faire ce que j'appelle un tour de mon métier. Comptez sur moi.

Ce qui est sûr, c'est que Mgr Mathieu ne me poursuivra pas en réparation d'honneur pour avoir supposé faussement une correspondance entre lui et le sieur de Mirecourt. Pas moyen ici d'esquiver le coup : non-seulement J'AI VU la lettre, mais je m'en suis fait délivrer copie *certifiée* conforme.

Que le cardinal braille tant qu'il voudra, il est marqué à l'épaule et, en sa personne, tout l'épiscopat. La police ecclésiastique est percée à jour.

Quant aux griefs qu'on me reproche, c'est ce qu'on appelle UNE FRIME.

Il faut bien se donner une contenance.

Déjà on a fait courir le bruit que j'étais en fuite. Non, non, je reste; je veux qu'on me voie; je veux tirer ceci au clair et rendre cœur à cette nation idiote. Puisque me voilà professeur de morale, je suis obligé de joindre l'exemple au précepte, et sauf la cervelle que me fait mal, j'espère bien que je ne faiblirai pas.

En attendant, nous allons faire une seconde édition à Bruxelles, car il ne faut pas que le public attende. Des 6,500 exemplaires, 500 environ ont pu être saisis à Paris; le reste est entre 6,000 paires de mains. Hier, sur les boulevards, on offrait 30 et 50 francs d'un exemplaire. Le jour de la saisie, sixième jour depuis la publication, nous allions remettre sous presse dans trois imprimeries à la fois, et encore on ne serait pas arrivé à temps. Suivant le libraire et d'après l'affluence des demandes, 30,000 eussent été vendus dans l'année.

Allons, allons, tranquillisez-vous sur moi. D'après les amis d'ici, je n'ai pas manqué mon coup. La *Justice* existe enfin; la Révolution est assise, et la vieille société est à bas.

A cette heure, on ne parle que de cela à Paris, jusque

dans les écoles de petites filles. C'est ce fait énorme qu'il s'agit de soutenir...

On va publier la traduction allemande à Leipzig. On ne détruit pas les livres et on ne brûle plus les auteurs.

Adieu, je vous embrasse tous.

P.-J. PROUDHON

P.-S. Le vieux Truche a dû recevoir *sept exemplaires*. Il me doit 56 francs. Qu'a-t-il fait de ces volumes?...

Paris, 1er mai 1858.

A M. DUBOY

Monsieur, je vous remercie de votre toute bonne lettre qui m'est arrivée ce matin, au lit, comme un bouquet de lilas. Voici l'exemplaire que je vous réservais. Avant de vous parler de mon affaire, il serait bien que vous en prissiez tout doucement connaissance. Pour cela, lisez à tête posée, en commençant par le commencement, et vous laissant aller au crescendo de l'auteur.

Maintenant, vous devinez que j'ai prévu ce qui arrive; que l'ayant prévu j'ai songé à me défendre, et qu'ayant choisi un système de défense, j'ai pensé aussi à l'avocat. Tout cela est depuis longtemps arrêté dans mon esprit.

Or le tribunal où je prétends plaider est le *Conseil d'État*, et l'avocat par qui je désire être assisté dans la procédure, c'est vous. Pour l'*Exposé des motifs*, je m'en charge, et comptez sur moi, je vous prie, pour donner à nos magistrats une leçon de droit constitutionnel unique dans les faits de la justice, si toutefois vous voulez bien ne pas m'épargner vos conseils; car sans cela, je vous déclare que je ne puis rien.

Vous m'avez déjà une fois tiré d'embarras, et cela,

sans même que je le susse. Aujourd'hui je vous appell
à nous deux, nous pouvons, je crois, faire quelq·
chose.

J'attends mon assignation qui ne viendra pas,
pense, avant quinze jours ; car il y a trois gros volum·s
à lire pour la minuter.

Mon plan est de décliner la compétence du tribunal,
d'élever le conflit, et d'appeler à la fois au Sénat et au
Conseil d'État : je vous déduirai mes motifs.

Puisque vous voilà mon conseil, ce qui veut dire mon
confesseur, je pense qu'il est bien que nous ne disions
rien de tout ceci à personne ; en tout cas, je n'en parle
qu'à vous. Laissons le public croire, et les juges ordinaires faire ce qu'il leur plaira. C'est un *echo chez le roi*
que je vous propose de faire, et c'est vous qui instru-
menterez la chose.

Bonjour et bonne santé.

P.-J. PROUDHON.

P.-S. Quand j'aurai du nouveau, j'irai vous voir, à
moins que vous ne désiriez pas m'entendre.

Lundi, 3 mai 1858.

A M. CHARLES EDMOND

Mon cher Edmond, vous êtes ingambe, dites-vous; vous vous mettez à mon service, et vos lettres sont d'un style fatigué, triste, lamentable. Dites-moi : faut-il que j'aille vous bouter au cœur un peu de consolation?...

Vous me dites des banalités sur mon livre, ce qui me prouve que ma philosophie morale vous *embête* et que vous êtes à cent mille lieues en avant de ce monde arriéré à qui je me crois obligé de prêcher la vertu désintéressée et la béatitude de la justice. Est-ce que vous êtes condamné, par arrêt de la cour d'amour, à lire mes 1,700 pages?...

Laissons tout cela. Me voilà dans le pétrin; il faut que j'en sorte. Pour cela, j'ai besoin de savoir une chose : pourrait-on découvrir si, en haut lieu et dans l'entourage, on est animé contre moi? N'a-t-on fait que céder à la *raison d'État* jointe à la *raison d'Église*, — chose que je pardonne, — ou bien s'est-on porté *proprio motu* au-devant des vengeances jésuitiques?

C'est à me renseigner sur ce point, autant qu'il est en vous, que j'appointe votre bonne amitié pour moi.

Mon système de défense sera digéré et dirigé d'après ce que j'apprendrai.

Car, je vous en préviens, dans la nécessité où je me. trouve, je n'ai de considération à garder que celle de mon ouvrage et de ma propre dignité. Il se pourrait donc que, par la nature même de ma défense, je fisse une chose plus étonnante que mon livre, quelque chose comme ce qui est dans le psaume 109 : *Donec ponam inimicos tuos, scabellum pedum tuorum.* Je mettrai les ennemis de l'empire sous les pieds de l'empereur, de sorte qu'il n'aura qu'à appuyer pour les écraser. Mais je puis laisser entrevoir plus ou moins d'aversion pour lui tout en faisant ce beau coup; c'est ce dont je vous demande la mesure.

Réponse, s. v. p., après enquête.

On dit le sieur Espinasse prêt de tomber en disgrâce. Est-ce vrai? Réponse encore, s. v. p.

A propos de la vente des meubles et immeubles de Mlle ***, pourriez-vous me dire si M. W*** était marié quand il a eu ou reconnu cet enfant? en d'autres termes, quel est l'âge de cet enfant? en quelle année a été faite la reconnaissance? et quand M. W*** a épousé Mme W*** ?

Si vous l'exigez, je brûlerai ou je vous retournerai votre lettre.

Mille amitiés.

P.-J. PROUDHON.

P.-S. Silence absolu sur ce que je vous ai dit de mon plan de procédure, vous m'obligerez. Déjà il en court des bruits, bien que très-vagues, et que j'attribue uniquement à ce qu'on suppose que j'écrirai et publierai ma défense.

Paris, 4 mai 1858.

A M. DUBOY

Monsieur, avez-vous reçu le paquet et la lettre que j'ai fait déposer samedi matin chez vous, rue Ollivier, 2, par mon concierge.

Avez-vous commencé de prendre connaissance du *corps de délit* que vous avez entre les mains ?

Un cas se présente et aurait besoin d'être éclairci.

La saisie de mon livre a eu lieu le 28 avril.

D'après la loi de 1819, *notification du procès-verbal de saisie devait être faite dans les trois jours*, A PEINE DE NULLITÉ.

Nous sommes au sixième jour plein et révolu, et rien n'est venu.

Autant que j'ai pu m'en assurer par la lecture des lois sur la presse depuis 1848, cette disposition n'est pas abrogée ; elle me semble emporter l'annulation de la procédure, sinon la prescription de l'action publique.

Qu'en pensez-vous ?

Un mot me ferait grand plaisir, en attendant que nous puissions avoir une conférence.

Votre tout dévoué et obligé.

P.-J. PROUDHON.

P.-S. Quand même mon procès tomberait, je tiens à la question que je me propose de porter au Conseil d'État, et pour laquelle je demande vos conseils, si vous le pouvez votre collaboration.

Paris, 6 mai 1858.

A M. CHARLES EDMOND

Mon cher Edmond, je sors du cabinet du juge d'instruction, où je suis resté deux heures. Trois choses résultent pour moi de cette audience :

1° Autrefois, un procès pareil au mien s'abordait franchement, carrément, loyalement. On disait par exemple à J.-J. Rousseau : Votre Émile est contraire à notre conscience chrétienne; il attaque notre foi; or, attendu que nous sommes chrétiens, rien que chrétiens, votre œuvre sera brûlée par la main du bourreau, et vous décrété de prise de corps. C'était affreux, mais c'était logique, et en un sens moral. — Aujourd'hui, on n'attaque pas un livre de front, *in globo*; on ne lui reproche pas d'affirmer la justice, ni la révolution, ni même de renverser l'Église; on dit à un auteur : « Vous avez écrit 1,800 pages de philosophie morale, cela ne nous regarde point et nous nous en soucions comme de rien. Mais dans ces 1,800 pages, où il y a de belles choses, de grandes vérités, des solutions précieuses, il se rencontre 12 *ou* 15 *passages* desquels nous induisons, en notre âme et conscience, que vous avez attaqué la morale publique et religieuse, manqué de respect aux lois, offensé la famille, fait l'apologie d'actes qualifiés crimes ou délits, allégué des faits faux. — Nous nous emparons de ces petits faits, de ces passages détachés; vous vous expliquerez comme vous l'entendrez; et nous en croirons ce qu'il nous plaira; mais nous vous déclarons coupable, et en conséquence nous supprimons l'ouvrage et mettons l'homme pour cinq ans en prison.

2º Un autre point sur lequel on m'a paru désireux de recevoir ma protestation, est le régicide. — J'écris une réfutation en forme, de *quarante pages*, de ce système absurde, importé par les Italiens; mais il plaît à la Cour d'y voir une contre-vérité et de soutenir qu'en attaquant le régicide, c'est le contraire que j'ai voulu dire; en conséquence, on me déclare complice d'Orsini.

3º La dernière chose qui m'a paru tenir les gens au cœur est l'affaire de l'archevêque. On m'a *tâté* pour savoir jusqu'à quel point la correspondance avec Mirecourt était vraie; et j'ai vu nettement que si, sur ce chapitre, je n'étais pas en mesure, j'allais être sanglé sans pitié. J'ai compris également qu'on était inquiet de savoir si je parlerai ou non de l'archevêque à l'audience; car on paraît redouter que je remue cette infamie. Ma foi, j'ai fait selon mes habitudes; j'ai répondu en homme candide; j'ai déclaré que j'étais en mesure le prouver la correspondance de l'archevêque avec le sieur Jacquot, et, quant au procès, que je ne tenais nullement à le traîner à la barre, et que mon désir était que la chose, quant à ce monsignor, en restât là.

En somme, me voilà interrogé; l'affaire va suivre son cours, et nonobstant ce qu'on vous a dit qu'on laisserait *traîner en longueur*, dans quelques jours commenceront les débats.

Maintenant il s'agit de voir comment tout cela ira. Si peu que je sois appuyé, le procès fera bien tout à la fois pour la démocratie, pour l'Empire et pour moi. Si, au contraire, les bêtes féroces sévissent sans empêchement, je vous le prédis, l'empereur sera regardé comme le serviteur des jésuites; et le régicide, que j'ai voulu arrêter, sévira de plus belle.

Demain, j'organiserai mon plan de campagne avec mon avocat.

Je ferai en sorte de vous procurer les exemplaires dont vous aurez besoin; vous saurez seulement que vous devrez user de prudence dans la distribution, et ne pas aller compromettre ni l'auteur ni le libraire.

Vous pouvez répondre à M. Crémieux ceci :

Il y a trois ou quatre ans, je le rencontrai un jour sur le boulevard et le saluai. Il me répondit avec une extrême froideur. Ce fut du moins mon impression, et comme je me sais médiocrement accueilli de la république modérée en général, il faut peu de chose pour que je sois refoulé dans la spontanéité de mon expansion. J'ai donc cru que M. Crémieux désirait oublier nos anciennes relations, et je me le suis tenu pour dit. C'est pour cela que je ne lui ai envoyé ni mon *Manuel*, ni ma *Philosophie de la Révolution*, et qu'à plus forte raison je n'ai pas songé à lui pour ma défense; je l'eusse préféré encore, si j'avais de lui une assurance qu'il n'a rien, mais rien contre moi, et que sa sympathie est la même qu'en 1850; je n'oublie pas qu'il m'a tiré d'un mauvais pas, bien que je ne croie pas qu'il puisse aujourd'hui refaire un pareil miracle; je m'abandonnerais volontiers à son éloquence, mais pour *l'appel* seulement, car, quant au tribunal de première instance, je mène cela en *procureur*.

Je crains, pour instruire ma cause et la procéder comme je veux qu'elle le soit, les célébrités oratoires; je sais d'ailleurs que toutes, depuis M⁰ Ollivier jusqu'à Bethmont et Dufaure, en passant par les Liouville, les J. Favre, les Marie, etc., me sont hostiles; ainsi je me passerai de leurs services.

Mon plan, vous le savez, et je vous saurai mille fois gré de vous en taire, mon plan, dis-je, est d'arriver par un moyen quelconque à la publication d'un *Mémoire;* or, je crois que j'y arriverai. Cela fait, le reste m'importe peu. J'aurai vaincu, même sur le terrain de cette légalité et de cette procédure qu'on m'oppose; je n'aurai à désirer alors que de voir mes idées chantées par un virtuose tel que M. Crémieux.

Je vous serre la main.

P.-J. PROUDHON.

Paris, 8 mai 1858.

A M. CHARLES EDMOND

Mon cher Edmond, je joue donc toujours de malheur
avec vous; j'étais en course depuis le matin pour voir
avocats et juges, quand vous êtes venu à la maison
hier.

Envoyez-moi, je vous prie, la lettre de M. Crémieux,
pour que j'y fasse une réponse convenable.

Vous avez dû recevoir hier soir trente exemplaires
de mon livre. Gardez-vous sur toutes choses de les
faire payer vingt-cinq ni vingt francs, comme vous le
disiez à ma femme; ce serait une indignité de libraire
qui rejaillirait sur moi. Le prix est de douze francs au
détail par toute la France.

Je vous remercie des détails que vous m'avez donnés.
Mais ne faites plus de démarches d'aucune nature, et
si qui que ce soit se permet d'en parler pour moi, dites
que je le désavoue.

Il me suffit qu'il n'y ait pas d'animosité; je veux
vaincre par la seule force de la vérité et de la franchise, et avec le seul appui de la conscience publique;
j'aime mieux aller en prison que me rendre coupable
de la moindre dissimulation.

Je veux enfin, sans forfanterie et sans pose, être digne de mon livre et de mes amis, digne, en un mot, de ma cause.

Il se peut que demain ou après je vous envoie un mot à insérer dans la *Presse*; j'ai besoin, puisque les Mirecourt et autres m'y forcent, de bien préciser le point de la question et la valeur de la lettre de monseigneur Mathieu.

Je compte ici sur vous pour me ménager cette insertion.

Mille amitiés.

P.-J. PROUDHON.

Paris, 8 mai 1858.

À M. MAURICE

Mon cher Maurice, voici mon état de situation.

Mon livre a été saisi sur la clameur du clergé; l'empereur, consulté, n'a montré aucune animation; il a laissé faire.

Jeudi, j'ai été appelé par le juge d'instruction, et hier samedi j'ai été appelé encore. Dans quelques jours, je serai cité devant la 6e chambre de la Seine; si je suis prêt, on plaidera la semaine suivante. Puis il y aura appel.

Assurément, il eût mieux valu pour mes intérêts que rien de tout cela n'arrivât; mais mon livre ayant dû être fait comme je l'ai fait (je vous parle ici au point de vue purement politique et littéraire), il était presque impossible qu'un procès ne s'ensuivît. Sans cette saisie, nous serions sous presse pour la deuxième édition, et avant la fin de l'année on en eût vendu 25,000.

Des 6,500 tirés, 500 environ ont été saisis. Déduisez les exemplaires gâtés, donnés ou perdus, restent toujours 5,700 ou 5,800 qui seront payés. Nous venons de donner des ordres pour une édition en Belgique, sans compter que je suis loin d'abandonner la partie pour la France.

En somme, le succès du livre dépasse à la fois nos espérances et l'attente du public. Il me fait une position incomparable, et une place bien au-dessus d'un procès et de toutes ses conséquences. Je suis définitivement un de ces écrivains dont la parole s'impose ; et si par le talent je n'égale pas, il s'en faut, les Lamartine, les Thiers, etc., par la position, je puis me regarder comme leur égal. Tout est donc sauvé ; reste maintenant à tirer le meilleur parti de ce succès. Je vous tiendrai au courant de ce qui se passera.

Les exemplaires de mon livre se sont vendus, depuis la saisie, jusqu'à 120 et 200 fr. Hier, j'ai dû en faire envoyer 10 pour le prince Napoléon, c'est-à-dire pour les personnes de sa société ; c'est du moins ce que m'a dit l'ami qui m'a fait la demande.

Au total, je ne suis pas trop à plaindre et je ne redoute rien.

Pressé, je vous serre la main.

P.-J. PROUDHON.

Paris, ce 11 mai 1858.

PÉTITION AU SÉNAT

Messieurs les Sénateurs, je soussigné, Pierre-Joseph PROUDHON, auteur d'une publication récente intitulée : *De la Justice dans la Révolution et dans l'Église*, ai l'honneur de vous exposer ce qui suit :

Le soussigné, frappé du désaccord qui existe, en doctrine et en fait, entre les *Principes* de 89 invoqués en tête de la Constitution actuelle de la France, comme base du Droit public des Français, et la reconnaissance officielle d'une Église dont tous les principes et toutes les directions morales ont pour résultat de saper et d'ébranler cette base de notre Droit public, a dirigé toutes les forces de son esprit vers la recherche des moyens de remédier à ce désaccord, qui est une cause permanente de trouble pour les consciences et d'insta-bilité pour l'ordre social.

Il est arrivé à reconnaître que la vraie Constitution de la société a pour fondement la JUSTICE, considéré tout à la fois comme puissance de l'âme et notion de l'entendement; que ce principe, animique et intelli-gible, est *immanent* à la nature humaine, et ne requiert pour agir le secours d'aucune influence extérieure, de quelque ordre qu'elle soit ; que la famille et la cité sont ses organes naturels ; qu'en lui se résument, comme en leur foyer, toutes les idées de 89, toutes les déclarations et Constitutions qui ont suivi ; mais qu'un tel principe est absolument incompatible avec la continuation de l'existence officielle de l'Église, telle du moins que l'a faite le Concordat de 1802.

La conséquence pratique à tirer de là, en se renfermant dans les moyens de réforme les plus strictement constitutionnels, c'est qu'il y a lieu de remanier complétement la législation actuelle, dans tout ce qui a pour objet le règlement des rapports de l'Église avec l'État.

Un tel remaniement, messieurs les Sénateurs, n'a rien de nouveau ni d'exorbitant. L'exemple en a été donné par tous les gouvernements qui ont présidé depuis 1789 aux destinées du pays ; il est devenu une tradition de notre droit public ; il découle très constitutionnellement de la haute prérogative du Sénat, et très constitutionnellement encore il appartient aux citoyens de provoquer l'intervention de cette haute prérogative, par l'exercice du droit de pétition.

« Le Sénat, dit la Constitution de 1852, est le
« gardien du pacte fondamental et des libertés pu-
« bliques ;

« Il règle tout ce qui n'a pas été prévu par la Cons-
« titution, et qui est nécessaire à sa marche ;

« Il maintient ou annulle tous les actes qui lui sont
« déférés comme inconstitutionnels par le Gouverne-
« ment, ou *dénoncés, pour la même cause, par les péti-*
« *tions des citoyens.*

« Il peut également proposer des modifications à la
« Constitution. »

Le soussigné a pris au sérieux ces garanties offertes par la Constitution à l'initiative des citoyens, et c'est l'œil fixé sur ce texte de la loi fondamentale, et avec l'intention de se prévaloir des moyens de réforme légale qu'elle lui assurait, qu'il a écrit son livre *De la Justice dans la Révolution et dans l'Église.*

Il a voulu que ce livre servît d'exposé de motifs à la demande qu'il se proposait de faire au Sénat d'une révision de la législation relative à l'Église, et comme il n'était pas possible de séparer un pareil recours au Sénat d'un appel à l'opinion publique, il a dû combiner les diverses parties de son ouvrage, en faire la rédaction et en opérer la publication, de manière à saisir vivement cette opinion souveraine et à en préparer le concours dans les délibérations du Corps politique spécialement chargé de la traduire en élaborations législatives.

En conséquence, le soussigné, joignant son livre comme annexe à la présente pétition, et sans préjudice des productions nouvelles, pièces justificatives et documents de toute nature dont il jugera à propos ultérieurement de la faire suivre;

Attendu, ainsi qu'il croit l'avoir établi par une longue controverse, que la société humaine possède en soi, du fait de notre nature, tous les principes, toutes les notions, toute l'énergie, nécessaires à sa marche; — que, loin que la conscience réclame l'appui d'une sanction supérieure, la dépravation de l'ancienne société est venue précisément de cette prétendue sanction, et que telle est encore aujourd'hui la cause de l'affaiblissement des mœurs publiques et domestiques;

Attendu que la Révolution a eu pour objet de remédier à l'insuffisance de l'enseignement moral donné par l'Église ; par là de relever la dignité de l'homme, d'assurer l'équilibre des forces sociales, de fonder la liberté et la félicité du citoyen ;

Attendu que l'Église ne possède, en fait, aucune doctrine morale ; que par la nature de son dogme et par l'esprit de sa discipline il est impossible qu'elle en produise une ; qu'elle est totalement dépourvue d'idées juridiques, tant en ce qui concerne les *personnes* qu'en ce qui touche l'*économie sociale*, l'*ordre politique*, l'*éducation*, le *travail*, la *direction de l'esprit;* qu'elle ne connaît et ne souffre ni *liberté*, ni *égalité*, ni *progrès*, ni *certitude;* qu'elle ne sait rien du *mariage* et de la *famille;*

Attendu que si depuis 89 la Révolution, en se séparant radicalement par son principe d'une Église établie depuis dix-huit siècles, a cru devoir néanmoins user à son égard de longanimité et de tolérance ; si elle a pourvu à l'existence du clergé ; si elle a entouré l'ancien culte de protection et de respect ; si elle s'est abstenue vis-à-vis de lui de toute polémique officielle ; si elle est allée jusqu'à conserver à l'Église, malgré ses antécédents fâcheux, une part d'influence dans l'éducation de la jeunesse et la direction des mœurs publiques, il serait d'une souveraine erreur d'attribuer cette déférence de la Révolution à une pensée rétrograde, comme si la Révolution se défiait de la liberté et de la justice ; qu'il ne faut voir ici que la prudence du législateur, obligé de traiter les générations nouvelles selon le degré de leur aptitude, et d'aller ici pas à pas ;

Attendu que l'Église, autrefois pouvoir égal de l'État, n'est plus maintenant, dans la France révolutionnée, qu'un établissement d'ordre inférieur, extra-constitu-

tionnel dont l'existence précaire n'a de raison que
dans la munificence du souverain, d'autant que la
Révolution possède en soi sa constitution spirituelle et
n'a besoin pour la formuler d'aucune hypothèse théolo-
gique ;

Attendu que cette même Église, condamnée par son
dogme à un immobilisme fatal, méconnaît de plus en
plus le système des droits que tend à développer la
Révolution ; que par elle la Révolution ne cesse d'être
calomniée, le principe de la légitimité du gouvernement révolutionnaire nié ; que, non contente de former
un État dans l'État, elle aspire à ne faire de chaque État
qu'une église particulière au sein de la grande Église
dont Rome est la capitale, les jésuites la garde, et le
pape l'autocrate ; que de cet antagonisme, chaque jour
révélé par les tribunaux, entre l'Église et la Révolution,
il résulte pour les citoyens un état d'agitation continuelle, prélude d'une guerre civile et sociale ; pour la
succession des familles, frustrées de leurs biens, une
menace instante ; pour l'État, un danger toujours prochain de révolte ;

Attendu que la prolongation de cet état de choses
inquiète les amis de la Révolution et compromettrait
aux yeux de la nation le gouvernement qui la tolère-
rait ;

Par ces motifs et vu le progrès de la contre-révolution ecclésiastique ;

Le soussigné demande à ce qu'il plaise au Sénat
d'examiner s'il n'y a pas lieu, pour assurer le libre
exercice des droits créés par la Révolution et rétablir
la Constitution dans l'unité de son principe, de modifier la position faite à l'Église par le Concordat de 1802
et les Constitutions subséquentes, dans le sens des

articles proposés aux pages 606 et 607 du livre ci-annexé ;

Sinon, et faute par le clergé d'adhérer à cette réforme, déclarer l'Église déchue de tous les droits et bénéfices qu'elle tient de la Révolution, le budget des cultes supprimé, etc., etc., etc.

Le soussigné a l'honneur d'être, messieurs les Séna-teurs, avec un profond respect,

Votre très-humble et très-obéissant serviteur.

P.-J. PROUDHON.

Paris, 12 mai 1858.

A M. MAURICE

Mon cher Maurice, vous me prouvez plus que vous ne pensez vous-même votre amitié en redressant une erreur désagréable au sujet de la dette de mon frère envers Rémy. Puisqu'il ne s'agit que de 173 francs, je tâcherai d'arranger cela avec les débris de mon édition, si toutefois je ne parviens pas, comme je l'espère encore, à faire lâcher prise au gouvernement. Dans une quinzaine, je vous instruirai de ce que j'aurai fait. Mettez-moi d'abord au courant de l'affaire Rémy, puisque vous faites tant que de vous y intéresser.

J'ai été interrogé par le juge d'instruction ; hier, j'ai déposé au Sénat une pétition relative à la question traitée dans mon livre et dont j'attends un grand avantage; aujourd'hui, je pense recevoir ma citation ; dans huit ou quinze jours on plaidera, puis viendra l'appel pour lequel je ferai un Mémoire.

Quand même je gagnerais mon procès en première instance, je ne pourrais guère arriver à Besançon avant le milieu de juin. Ainsi vous pouvez faire votre voyage du Midi sans crainte, vous ne me manquerez pas.

Je vous serre la main. Mes amitiés et respects à votre excellente Laure.

P.-J. PROUDHON.

12 mai 1854.

A M. CHARLES EDMOND

Cher Edmond, je vous envoie la lettre ci-incluse pour M. Crémieux, dont je n'ai pas l'adresse. Soyez assez bon pour la lui faire parvenir : elle est telle, je crois, que le plus difficile la puisse désirer.

A vous.

P.-J. PROUDHON.

P.-S. Ne parlez pas de mon affaire et ne sollicitez qui que ce soit. Je veux qu'on me connaisse ici tout entier, et qu'on sache, comme dit Scarron, si je suis mâle ou non.

Paris, 13 mai 1858.

A M. GUSTAVE CHAUDEY

Mon cher Chaudey, je n'ai pu vous voir hier ni avant-hier, ma pétition m'ayant pris tout mon temps.

Mardi, 11, elle a été déposée par moi au Sénat, à deux heures.

Après, je l'ai portée à Bourdier, l'imprimeur de mon livre, qui a demandé du temps pour *se consulter*.

Garnier donc et son avocat Allou, consultés, ont décidé que la pétition était pire que le livre et qu'il fallait s'abstenir de participer à la publication d'une pareille pièce, si bien que je me suis vu éconduit péremptoirement.

Hier, enfin, j'ai découvert sur le boulevard Mont-Parnasse, 81, vis-à-vis l'embarcadère du chemin de fer, un malheureux imprimeur sans travail et en déménagement qui a consenti à se risquer. Je viens, neuf heures du matin, de lire l'épreuve ; demain, vers cinq ou six heures, j'aurai mes 500 exemplaires, et samedi je commencerai la distribution.

Je ne pourrai vous voir que demain à l'heure ordinaire, entre deux et trois, — sauf contre-avis de votre part.

Ah! çà, savez-vous que ce que nous faisons là est formidable ? Il va être constaté, et pour ainsi dire révélé à la France que la religion, depuis 89, est *hors la société*, elle qui jadis était toute la société; que la Révolution a pris sa place ; que le moindre des citoyens est aujourd'hui plus que l'Église, en ce sens qu'il est membre de la Révolution, tandis que l'Église ne vit que par grâce du souverain; que poursuivre l'ouvrage où ces choses sont prouvées, c'est combattre la société et livrer la Révolution aux jésuites, etc., etc.

Voilà le système que vous allez développer avec la protection du parquet même, ce que nous allons remuer en instance, en appel, en cassation, partout, ce qui met l'Empereur dans la plus fausse des positions et ne lui laisse de ressource, pour sauver l'Église et lui-même, que de faire renoncer aux poursuites !..

Eh bien! cher compatriote, si vous ne bronchez pas dans cette route, je dirai, comme nos paysans, que vous ne vous mouchez pas du pied...

J'ai la tête grosse comme un tonneau et je conduis tantôt ma progéniture au bois. Embrassez votre fieu, que je prends pour mon neveu en Voltaire et Pantagruel, et présentez mes respects à Mme Chaudey.

Tout vôtre.

P.-J. Proudhon.

Paris, 15 mai 1858.

A M. LE DOCTEUR BERTILLON

Monsieur, je suis saisi mais non pas condamné, et un lecteur de votre espèce est trop précieux pour que je ne m'occupe pas de contenter son désir. Je vous réserve un des derniers exemplaires qui restent; faites-le prendre chez moi au nom du docteur Bertillon, il vous sera livré contre le prix courant du libraire, 12 francs.

Je ne sais ce que vous direz de mes mille sept cents pages de philosophie morale, mais j'ose espérer par avance que vous conviendrez, après m'avoir lu, que ce serait plutôt à moi de prendre l'initiative des poursuites qu'au procureur impérial, agissant au nom et pour le compte de l'Église.

Je vous salue, monsieur, bien sincèrement.

P.-J. PROUDHON.

Paris, 17 mai 1858.

A M. GUSTAVE CHAUDEY

Mon cher avocat, pas encore d'assignation !

Pressé d'affaires aujourd'hui, je ne pourrai vous aller voir que demain. Je vous envoie en attendant vingt-cinq exemplaires de la pétition au Sénat.

Le sentiment de ceux qui lisent cette pièce est que le tribunal ne peut pas juger sur une question dont le Sénat est saisi.

Pour moi, ce n'est pas précisément sur cette considération que je fonde ma demande en déclaration de non lieu, c'est, je ne saurais trop vous le redire, sur ce double fait : 1° que mon procès, par la nature du *corps de délit* et l'esprit de la défense, embrasse une question qui est hors de la juridiction des tribunaux, à savoir les rapports des citoyens, en tant que communiants révolutionnaires avec l'Église qui est hors de cette communion ; 2° l'impossibilité où se trouve le tribunal de faire justice complète, en ne pouvant recevoir l'action récriminatoire que j'intente à l'Église.

A mesure que la pétition se lira, ceci deviendra de plus en plus apparent ; attachez-vous-y, je vous en prie, et que vous ayez au moins la gloire, comme avocat, d'avoir le premier étudié et développé cette question intéressante.

Sans préjudice, bien entendu, des réponses à faire sur les passages incriminés.

Bonjour et santé.

P.-J. PROUDHON.

P.-S. Le *Journal de Gand* du 15 annonce que ma pétition, après avoir soulevé au Sénat une discussion assez vive, a été suivie d'un *ordre du jour*.

« *Quelques sénateurs*, dit le journaliste, *paraissaient disposés à renvoyer cette pétition au dossier de M. Proudhon, mais on a craint d'intervenir d'une façon trop directe dans le procès*, et l'ordre du jour *a été prononcé*. »

Autre nouvelle :

« La police de Berlin a non-seulement interdit la vente du nouvel ouvrage de M. Proudhon, mais elle avait défendu aux libraires de faire des commandes de ce livre *avant qu'il eût paru*. » (*Journal de Gand*.)

Enfin je sais, par mon traducteur allemand, que le Sénat de Hambourg, où s'imprime la traduction allemande, a fait défense au libraire de l'imprimer, si bien que de Hambourg l'éditeur va être obligé de chercher asile en Suisse.

Paris, 19 mai 1858.

A M. CHARLES BESLAY

Cher ami, votre lettre est une fanfare. Quoi donc! il ne faut que cela pour vous faire sauter? Vraiment, je ne connais pas encore bien les Français, ou bien il faut croire que ce qui est glace pour moi les brûle. Vous en verrez d'autres, je vous le promets. Si l'Empire et la démocratie n'ont pas le courage d'avancer ni l'un ni l'autre, je vous promets de les enlever tous deux. Je commence à entrevoir le joint où j'introduirai mon levier et mettrai tout en branle.

Mais d'abord. allons piano, pianissimo.

Je viens de commander cinq cents exemplaires nouveaux de la pétition; c'est assez. Je puis en attendant vous en livrer une cinquantaine qui me reste; mais auparavant il est bon de vous renseigner sur la distribution :

1° La loi est formelle : elle défend toute distribution faite sans permission. Elle ne fait d'exception que pour l'auteur de l'écrit qui, soit comme hommage, peut l'envoyer à ses amis, connaissances, soit le répandre *par la poste.*

Je pourrais aussi faire mettre l'écrit en vente par le

ministère d'un libraire ; mais il me répugne de vendre cette bluette ; puis, je vous le répète, je veux aller *piano*.

Donc, voici ce qu'il y a à faire :

Ou vous me donnerez l'adresse de vos amis (nos amis), ou bien vous mettrez vous-même ces adresses sur les bandes, et vous ferez l'affranchissement, 3 ou 4 centimes par exemplaire.

Il va sans dire que bon nombre pourront *circuler de la main à la main* sans autre précaution, et par conséquent être remis directement ; le même exemplaire, une fois envoyé, devant servir pour plusieurs.

Voici maintenant ce dont il s'agira :

C'est de préparer lentement, sourdement, une consultation d'avocats sur la question que je poserai au sujet du livre, de la pétition et du procès, de manière que la réponse, rendue publique, fasse échec et mat à l'Église, et rende le remaniement de la Constitution impériale nécessaire...

Si je parviens à faire jaser les avocats (les avocats, c'est le grelot), le mouvement sera engagé. Je vous promets de secouer si bien la confrérie que le *status quo* deviendra bientôt impossible. Mais ne nous flattons de rien par avance. Il faut ici l'action de l'opinion, et elle ne va pas vite.

N'oubliez pas non plus ma recommandation à Landrieu. Le terrain commun est trouvé : c'est la justice, c'est le droit. (Voir, tome III de mon livre, page 587, où je fais développer cette idée par la bouche de l'archevêque.) Ce que je fais proposer à l'empereur par le prélat, ce doit être notre politique à nous : *à bon entendeur*, *demi-mot*.

On dit que mon affaire ne viendra que le 2. Ce soir,

je saurai, par mon avocat Chaudey, ce qu'il y a de vrai
dans cet *on dit*. Dans ce cas, je me dispose à aller passer
huit jours au vert, à Dampierre-sur-Sâlon, afin de me
préparer aux émotions de l'audience et de prendre des
forces pour la rédaction de mon Mémoire.

Savez-vous si les heures de départ du chemin de
Lyon sont changées?

Je vous serre la main.

P.-J. PROUDHON.

Paris, 20 mai 1858.

A M. NICOLLE.

Mon cher Nicolle, vous nous comblez et nous confondez. Voilà plusieurs fois que ces dames et M. Roussel, votre-gendre, viennent pour nous voir, sans que je leur aie rendu et à vous une seule visite. Hier encore, Mme Nicolle et Mme Roussel ont apporté de jolis cadeaux à mes petites filles, plus une invitation du père de famille d'aller un jour tous ensemble dîner avec lui à la fortune du pot.

La fortune du pot, c'est la bonne amitié

Vous savez mes tribulations, mon cher et ancien compagnon. Depuis trois ans, je souffre d'une courbature cérébrale, ce qui ne m'empêche pas de travailler, parce *qu'il faut* travailler. Oui, IL FAUT : chez l'un, c'est la grandeur de l'entreprise qui commande; chez l'autre, ce sont les besoins de l'existence quotidienne; pour plusieurs, ce sont toutes ces choses à la fois. Pauvre ou riche, il faut marcher, combattre, vaincre et mourir au poste. J'en suis là, vous en êtes là, nous en sommes tous là. En ce moment, j'ai un procès politique par dessus le marché, procès qui me fait espérer, avec beaucoup d'admiration de la part des badauds.

trois nouvelles années de prison, dont je me passerais fort bien. Mais, par le temps qui court, qui peut croire à trois années de quoi que ce soit ?...

Je vais, mon cher Nicolle, pour reposer ma pauvre tête et me préparer à de nouvelles luttes, me mettre pour une semaine au vert dans un trou de Franche-Comté. Pendant mon absence, mes petites filles iront vous embrasser, ainsi que Mme Nicolle toujours si bonne, de ma part, et à mon retour, entre la condamnation de 1re instance et l'appel, j'irai vous serrer la main.

Bonjour donc, et amitié à vous et à tous les vôtres.

P.-J. Proudhon.

Paris, 20 mai 1858.

A M. LE DOCTEUR MAGUET.

Mon cher Maguet, mon livre est saisi : vous le savez; hier soir, j'ai reçu assignation du procureur impérial pour le 2 juin.

Je me sens écrasé, abîmé. Voilà un gros procès à soutenir, dans lequel j'ai peine à diriger les avocats, qui n'y voient goutte, et ma tête est aussi mauvaise que jamais. J'ai besoin de repos absolu pendant au moins cinq ou six jours, et je ne vois que vous qui puissiez me le donner.

Je partirai donc de Paris après demain samedi, 22 mai, par le train du soir, je ne sais lequel, de manière à arriver à Gray dans la matinée et être reçu à Dampierre, soit par vous-même, si vous pouvez faire la course, soit par le messager, si je ne vous rencontre pas.

J'espère que la fortune ne me sera pas assez ennemie pour vous trouver malade vous-même, ou incendié, ou ruiné; dans ce cas, au lieu de recevoir de vous la santé du corps, ce serait à moi de vous aider à recouvrer la santé de l'âme.

Je vous porterai votre exemplaire, article très-rare aujourd'hui et très-recherché.

Il est tel amateur qui l'a payé jusqu'à 200 francs : le prix coûtant est de 25. On le donnait pour 10 !...

Après le jugement de police correctionnelle, il me faudra faire un Mémoire pour ma défense, et un tas de choses dont je vous rendrai compte.

A bientôt donc. Je vous attendrai chez le particulier où vous avez arrêté votre cheval lorsque vous m'avez ramené l'an passé.

Si vous ne pouvez venir, dites au messager de me prendre : ce sera toujours pour moi un plaisir de recevoir de vous ce bonjour.

Je vous serre la main.

P.-J. PROUDHON.

Paris, 21 mai 1853.

A M. MAURICE

Mon cher Maurice, je viens vous prier de me rendre un petit service. Puisque vous ne partez pour le Midi que vers le 7 juin, vous aurez tout le temps nécessaire.

Il s'agit d'être encore une fois mon banquier pour les sommes suivantes :

1° Mme veuve Dody, rue Privette 11 . . .	200 fr.
2° M. Remy, que vous connaissez. . .	173 fr.
(Vérifier ce compte. que mon frère trouve exagéré).	
3° Vous-même..	127 fr.
Total.	600 fr.

Je me suis entendu avec mon libraire pour cet objet.

Vous n'avez qu'à faire trois traites de 200 francs sur moi, payables rue des Saints-Pères, n° 6, à la caisse de MM. Garnier frères ; la première traite, fin courant ; la deuxième, 8 juin ; la troisième, 15 juin. Tout sera payé avec exactitude.

Avec le montant de ces traites, et sans déduction des frais et commissions, vous paierez pour moi, et contre quittance ou règlement, 300 francs à la veuve Dody ; 173 francs (?) à Remy, et vous garderiez le reste en couverture de ce que vous avez remis à mon frère. Si les remises que vous lui avez faites dépassent 127 francs, vous pourrez vous rembourser sur moi, *ad libitum.*

Comme vous le voyez, c'est mon frère qui a la primeur de mon livre,

Sauf erreur, je n'attends pas moins pour ma part, de 15 à 16,000 francs de cette édition. Déduisez de cette somme, par aperçu, 4,000 francs, maximum de l'amende, autant pour mon compte-courant, restera 7 à 8,000 fr. avec lesquels je pourrai pourvoir à l'avenir, et peut-être régler enfin votre propre compte.

Au surplus, quelle que soit l'issue du procès, elle ne saurait empêcher une deuxième édition de mon livre, édition que Garnier se promet de faire du premier coup de 10 ou 15,000. Dans ces conditions, je suis immédiatement au-dessus de mes affaires. (On corrige les passages et tout est dit.)

La cause sera appelée le 2 juin devant la sixième chambre. — Je m'attends d'abord à une condamnation, mais je serais surpris qu'on m'appliquât dès l'abord le maximum Viendra ensuite l'appel, et comme je gagne chaque jour et à vue d'œil dans l'opinion, j'ai lieu de croire que le pouvoir, ayant satisfait à *l'honneur*, ne tiendra pas à sévir, d'autant que la chose lui ferait un tort énorme.

Telle est, cher ami, ma situation. Ce qu'il y a de plus fâcheux c'est qu'elle ne me permettra pas d'aller vous voir de sitôt. J'irai seulement passer cinq ou six jours à Dampierre-sur-Sâlon. trois lieues de Gray, chez mon ami le docteur Maguet, pour reposer ma cervelle et me préparer au grand combat

Je pars demain soir 22, en conséquence, et serai de retour à Paris dimanche 30 au matin.

Mille gracieux hommages à votre Laure.

Tout à vous.

P.-J. PROUDHON.

Paris, 21 mai 1858.

A M. LE DOCTEUR CRETIN

Mon cher docteur, si votre imagination court en pa-
thologie comme dans vos lettres, je tremble pour vos
malades. Quoi ! parce que je suis traduit devant la police correctionnelle, vous me regardez comme mort !...
Allons donc ! Je m'attends à tout : j'ai étudié mon assignation ; il y a des intentions manifestes de *maximum*,
et ce maximum pour les délits imputés est de TROIS ANS.
Je sais aussi qu'avec la procédure actuelle, la justice
sabre comme il lui plaît ; malgré tout cela, je prétends
réduire ce tapage à peu près à rien, et j'ose prédire,
pour peu que le procès dure trois mois, qu'il en sera
comme je le dis.

Ou bien il faudrait que le pouvoir, pour le plaisir de
me mettre en prison, s'ouvrît le ventre à lui-même,
comme le Japonais qui défie son ennemi : en ce cas, que
pourrais-je souhaiter de pire à un régime désormais
universellement détesté, et qui va finir ?...

Vous ne connaissez pas encore tout ce qu'il y a au
fond de ce procès ; les débats de la police correction-

nelle le révéleront au Palais et au gouvernement; le Mémoire que j'écrirai pour l'appel le révélera au monde entier.

Dormez en paix, cher docteur; le mal, quel qu'il soit, ne sera pas grand, comparé surtout à l'immensité du résultat.

J'aurais quelques observations analogues à vous faire sur les difficultés d'appréhension que présentent certaines parties de mon livre. Vous trouvez qu'il n'entiera que lentement dans les esprits à raison de ces difficultés : je dis qu'il ira d'autant plus vite.

Qu'est-ce qui lit le *Système du monde* de Laplace? Et cependant, qui ignore le vrai système du monde?

Combien de gens savent la théorie des machines à vapeur? Et quoi de plus vulgaire?

Où est le savant qui pourrait aujourd'hui se vanter de posséder la théorie exacte et définitive de l'électricité? Cela empêche-t-il le télégraphe électrique de jouer?...

La science des mœurs et du Droit suit la même marche que les autres. Elle aussi est difficile; elle le paraîtra de plus en plus; mais les profondeurs de la science en garantissent désormais la *certitude*, et c'est la certitude qui assure la rapidité de la marche.

Or, combien faut-il de lecteurs pour faire passer cette certitude de la théorie en soi dans la conscience générale? Quelques douzaines; pas davantage. Le reste attrapera ce qu'il pourra, et ce qu'il saisira de la science lui garantira le reste.

Ainsi vont les idées dans le monde. Il n'en était pas de même sans doute pour des hypothèses douteuses, pour ce qu'on appelait la philosophie d'Aristote ou celle de Kant. Mais la philosophie de la *Révolution*, c'est autre chose. Le peuple ne me lit pas, et sans me lire il m'entend. Son cœur jure par la Révolution.

Au surplus, les événements nous poussent : avant trois ans peut-être, mon livre sera devenu le *Manuel de l'homme et du citoyen, du juge et de l'homme d'État*. Il y a encore de bien vives appréhensions, je le sais, dans la classe qui représente plus spécialement les *intérêts*; mais quand les intérêts sont seuls, combattus même par la conscience, la colère, le dégoût, l'ennui, etc., etc., ils font une résistance bien faible, aussi faible que la résistance des baïonnettes. Vous verrez, si déjà vous ne voyez.

Je pars, cher ami, demain soir samedi pour Dampierre, où je reposerai ma tête au frais, pour revenir le 2 juin affronter la police correctionnelle et me préparer à la grande lutte.

Je suis satisfait de mon avocat Chaudey, dont je n'ai jamais, au reste, entendu l'éloquence. Il me suit parfaitement ; il est à mon unisson ; il accepte dans son entier mon système de défense, combattant pour la justice révolutionnaire et le droit humain, plutôt que pour le salut de l'inculpé, et convaincu que cette manière de faire est la bonne. Pas de lieux communs d'audience, pas de *pose*, pas de fracas avocassier, à la manière de J. *Favre* défendant Orsini. J'aurais honte de ces joûtes qui n'ont rien de sérieux. Le débat sera riche pour le parquet, je vous en réponds ; rude pour le tribunal, pour le pouvoir, et surprendra, je le crois, tout le palais. — C'est sur le terrain même de la justice que je suis fort, je ne veux ici pas plus de recommandation que de blague.

Vous avez lu la *pétition* au Sénat, l'effet au palais,

dans le public, parmi les ateliers, est prodigieux. Vous verrez autre chose. Et puis, il faut savoir mourir...

Bonjour, mon très-cher docteur.

P.-J. Proudhon.

P.-S. Je vais donner des ordres pour vos quatre exemplaires.

Paris, 21 mai 1858.

A M. GUSTAVE CHAUDEY

Mon cher Chaudey, notre plan de campagne se présente admirable, et j'en suis entièrement satisfait.

Ma raison contentée, mes scrupules révolutionnaires levés, tous les principes sauvés, je n'éprouve plus rien qui me contrarie ; vous pouvez marcher.

Mon salut personnel m'est de peu en présence des grands intérêts moraux que nous allons défendre ; c'était à sauvegarder ces intérêts que je m'attachais avec tant de force, quand je vous parlais *incompétence*, *non-idoneité*, défaut même, etc. Il me semblait, et à juste titre, que j'abandonnais cette Révolution dont je suis l'exégète, en accordant si aisément à la justice de l'empereur le droit de tailler et trancher à son aise dans mon livre.

Maintenant nous sommes d'accord ; nous nous entendons je crois, nous ne lâchons rien, nous gardons tout ; et nous allons, par un tour habile donné à la défense, offrir l'option aux juges de rendre une sentence essentiellement inconstitutionnelle, abusive. subversive, du système créé par la Révolution, etc.,

ou d'attendre judicieusement la décision de l'empereur
et du Sénat.

C'est là dessus que portera plus tard la *consultation*
(encore une pièce, un écrit, un acte) que nous aurons
à préparer et à faire signer par les jurisconsultes amis
de la Révolution qui l'oseront faire.

Voici donc comment je conçois votre plaidoirie :

Première partie. — 1. Exorde : Vous rappelez les
premiers chrétiens opposant leur dieu et leur religion
aux proconsuls, et se mettant en opposition avec la
loi : *Melius est parere Dio quam hominibus.* — Les
saints-simoniens, etc.

Nous, bien autrement radicaux dans nos principes
que les uns et les autres, nous ne faisons pas de
même.

.... Vous savez votre leçon.

2. Mais si nous acceptons le jugement *d'hommes*, de
magistrats institués par la *Révolution*, et qui revêtus
de leur toge ne représentent qu'elle, il est évident que
ces hommes, ces magistrats, ne manqueront pas à leur
principe, ne violeront pas l'esprit de leur institut, ne
trahiront pas leur mandat, ne compromettront pas
leur religion.

Une question grave se pose donc ici :

Dans l'espèce, et vu le système de défense que nous
sommes obligés de suivre devant les faits révélés, l'ouvrage dénoncé,

Le tribunal est-il en mesure de juger ?

A-t-il tout ce qu'il faut pour le faire ?

Le peut-il sans danger pour la Révolution, pour la
Constitution de l'Empire, pour l'Église elle-même, pour
le salut de l'empereur enfin, autant que pour les droits
de l'inculpé ?...

Suit le développement de la thèse posée dans ma
lettre d'hier, lequel développement se double d'un
exposé rapide du livre servant à montrer: 1° la différence et l'incompatibilité des deux *morales;* 2° les
conséquences qui en résultent aux points de vue
divers de la Constitution, du Concordat, etc., finalement de l'écrivain.

3. Tout cela fait, vous rappelez le soin que nous
avons pris de saisir le Sénat, d'abord avant le procès,
puis encore depuis le procès ; — lecture des deux
pétitions, qui deviennent ainsi deux pièces essentielles
du procès; — conclusion : par un mouvement oratoire
et pour demander un instant de repos, autant que pour
laisser réfléchir le tribunal, vous proposez un sursis,
et en cas de refus vous êtes prêt à continuer la discussion.

Ici se termine la première partie ; le tribunal se
repose, le public souffle, on échange des réflexions,
et l'affaire apparaît à tous les esprits dans ses colos-
sales proportions.

Je vous le répète, cher ami, ceci satisfait pleinement
ma conscience. Quoi qu'il arrive de la part des juges,
j'aurai tout réservé, tout défendu, je n'aurai rien sacrifié, rien compromis. A eux de voir : *Caveant con-
sules!*

Quand un homme en est là, que peut-il craindre ?

Quand un avocat traite de pareilles questions, qui
aurait le temps de remarquer s'il est spirituel ou élo-
quent ? Il est la raison, le droit qui parle ; ce n'est plus
même un avocat, c'est un législateur.

Deuxième partie. — Parce que la substance du livre
me fait une situation nouvelle et impose au tribunal
es devoirs élevés, une circonspection plus grande, je

ne me prétends pas innocent ; j'admets, sauf vérification, que je puis avoir failli. Le tribunal exige que je me défende ; je plaiderai donc, comme si le Sénat une seconde fois, comme si l'empereur, par des considérations politiques que je n'ai pas à juger, avaient rejeté ma proposition relative au Concordat.

Que s'ensuivra-t-il contre moi ? Rien du tout. Loin de là, le tribunal, averti de la portée de son jugement et de la nature du procès, devra juger en prévision d'une réforme future, autant qu'en conséquence de la morale révolutionnaire dont il est le défenseur.

Il aura donc à apprécier les passages, non-seulement en eux-mêmes, mais :

1. Au point de vue de l'ensemble du livre ;

2. Au point de vue de la situation nouvelle que crée à l'auteur et la Révolution et son ouvrage.

A ce double point de vue, nous croyons lesdits passages pleinement justifiables, *le ministère public ne les a pas compris...*

Discussion de ces passages.

Mais restât-il quelque chose de répréhensible, — l'écrivain qui écrit dix lignes commet dix fautes contre le goût et la langue ; — le logicien qui raisonne trébuche à chaque syllogisme ; le plus juste, dit l'Évangile, pèche sept fois : comment n'aurions-nous pas failli dans 1,700 pages ?

La conscience du juge fût-elle convaincue qu'il y a dans ces passages un acte à punir judiciairement, d'après quelle mesure devrait s'administrer la peine ?

Ici, et c'est le privilége du livre, ce sera celui de tous ceux qui, à partir de ce jour, affirmeront la morale publique de la Révolution, contradictoirement à la morale de l'Église.

Ici, dis-je, le privilége de l'inculpé est que, étant au bénéfice d'une situation indécise, d'une législation mal définie, etc., le *minimum* de la peine est encore trop élevé pour lui.

Cela se démontre, ce me semble, par une considération de droit.

Quand la loi a été faite, il y avait bonne foi générale, consentement tacite sur l'identité de la *morale publique* et de la *morale religieuse;* à ce point de vue, le délinquant était passible, aussi bien au for intérieur qu'au for extérieur, d'une peine qui, selon l'appréciation du juge, pouvait aller, par exemple, de *quinze jours à trois ans*, soit de 1 à 78 (15 jours est à 3 ans, comme 1 à 78).

15 jours — 3 ans, 1 — 78; voilà la peine dans son tout, c'est-à-dire avec sa latitude, ses termes extrêmes, *minimum* et *maximum*.

Mais aujourd'hui, vis-à-vis d'un livre comme le mien, dans une situation anormale, la répression est trop forte; trop forte, non-seulement comme maximum, mais aussi comme *minimum*, puisque la peine édictée doit être ici considérée comme un tout unique, identique, variable seulement dans l'application.

Peut-être bien que si le législateur révisait le Concordat, et par suite la loi sur la presse, il édicterait une peine qui, allant de vingt-quatre heures à trois mois, 1 à 90, permettrait encore une assez forte répression; mais cette loi n'existe pas, par conséquent le bénéfice do minimum m'est acquis, et je puis dire qu'en m'infligeant ce minimum et me supposant coupable, la justice est en reste avec **moi;** elle devient ma débitrice.

Résultat qui prouve **une fois de plus** la nécessité de

réviser le Concordat (nous dirons bientôt la Constitution impériale tout entière).

Voilà, cher ami, le résultat de mes réflexions. Joignez-y les vôtres, et je ne doute pas un instant que nous ne fassions d'excellente besogne.

Quel chemin à parcourir ! Que d'enseignements dans ce procès ! Quelle stupéfaction au Palais !

Je vous verrai entre deux et trois ; j'ai beaucoup à faire et à courir.

A vous tout entier, mon cher compatriote, collaborateur et compère, à vous pour la vie.

P.-J. PROUDHON.

Paris, 21 mai 18J9.

A M. CHARLES EDMOND

Mon cher Edmond, je pars demain soir 22 pour la
Franche-Comté, où j'ai besoin de reposer pendant cinq
ou six jours ma pauvre tête. J'aurais voulu causer un
peu avec vous avant de m'en aller : ce sera pour mon
retour.

Pourquoi cette affectation de la *Presse* de dire, il y a
trois jours, que rien n'était décidé sur le choix de mon
avocat, quand tout le monde sait que cet avocat est
M. *Chaudey?*

Pourquoi le feuilletonniste - avocat de la *Presse*
se montre-t-il si peu bienveillant pour le même
M. Chaudey, qu'il fait mon *disciple*, avocat à Besançon,
et écrit *Chaudet*, quand M. Chaudey est l'un des plus
anciens collaborateurs de la *Presse* (1845); quand tout
le monde sait qu'il est inscrit au barreau de Paris;
quand, enfin, il est originaire de Vesoul, où il a plaidé
en cinq ans plus de causes criminelles que nos plus
grands maîtres de la Cour d'assises en toute leur vie !

Tout cela est ridicule.

J'ai eu mes raisons, très-sérieuses, pour choisir
M. Chaudey, et si j'en crois la lettre que j'ai reçue de

M. Crémieux, non-seulement il ne s'offense pas de ce choix, mais il ne me refusera pas son assistance en Cour d'appel, si nous devons y aller.

Je vous suis bien reconnaissant, mon cher ami, de la part que vous avez prise à ce qui m'arrive; mais croyez, je vous le répète, que, de même qu'il eût été stupide à moi de compter sur aucune protection d'en haut pour arrêter le cours de la justice, de même il eût été encore plus fou de m'abandonner, en cette occurrence, aux inspirations de nos avocats ordinaires, habitués à plaider le lieu commun, dans l'intérêt de leur gloire et pour l'amusement des badauds, qui n'y voient pas plus loin que les orateurs.

Il me fallait un conseiller qui pût m'entendre, me suivre, s'imprégner de mes idées, de mon plan, de mes vues; cela a exigé de longues conférences, dans lesquelles eût succombé tout autre, et où, n'ayant pas moi-même toute aisance et commodité, je n'eusse rien fait qui vaille.

L'affaire montée, et M. Crémieux l'adoptant, je crois qu'il fera merveille.

J'ai d'autres vues encore que vous comprendrez plus tard.

Je vous ai pris au mot en vous faisant envoyer trente exemplaires de mon livre. C'était trop. Comme l'article est toujours aussi recherché, renvoyez-moi, ou à Garnier, ce que vous avez de trop; c'est une course que je paierai volontiers.

Bonjour.

P.-J. PROUDHON.

Paris, 22 mai 1858.

A M. GUSTAVE CHAUDEY

Mon cher Chaudey, je vous renvoie vos journaux, après avoir pris suffisante connaissance des articles.

Je n'ai rien à vous dire de l'article de M. Faustin Hélie, si ce n'est qu'il révèle aux personnes étrangères à ces études qu'il existe à la Cour de cassation un grand criminaliste, un grand jurisconsulte, un grand homme de bien, dont la République pourrait faire quelque chose de mieux que ce que Napoléon III a fait de M. Troplong.

Sur le premier-Paris de la *Presse*, 9me année, je dois vous faire observer que si Girardin avait raison sur la question de *bon marché*, il avait tort quant aux conditions de ce bon marché, qui étaient de faire du journal un instrument d'annonces et de réclames, et tôt ou tard un moyen de corruption de l'esprit public, d'escroquerie et de chantage. L'expérience le démontre, et le temps a donné raison sur ce point à Armand Carrel contre Girardin.

Dans l'article sur Augustin Thierry et la Gaule, vous pouviez ajouter que tout en se soumettant à Rome, supérieure par son droit et sa civilisation, la

Gaule ne tarda pas à entrer en part de l'empire même,
comme on le voit par l'histoire des empereurs *Tétricus*,
Victorin, Constance Chlore, Julien, etc. Dès le temps de
Germanicus, Paris est désigné pour deuxième capitale
de l'Empire. Cela rachète fort notre soumission.

Nous avons causé de l'Histoire de Thiers et des
idées politiques de Napoléon.

Je reviens à notre *affaire*.

Plus j'y pense, plus je trouve que nous sommes définitivement bien engrenés, et je n'ai plus qu'un vœu à
former, dont vous me pardonnerez de vous rebattre les
oreilles, c'est que la brièveté, la sobriété, soient en
vous égales à la hauteur du sujet.

C'est bien moins ici l'accusé qui vous parle que le
penseur, l'artiste, l'ami, soigneux de votre succès autant que de son propre salut. Soyons graves, fiers et
dignes; pour cela, soyons brefs, précis, point diffus,
point emphatiques; si nous voulons imposer, ne *posons*
pas. Vous m'avez donné un bel échantillon de votre
savoir-faire dans votre procès de *Verrier*, accusé d'em-
poisonnement. J'aime cet élagage, qui permet de mettre
en relief l'idée utile et qui enlève un acquittement.

J'ai commencé de jeter un coup-d'œil général sur les
passages incriminés; je crois que si je m'en emparais à
l'audience, et que je voulusse faire moi-même la réponse, je ferais fuir de honte le procureur impérial.
C'est à la suite d'une pareille charge, déterminée par
l'impatience que me causait la lecture du juge d'instruction, que celui-ci, ou le ministère public, s'est
décidé à supprimer les passages 552 et 573 du tome III.
Ce que j'ai fait pour ceux-là, je pourrais fort bien le
faire pour les autres....

Au reste, toute cette partie du plaidoyer repose essentiellement sur la première; en sorte que la discussion des passages relatifs à l'outrage à la morale publique et religieuse se trouve faite d'avance, par la discussion même qui aura pour objet de définir ces deux espèces de morale.

Pour la *morale publique*, l'ai-je offensée? Je le nie. Je soutiens même que les passages incriminés ont précisément pour but de l'établir.

Quant à la *morale religieuse*, comment ai-je pu offenser ce qui, selon moi, n'existe pas? Qu'on dise que j'ai *calomnié* l'Eglise, le christianisme, la théologie, la religion en général, en soutenant qu'ils n'ont pas de morale : passe encore, ce sera une *diffamation*, si l'on veut; ce ne sera jamais un *outrage à la morale....*

Pour la *famille*, encore une fois, je n'y comprends rien. Je me réserve à ce propos de faire une petite esclandre qui couvrira le parquet de confusion et fera trembler le tribunal, sans qu'il soit possible au président de m'adresser le plus petit mot de réprimande. — *L'excitation à la haine :* j'ai fait mon livre pour établir le *terrain commun* sur lequel doivent se rallier tous les Français. Autrefois ce terrain commun était la foi religieuse; aujourd'hui c'est la justice....

(Voyez tome III, pages 586 et 587; voir aussi, page 548, le passage relatif à la moyenne de bien-être.)

Quant aux passages dénoncés, ils sont destinés à mettre en relief l'anarchie actuelle et l'antagonisme....

Le mépris des lois. Ici encore je me réserve de faire une charge à la hussarde que vous n'oseriez vous permettre. De votre côté, vous feriez valoir le passage du tome II, pages 445 à 458, où j'enseigne précisément la raison pour laquelle le bon citoyen respecte les lois, même fausses ou ridicules, raison que ne sait pas le ministère public.

Les fausses nouvelles. Vous avez votre thème fait, et moi j'ai autre chose. — On veut sauver l'honorabilité de certaines religieuses, de certains ecclésiastiques; on me chicane sur des détails, quand il ne tenait qu'à moi d'écraser le clergé sous des masses de faits *historiques* et *judiciaires.* — Laissons-les venir; si l'on me presse sur un détail incertain, je les mitraille de faits authentiques.

Voilà tout, mon cher avocat.

Les deux parties de votre plaidoyer sont indissolublement liées l'une à l'autre par la discussion relative à *l'outrage à la morale;* et vous n'avez réellement qu'à être bref, succinct, rapide, comme l'épée du chérubin.

La QUESTION DE PRINCIPE, sans cesse présentée par vous, écarte ou couvre la *question d'outrage*, qu'on voudrait y substituer au moyen d'une indigne équivoque. En ne perdant pas cela de vue, je ne vois rien de difficile dans votre plaidoyer; et, à moins qu'ils ne s'avisent sagement de nous renvoyer purement et simplement, je ne vois pas leur position belle devant l'opinion. Je vous déclare, foi de franc-comtois, que je préfère les trois ans de prison dont on me menace au pilori où les attachera mon Mémoire.

Tout cela faisant trotter mon esprit, j'en arrive à craindre qu'ils ne prennent au mot votre proposition de *sursis.*

Certes, je tiens à ce qu'elle soit faite par vous; nous le devons au public et à notre cause, mais il faut la faire d'un ton altier, généreux, en gens qui offrent la paix, non en vaincus qui la demandent. Rappelez-vous

Ponsard demandant la guillotine. Ce sera un peu votre rôle.

Condamné ou absous, il faut que je procède à une deuxième édition, et il ne me conviendrait que tout juste de la renvoyer aux calendes grecques. Par conséquent, agissez tout à la fois selon le droit et selon l'intérêt.

Je vous quitte.

Vous pouvez m'écrire en adressant votre lettre à *M. Maguet, docteur-médecin à Dompierre-sur-Sâlon, par Gray (Haute-Saône).*

Mille amitiés.

P.-J. PROUDHON.

Paris, 22 mai 1858 (5 h. du soir).

A M. GUSTAVE CHAUDEŸ

Mon cher ami, on verbalise contre le second tirage de ma pétition.

L'imprimeur Bry, que je vous engage à voir (boulevard Montparnasse 81, vis-à-vis le chemin de fer de l'Ouest), vient me prévenir qu'on fait chez lui perquisition, qu'on menace, qu'on tonne... Pour obliger ce pauvre homme, je lui ai rendu ses exemplaires, moins 140 dont j'avais déjà disposé, en lui prescrivant la réponse qu'il devra faire.

On prétend que ce tirage est *inutile* et à seule fin d'être *vendu* et d'agiter l'opinion. Je prétends en avoir plus que jamais besoin, moi, pour mon procès, et précisément en vue de l'opinion.

Je suis disposé, cette fois, à me plaindre et à interpeller le fameux Espinasse, ministre de l'intérieur, ou le Parquet, ou tous deux, selon que je doive attribuer à l'un ou à l'autre, ou à tous deux, cette nouvelle vexation.

Mais j'ai la tête en feu, et plus que jamais je suis décidé à partir, à peine de maladie.

Écrivez-moi donc demain dimanche, à l'adresse indiquée, pour m'avertir de ce que je dois faire. Ce que vous déciderez sera fait.

S'il vous faut encore vingt ou trente pétitions, je les ai à votre disposition; vous pouvez les faire prendre à la maison.

Ce monde est faible. Il a peur de la lumière et du bruit. Point de parole, point d'écrit, surtout pas d'imprimé. Quelle canaille !

Je vous serre la main et attends de vous, lundi, une missive.

P.-J. PROUDHON.

26 mai 1858.

A M. GUSTAVE CHAUDEY

Mon cher ami, je vous remercie de votre bonne et longue lettre, qui m'a été remise en temps voulu. La peine que vous vous donnez me démontre le zèle que vous prenez à mon procès; cependant, si je suis vivement touché de vos soins, je m'applaudis encore davantage de votre bonne amitié. Encore quelques mois et nous serons des amis de vingt-cinq ans, amis solides et inséparables, tels que nous sommes l'un pour l'autre mon vieux docteur Maguet et moi, qui, depuis 1836, n'avons cessé de croître en fidélité, confiance mutuelle et sincère dévouement.

En nommant ici mon ami Maguet, que je n'oublie de vous dire qu'il a accueilli avec bonheur votre bonjour, et qu'il me charge d'être auprès de vous l'interprète de ses amis.

Je pense tout à fait comme vous en ce qui touche l'imprimeur Bry. Il faut nous taire, bien que le procès-verbal ait eu manifestement pour cause la pétition et que la bonne foi de Bry soit manifeste. Que le pouvoir qui nous régit est bête et faible, et comme il serait aisé de le mettre à bout, si notre vieille démocratie n'était encore plus sotte et couarde!... Mais il faut nous résigner et agir seuls; il faut dire ce que dit Achille dans Racine :

Et quand moi seul enfin je devrais l'assiéger,
Patrocle et moi, seigneur, nous irions vous venger.

Le calme des champs me montre l'iniquité monstrueuse de ce procès.

Quoi! on m'accuse d'attaque à la morale publique et religieuse, parce que je publie une philosophie morale dont les principes et les conclusions sont dignes de ceux de l'Évangile même!

Attaque à la famille, parce que je fais la physiologie de la famille, et parce que j'en établis la religion sur des bases désormais inébranlables!

Attaque au respect des lois, parce qu'il résulte de ma théorie qu'une loi, même mauvaise, tant qu'elle est admise de bonne foi, doit être respectée!

Excitation à la haine des citoyens, moi qui conclus à l'union définitive sur le terrain commun de la justice! Ai-je excepté de la réunion les prêtres et les propriétaires?...

Fausses nouvelles, parce qu'au lieu de me prévaloir de la masse des crimes et délits authentiquement connus, j'ai préféré citer des faits inconnus, diminuant ainsi volontairement la rigueur des accusations!...

Apologie de faits qualifiés crimes et délits!... Je n'y comprends rien, en vérité.

Pourquoi donc n'ose-t-on pas me poursuivre pour le véritable motif, qui est le renversement de l'autorité religieuse par l'autorité révolutionnaire?... Cela serait intelligible, sincère, logique, si ce n'est légal et constitutionnel!...

J'ai honte de me voir forcé d'argumenter sur ces inculpations aussi grossièrement calomnieuses; et d'employer à me défendre toutes les ressources d'esprit et de talent d'un avocat habile et d'un honnête homme. Honte à nous ; honte à notre époque !

Je reviens encore une fois à notre plan.

Je crois fermement que le procureur impérial, tout en se livrant à des *considérations générales* au commencement et à la fin de son plaidoyer, n'entrera pas dans la discussion du livre. Or, c'est justement à cette discussion que vous devez le contraindre, ce me semble, tant pour en déduire l'absurdité des inculpations et l'inintelligence des passages, que pour faire ressortir ce qu'a de monstrueux, au point de vue de l'auteur et du tribunal, l'accusation.

On traitera de chimère, de dévergondage d'esprit, etc., cette négation si ferme, faite au nom de la Révolution, de la pensée, et de l'autorité religieuses ; mais c'est précisément ce qui fait la valeur de la Révolution, ce qui fait la légitimité de ses institutions, ce qui exige la déduction de son idée. La Révolution n'est rien sans cela, etc., etc.

9 heures. — Une lettre reçue de Paris m'apprend la saisie de la pétition, et un nouveau procès que l'on veut joindre au premier. Il faut de toute nécessité que je sois à Paris samedi matin 29, pour répondre au juge d'instruction, faute de quoi, au lieu d'un procès, nous en aurions deux.

J'irai donc ; arrivant à cinq heures du matin, j'aurai le temps de vous voir, pour convenir de mes réponses et nous mettre en garde contre ce nouveau coup.

Mon intention est de répondre tout net que, non content de cette première pétition, je vais en adresser une *seconde*, et que si la publication est interdite, je saurais me plaindre et obtenir justice.

A vous de cœur.

P.-J. PROUDHON.

P.-S. Un particulier disait, après avoir lu mon livre (c'etait Yvan, de la *Presse*) : *Je comprends les lettres de cachet.*

Et moi aussi. Quand il se présente des cas comme le mien, où la justice est liée par sa propre loi, il n'y a de ressource que la lettre de cachet.

Paris, 30 mai 1858.

A M. CHARLES EDMOND

Mon cher Edmond, de retour de la Franche-Comté pour répondre à un nouveau procès que l'on m'intente pour ma *Pétition au Sénat*, je viens vous demander un nouveau petit service.

Des services ! vous m'en avez rendu déjà par douzaines ; tandis que moi je n'ai jamais rien fait, je ne puis rien pour vous. C'est donc tout à fait gratis que vous obligez un pauvre homme.

Parmi les passages signalés dans mon livre comme attentatoires à la morale publique et religieuse, se trouve les pages 320-221, tome III, étude x⁰.

Dans cette page, j'ai osé citer, d'après un récit recueilli de la bouche d'un ami, le fait d'un *évêque devenu père d'une compagnie de gardes nationaux; item* celui d'un curé, *qui, au su et vu de ses paroissiens, possède de ses trois filles dix-enfants vivants.*

Les deux faits ont été fournis par un officier de marine, ou amiral, qui en avait été témoin dans l'Amérique espagnole ou au Brésil, je ne sais lequel.

Cela est qualifié de *calomnie.*

Pouvez-vous me faire avoir la lettre de l'officier qui a

raconté ces belles histoires, ou à défaut m'écrire quelques lignes qui servent du moins à prouver que je n'ai pas pris la chose sous mon bonnet?

Il va sans dire que je ne songe à compromettre ni vous ni personne. Aucun nom ne sera prononcé; il suffit que je puisse décemment AFFIRMER, de la manière qui convient à un honnête homme.

J'attends avec impatience votre réponse et en même temps des nouvelles de votre santé.

Pardon des brusqueries de ma dernière lettre. Mais vous avez trop d'esprit pour supposer un instant que mes griefs contre la *Presse* s'adressent à vous.

Je vous serre la main.

P.-J. PROUDHON.

Paris, 3 juin 1858.

A M. MATHEY

Mon cher Mathey, je vous fais passer le résultat de la séance d'hier, 6ᵉ Chambre de la police correction-nelle ·

P.-J. Proudhon, trois ans de prison, 4,000 francs d'amende;

Garnier, un mois de prison, 1,000 fr. d'amende;

Bourdier, quinze jours de prison, 1,000 francs d'amende;

Bry, imprimeur de la pétition. quinze jours de prison, deux cents francs d'amende.

En qualité de récidiviste, le tribunal, admettant la culpabilité, ne pouvait faire autrement que de m'appli-quer le maximum. La peine la plus élevée pouvait m'être appliquée pour un grief qui a été écarté, étant de cinq ans, 6 000 francs d'amende, je pouvais donc avoir dix ans de prison, 12,000 francs d'amende.

Les débats ont été un véritable imbroglio sans inté-rêt. Il est déplorable de voir une justice ainsi ravalée.

Nous allons appeler; dans quelques semaines, je vous enverrai mon Mémoire. C'est alors que vous compren-drez le système de défense qu'on n'a pas voulu en-

tendre, systeme d'après lequel je dois, en cas de condamnation, être condamné à cinq ans au moins, puis
immédiatement mis en liberté.

Rien de bien nouveau.

Affaires toujours désespérées. — Réprobation presque
unanime de la circulaire Espinasse touchant les biens des
hospices. — Proclamation bien timide encore du comte
de Paris, offrant, avec le rétablissement de la monarchie constitutionnelle, les *conquêtes politiques de février*.
— Avant-hier, service funèbre pour la duchesse d'Orléans; toute l'élite orléaniste s'y passe en revue. — Préparatifs de guerre accompagnés de protestations de paix.
« Si vous faites la guerre à l'Angleterre, aurait dit
Rothschild à Sa Majesté, vous n'aurez pas un sou. » —
Indignation publique à propos du duel *de Pène*. —
Bruits sinistres sur la vie de l'empereur, qu'on assurait
hier, à la Bourse, avoir été frappé d'un coup de poignard
à Fontainebleau, et en danger.

Enfin, ennui général, fatigue, dégoût, atmosphère
chargée, temps à l'orage... Tout le monde, à Paris, commence à être convaincu que cela ne tient plus...

Salut à tous nos amis, et dites-leur de ne pas s'inquiéter plus que moi. Si vous voyez Oûdet, grand
bonjour de ma part.

Si vous pouviez prendre une heure et vos longues
jambes, je vous serais obligé de voir. rue de la Lue, 19,
si M. Maurice est parti pour le Midi, et de lui faire
part du contenu; puis de me donner des nouvelles du
vieux cousin de *Saint-Jean*.

Je vous serre la main.

                         P.-J. PROUDHON.

Paris, 3 juin 1858.

A M. CHARLES EDMOND

Mon cher Edmond, je vous transmets par votre
femme, qui vient de nous faire une visite, le résultat
de la séance d'hier, 6ᵉ chambre de police correctionnelle :

P.-J. Proudhon, trois ans de prison, 4,000 francs
   d'amende, suppression de l'ouvrage et destruction
   des exemplaires;
Garnier, un mois de prison, 1,000 francs d'amende;
Bourdier, quinze jours de prison, 1,000 fr. d'amende;
Bry, quinze jours de prison, 200 francs d'amende.

Au total, je ne suis pas mécontent de mes juges ni
de mon sort. Je trouve que le procès a été mal conduit,
effet de la peur du tribunal, qui ne voulait pas permettre le débat sur la question du conflit entre la
Révolution et l'Église, d'où un *imbroglio* d'interruptions qui a abouti à ce que vous voyez.

En appel, cela ira autrement, parce que je rétablirai
les choses dans leur véritable ordre. Mon vrai délit, si
délit il y a, est tel que je dois être condamné à cinq ans
de prison au moins, dix ans au plus : c'est ce que je

réclame, sauf les objections et impossibilités que je dois présenter contre l'application de la loi.

Avez-vous entendu dire que l'empereur avait été poignardé hier, à Fontainebleau ?

Avez-vous connaissance du manifeste du comte de Paris ?

Quand pourrai-je aller vous voir ?

Bonjour.

P.-J. Proudhon

3 juin 1858.

A M. LE DOCTEUR MAGUET

Mon cher Maguet, voici le résultat de la journée d'hier :

Quatre inculpés, deux procès liés

P.-J. Proudhon, trois ans de prison, 4,000 francs d'amende ;

Garnier, éditeur, un mois de prison, 1,000 francs d'amende ;

Bourdier, imprimeur, quinze jours de prison, 1,000 fr. d'amende ;

Bry, autre imprimeur, quinze jours de prison, 200 francs d'amende.

Le tribunal, admettant la culpabilité et jugeant un récidiviste, était obligé de m'appliquer le *maximum*. Il pouvait même aller jusqu'au DOUBLE du maximum; en sorte que le chef d'accusation le plus grave entraînant une peine maximum de cinq ans, je pouvais être condamné à dix ans de prison et 12,000 francs d'amende.

Si bien que je puis me croire encore *ménagé*.

Le débat n'a pas eu le *sens commun*. Les interruptions continuelles du président trahissaient une préoccupation-constante, celle d'empêcher que le débat fût porté sur son vrai terrain, celui de l'Église. Et pourtant c'est au nom de l'*Église* que je suis condamné; le jugement le dit.

De ce conflit entre le tribunal et la défense, il est résulté un véritable *imbroglio* dont je viens vous donner la conséquence. Il faudra bien pourtant sortir de là; j'en fais mon affaire.

Au total, je ne suis ni surpris, ni mécontent.

La lutte était inévitable, prévue; suivons-la avec calme.

J'oubliais de vous dire que mon livre est *supprimé*.

On n'aime pas beaucoup l'auteur, mais on en veut encore plus à l'ouvrage. Tout cela est misère et impuissance.

Je vais faire appel. Je chargerai Crémieux de ma défense s'il consent à plaider ce que je veux qu'on plaide. Vous recevrez dans quelques semaines mon *Mémoire*.

Les choses vont de mal en pis.

Pas d'affaires; — des Bourses désespérées, bien que la cote ne soit pas très-basse; — un soulèvement d'opinion à peu près unanime contre la vente des biens d'hospices, dans laquelle on ne voit qu'un *emprunt* forcé; — des préparatifs de guerre mêlés à des protestations continuelles de paix; — enfin, des rumeurs sinistres sur la vie de l'empereur, qu'on dit à chaque instant attaquée. Hier encore, on disait à la Bourse que l'empereur avait reçu à Fontainebleau un coup de poignard et qu'il était gravement blessé. Dessirier venait me dire en même temps que défense était faite aux journaux de parler de cela.

Une proclamation du comte de Paris, tirée à cinquante exemplaires, circule en ce moment; j'ai pu en obtenir un extrait analytique. On accorde déjà toutes les conquêtes de 48. Bientôt sans doute nous aurons des proclamations par milliers.

Avant-hier, service solennel pour la duchesse d'Orléans : grand concours de personnages; une sorte de *revue*. On m'assure que certaines sociétés secrètes sont prêtes à accueillir cette restauration.

Enfin, malaise, ennui, atmosphère électrique, temps à l'orage partout. Pauvre France !...

Gouvernet et moi nous avons bu à votre santé, et j'ai mangé avec délices toute la galette. Cathe l'a trouvée très-bonne, mais cela lui brise les dents. Je dois, dans l'intérêt de vos vins, vous dire que Gouvernet et notre ami M. Beslay ont trouvé, ainsi que moi, ce petit goût graillonneux qu'a votre vin, et cela, je vous assure, sans qu'ils aient été prévenus. Cela doit tenir au tonneau, longtemps resté vide ou mal rincé. Ayez donc bien soin, pour la prochaine récolte, de visiter vos fûts. Si je puis aller porter la bouteille, je me réserve de faire l'inspection de vos vaisselots et de flairer partout.

Mes amitiés sincères à M. Marcelin.

Et écrivez-nous du 15 au 16; cela vous fera vivre un peu avec la capitale et vous dérouillera.

Je vous embrasse.

P.-J. Proudhon.

P.-S. Vous pensez bien que les marques de sympathie ne me manquent pas : c'est le pain quotidien des condamnés politiques.

Paris, 7 juin 1858

A M. CHARLES BESLAY

Mon cher ami, je n'ai rien compris à votre dernier billet. Vous me parlez de duel; qu'est-ce que cela veut dire? Vous mêlez-vous encore de ces choses-là?

Mais voici qui m'effraie. La *Presse* de ce soir parle, d'après le *Nord*, d'un duel entre un monsieur âgé et un jeune homme; le jeune homme a succombé; mais pas de noms, et la police court.

En lisant cette anecdote, j'ai malgré moi songé à vous. De grâce, vous avez le droit, à soixante ans passés, d'être calme, et de vous laisser insulter deux fois avant de vous battre, d'autant que vos preuves sont faites.

Dites-moi donc vite où vous en êtes?

J'étais chez Chaudey quand vous êtes venu à la maison. A partir de demain, je me mets au travail, et je ferme ma porte à tout le monde, hormis à vous.

Un mot qui me rassure, s'il vous plaît.

Je vous serre la main.

P.-J. PROUDHON.

P.-S. J'ai écrit ce matin à notre ancien collègue *Crémieux*.

Paris, 9 juin 1858.

A M. BERGMANN

J'ai reçu ta lettre du 7 juin, qui s'est croisée en route avec la mienne du même jour, que tu dois aussi avoir reçue.

·Je te répète que je tiens ici à ta disposition l'exemplaire de mon ouvrage que je te destinais ; à première occasion je te l'enverrai ou tu le feras prendre.

Je suis trop *chicanoux* pour accepter ton jugement de première instance ; je demande de ta part plus ample informé.

Ce que tu appelles *intempérance de langue*, à ton point de vue de sage anachorète, étranger aux batailles de ce monde, n'a été de ma part que l'usage legitime d'un DROIT, acquis depuis 89, consacré par la Constitution, et dont l'exercice était motivé par la conduite de l'Église elle-même envers la Révolution et la démocratie.

Deux pétitions ou plaintes que j'ai adressées au Sénat expliquaient ce droit, prouvaient que l'Église devrait comparaître à la barre à côté de moi, et concluaient soit à la condamnation de ladite Église, soit à une révision du Concordat.

L'Église n'est pas plus aujourd'hui devant la loi que le moindre des citoyens, et quand elle se fait calomniatrice de la Révolution, chacun de nous a droit de l'inculper elle-même, et de *qualifier* sa morale comme j'ai fait, ce qui n'est pas INJURIER; j'ai pu manquer à la *prudence*, je le reconnais, je n'ai pas manqué aux convenances légales ; c'est pourquoi, ayant conscience de mon droit et remplissant un devoir, j'ai fait avec réflexion ce que j'ai fait, et je suis convaincu que j'ai bien fait.

Tu n'es pas, mon cher ami, de la partie militante du siècle ; donc que celui qui ne combat pas me juge par le soldat qui frappe et qui est frappé.

L'Église et ses suppôts ne vivront pas toujours, et le jour où elle aura rendu le dernier soupir, les passages incriminés de mon livre paraîtront ce qu'ils sont : de simples *qualifications* de doctrine, non_*des outrages à la morale*.

— J'accepte plus volontiers le second de tes considérants relatifs à mes appréciations historiques que tu déclares *sujettes à caution*. Mais permets-moi, à ce sujet, de mettre ton amitié à contribution et de te demander de m'indiquer sommairement, sans discussion, les pages ou chapitres que tu voudrais voir réformer.

Je songe très-sérieusement, malgré mon procès, à faire une seconde édition soit en France. soit à l'étranger. Condamné ou absous, j'aurais à cœur d'expurger et *réduire* mon ouvrage ; mais il me faut pour cela les conseils de juges tels que toi.

C'est une lettre de quatre pages que je te demande, tu as trop l'amour de la vérité et le soin de ma réputation pour me refuser ce service.

J'ai lu déjà la moitié de tes *Scythes*.

C'est d'un immense intérêt, comme tout ce que tu fais, et tu ne manqueras pas ton coup, si, comme tu le dis, tu as voulu surtout exciter la recherche des savants.

Mais, je le répète avec franchise, tes conclusions vont beaucoup trop loin selon moi ; et les faits, et les étymologies que tu rapportes, excellentes pour rétablir l'analogie et la *parenté* (je prends ce mot à la façon des botanistes) des langues et des races, ne me paraissent plus suffisants pour démontrer leur *filiation*.

Voltaire demandait plaisamment à M. Lefranc de Pompignan s'il croyait que tous les chênes du monde, avec leurs espèces et variétés, fussent sortis du même gland, et il en disait autant des races d'hommes.

1. Je crois que si l'homme a pu naître, les conditions de sa création étant données, sur l'Himalaya, il a pu naître tout aussi bien sur le Caucase, le Liban, l'Hémus, les Karpathes, les Alpes, les Pyrénées, l'Apennin, l'Atlas et les Cordillères.

2. Je crois qu'il a paru sur tous les sommets abandonnés les premiers par l'Océan, et que de là il s'est étendu de droite et de gauche dans les plaines.

3. Je crois que la similitude des langues, tant pour les radicaux que pour les *formes*, tient à l'identité de notre nature et à la ressemblance des climats ; qu'il en est de même, par conséquent, de la poésie, des mythes, des religions, des arts, des inventions, des imitations, etc.; bien que je reconnaisse, d'ailleurs, en raison de ce que j'ai dit plus haut, n° 1, que les peuplades diverses ont pu se faire de mutuels emprunts, qui ont fini par confondre jusqu'aux moindres nuances.

C'est dans cette hypothèse seulement que je me place, pour rendre raison de toutes les analogies et conformités si curieuses de langages, d'idées et de mœurs que les savants surprennent chez les peuples et dans leurs idiomes ; et je trouve que ton travail aurait gagné à rester dans ces sages limites. Pourquoi les savants linguistes referaient-ils sur un autre plan l'histoire biblique de la tour de Babel? Rien que cette idée de *filiation* ou *migration* ne montre-t-elle pas l'enfance de la philosophie, qui, avant de s'élever à l'unité sérielle, commence par l'unité généalogique ?

M. Ernest Renan, qui traite les mêmes sujets que toi, me paraît tomber aussi dans les mêmes inconséquences. Il a bien vu que le système sémitique suppose une formation distincte du système indo-germanique; mais ce premier pas fait, il s'arrête ; d'un côté, il ne reconnaît plus aucune analogie ou parenté entre les deux systèmes, ni pour les radicaux, ni pour les formes, tandis que, selon moi, il y en a de nombreuses ; de l'autre, il ne va pas jusqu'à concevoir la possibilité d'une formation indépendante aussi pour les diverses langues ou dialectes appartenant à chacun de ces deux grands systèmes, latin, grec, germain, sanscrit, d'un côté; hébreu, arabe, syriaque, chaldéen, etc., de l'autre.

Je t'avoue que tout cela me semble d'une grande timidité philosophique et d'une radicale inconséquence.

J'oserais en dire autant de quelques-unes de tes raisons. Par exemple, tu regardes *l'amaigrissement* ou la contraction des mots comme un signe de vieillesse et d'usure; ce qui peut être vrai dans certains cas, mais ne me paraît pas l'être toujours. Ce principe, que tu émets, me paraît tenir à l'habitude qu'ont prise les philogogues modernes de tout rapporter au sanscrit, comme jadis on rapportait tout à l'hébreu. Le sanscrit allonge les mots et met toujours une voyelle à la suite de chaque consonne, d'où l'on conclut que les idiomes de la même famille qui mangent ou étranglent les voyelles, comme l'allemand, sont moins anciens Conclusion qui me paraît doublement gratuite et fausse, d'abord parce que rien encore une fois ne prouve qu'une race n'a pu, par ses dispositions naturelles, contracter ce que d'autres tendaient à développer ; puis, parce qu'une langue fût-elle venue, dans l'histoire, la dernière en date, cela ne prouverait pas du tout qu'elle n'est pas la plus ancienne.

Un exemple : à côté de *mand-ere*, le latin a *manducare*, par allongement du radical ; puis le français aura fait, dit-on, de *mand-ere mandjer*, manger, et dans nos vieux patois jurassiques, *mangie*, *mengie*, *menzie*, *mégie*, et enfin *mezi*. Ce dernier mot est du bassin le plus élevé de mon département. Suivant ton raisonnement, il faudrait croire que tous ces mots sont venus de *manducare*, en se rétrécissant graduellement ; tandis que je ne vois pas plus de difficultés à les faire tous contemporains du soi-disant radical. Le *thème* une fois donné, je ne sais comment, c'est encore un mystère que tu as commencé de débrouiller, chaque tribu le modifie immédiatement et à sa guise ; comment ? pourquoi ? autre mystère. S'il fallait, pour expliquer cette modification, juger d'après ce qui se passe sous nos yeux, je dirais que ces modifications, en supposant comme tu fais le radical originaire d'une seule race, sont le produit de l'intervention de races étrangères, qui, parlant une langue apprise, la modifient selon les lois de leurs propres idiomes et de leurs habitudes. Il en résulterait alors que les variations du thème témoignent de *langues perdues* autant que de la filiation des langues existantes, ce qui n'avancerait guère, comme tu vois, la solution du problème. C'est ainsi que l'expliquent les variations, assez légères, de la prononciation française ; le principe est de ne pas faire tonner la consonne finale des mots : *lou* pour loup, *mangé* au lieu de *manger*, etc., mais les languedociens prononcent tout ; et c'est à leur imitation que les Français du nord disent aujourd'hui *a-oûte* pour *ou* (le mois d'août) ; le *temse* pour *ten* (le temps), etc.

De quelque manière que l'on s'y prenne, après avoir reconnu l'identité du thème et l'analogie des formes sous la multitude des variations, on arrive à reconnaître la variété originelle des aptitudes organiques, ce qui, comme je le dis, indique une *unité de série* dans les langues, non une unité de généalogie.

L'abus du sanscrit va aujourd'hui jusqu'à faire ombre aux règles fondamentales de l'étymologie. Ainsi, un allemand fait dériver *Ouranos* de *Varouna*, nom de je ne sais quel dieu indien. Mais pourquoi donc ne verrais-je pas dans ce mot *Ouranos* un radical *our*, le même que l'*aour* hébreu, si voisin d'ailleurs ; puis une terminaison *anos*, si commune en grec ? Cet exemple montrerait qu'entre le grec et l'hébreu il peut y avoir des thèmes communs. Pourquoi non ? Y a-t-il si loin des *îles* au Liban, à la montagne d'Éphraïm et au Sinaï ? La parenté (série) des langues est universelle et les dégradations en tout sens sont insensibles.

Je conclus : il y a des Celtibériens, des Gaulois (Arvernes ou Jurassiens), des Germains, des Scandinaves, et aussi des Slaves et des Scythes ; il y a des Turcs, des Mongols, des Persans, des Hindous (y a-t-il encore des Bactriens du 1er Zoroastre ?) Parmi ces peuples, les uns ont fait parler d'eux avant les autres ; les nomades ont produit des mélanges : voilà tout.

Et, à propos de ces derniers, les *nomades*, qu'est-ce qui prouve que la vie sédentaire n'est pas tout aussi primitive que la vie pastorale, d'autant mieux que l'espèce a dû naître sur des sommets entourés d'eau, dans des îles, au sein des forêts ? Dans les plaines de la Tartarie, la vie nomade est donnée *à priori* sans doute, c'est le pays de *Gog* et *Magog*, que je traduis, avec Malte-Brun, par la *Petite Horde* et la *Grande Horde*. Dans la vallée du Nil, au contraire, la vie sédentaire est donnée *à priori*, comme dans nos vallées de la Suisse et du Jura, comme dans les forêts, vierges encore au temps de César, de l'Armorique et du pays chartrain.

Ici l'économiste apporte son témoignage en même temps que le géologue ; contre leurs données, les conjectures du linguiste ne peuvent prévaloir...

Tu pardonneras ces réflexions à un homme que tu as le droit de considérer en fait de philologie comme un ignorant. Mais depuis que j'ai abandonné les langues, je me suis enfoncé dans la vie pratique ; j'ai contemplé l'humanité dans son âme et son action, et comme tout s'enchaîne, je me suis fait, à l'aide de mes études spéciales, une opinion sur les choses auxquelles j'ai renoncé. Quelque jour nous en causerons ; tu jugeras si j'ai perdu mon temps.

Ton ami.

P.-J. PROUDHON.

Paris, 12 juin 1858

A M. MAURICE

Mon cher Maurice, en vous disant de payer à
M^mo Dody 300 francs, je n'entendais pas contester l'exactitude de sa note; je voulais seulement que mon frère eût
le temps de la reconnaître : c'est pourquoi je laissais
25 francs en arrière. Je ne demande pas de rabais ni de
remise; mais je n'ai aucune garantie que la parole de
Mme Dody, mon frère ne m'ayant pas donné le chiffre
exact de la dette.

Voyez donc vous-même, et agissez pour le mieux.

Quant à Lamy, je suis surpris de sa conduite, et je
vous prie également de regarder de près à cette créance,
que mon frère trouve un peu exagérée. Le malheureux !
les dettes lui viennent en dormant.

J'attends le règlement de mon libraire pour savoir ce
que je vais devenir. Sur les 6,300 exemplaires tirés,
5,500 environ ont été vendus, au prix moyen de 9 francs,
ce qui fait une cinquantaine de mille francs de rentrée.
Sur quoi environ 18,000 francs, frais d'impressions, etc.,
à déduire, sauf erreur ou omission.

J'ai un compte courant qui se monte à plus de
4,000 francs à mon débit; — une amende à payer de

4,000 francs. Tous mes comptes réglés, s'il me reste 7 à 8,000 francs pour faire ma prison, c'est tout. Il est vrai, je l'espère, que la prison ne me sera pas infructueuse : je travaillerai. Je compte également sur une seconde édition à faire de mon livre à l'étranger ; des offres m'ayant été faites, ce sont encore quelques milliers de francs sur lesquels je puis compter.

Maintenant, le jugement de police correctionnelle sera-t-il confirmé, ou la peine réduite?... Je ne puis rien prévoir à cet egard.

Il n'y a pas d'animosité contre moi en haut lieu ; je crois également qu'il n'y a pas non plus d'acharnement de la part du Parquet : mais c'est affaire d'Église, et il ne convient pas pour le moment au gouvernement de l'empereur de laisser maltraîter l'Église : de là mon jugement. Tout cela tient à de petites causes. Peut-être que si j'avais pu paraître avant l'attentat d'Orsini, on m'aurait laissé passer ; peut-être aussi que, si, au lieu de saisir le cinquième jour de la publication, on avait attendu *un mois*, l'opinion ayant eu le temps de se former, on n'aurait pas poursuivi.

Nous sommes dans un temps de ténèbres : les affaires sont toujours à la *baisse ;* il y a partout inquiétude, dégoût, désespoir. Autant le tapage de la presse causait d'effroi en 1848, autant le silence aujourd'hui produit de terreur. Tous les gouvernements de l'Europe arment, et l'on ne sait pourquoi. L'Angleterre accuse la France, c'est-à-dire l'empereur. Le parti prêtre, partout ultramontain, et dirigé par les jésuites, se mêle aux intrigues et prépare, de connivence avec certains gouvernements, l'extinction des idées révolutionnaires ; d'autre part, le parti orléaniste s'agite et gagne du terrain ; l'armée est travaillée par les divisions ; les républicains se taisent; l'année s'annonce magnifique, et la misère va croissant, faute de confiance et de sécurité. Que vous dirais-je? Nous sommes dans un moment d'expectative douloureuse qui finira peut-être par un branle-bas général et des exterminations affreuses. La peur est partout; les idées marchent et les colères y mettent le feu. La fin du dix-neuvième siècle sera effroyable.

J'ai interjeté appel il y a trois jours. Crémieux me défendra : c'était chose convenue d'avance entre mon premier défenseur Chaudey et moi. Ceux qui-disent que Chaudey m'a mal défendu disent faux; il ne m'a pas défendu du tout, attendu que le système de défense que je lui avais imposé n'a pu être présenté, le président ne l'ayant pas permis. Dix fois interrompu, Chaudey est revenu dix fois à la charge sans succès.

Ce que je n'ai pu faire entendre au tribunal, je vais l'écrire : un bon *mémoire* fera ce que n'a pas fait la parole.

Ma santé est passable, et ma tranquillité si grande qu'elle étonne tout le monde. En effet, je ne crois pas à la condamnation, pas même au procès. L'Église, dans un temps donné, assez court, est perdue : tôt ou tard le gouvernement sera forcé de s'en séparer.

Confiance donc, et santé.

Je vous serre les mains.

P.-J. PROUDHON.

Paris, 20 juin 1858.

A M. CHARLES BESLAY

Mon cher ami, il fait bien chaud pour vous conduire mes fillettes et leur mère, celle-ci surtout, avec sa collection d'infirmités.

Nous irons cependant, d'abord à cause de votre amitié sans pareille; puis, en prévision de l'avenir, c'est-à-dire de la prison, qui pourrait nous défendre d'ici à longtemps une semblable réunion.

Comptez donc donc sur nous vers cinq heures et demie six heures, et s'il m'est permis de vous parler du menu, vous savez que je tiens peu à la viande, ma femme encore moins, et mes enfants pas du tout. Un légume, des pommes de terre frites (un sou par tête), c'est tout ce qu'il faut.

J'aurai probablement quelque nouvelle à vous porter; je suis appelé pour demain, lundi, au ministère de l'intérieur, à l'occasion de la saisie de mon *Programme philosophique*.

A vous.

P.-J. PROUDHON.

P.-S. Foin du *Times* et de sa rédaction! Il me serait, sous tous rapports, préjudiciable que MM. les Anglais s'occupassent de moi et fissent de mon livre et de mon procès un moyen d'attaque au gouvernement impérial.

Ainsi, loin que j'accueille cette ouverture, je désire que l'honorable correspondant garde le silence.

Les Anglais ne nous connaissent point, il faut les laisser à leur *bibliomanie.*

Paris, 21 juin 1858.

A M. CHARLES EDMOND

Mon cher Edmond, je reviens sans cesse à la charge. Aujourd'hui c'est un petit plaisir que je vous demande et un renseignement.

Le plaisir consisterait en un billet ou deux de parterre pour voir votre pièce. J'ai lu le compte-rendu de M. Paul de Saint-Victor; j'ai entendu le rapport de nos amis communs : le tout me semble si différent et confus, que j'ai envie, malgré la chaleur, de juger votre œuvre par moi-même. Ma femme ne m'en a rien pu dire, forcée de rentrer, elle n'a vue que les deux premiers actes; seulement elle se plaint de vos acteurs et trouve qu'il vous font tort. En sorte que je ne sais à quoi m'en tenir. Il faut cependant que je voie cela; et ce qui vaut mieux, il faut que quelqu'un, ami sincère et un expert, vous dise à vous-même ce qu'il en est.

Osez donc m'écrire, je vous en prie. Puisque votre pièce se joue, elle ne vous regarde plus, et vous devez avoir du temps.

De tous côtés me pleuvent les avis sinistres. On ne cesse de m'exhorter à fuir; et moi, j'ai logé dans ma

tête d'aller en prison. Cette terreur du public et de mes
propres amis me fait mal, et j'en souffre réellement.
C'est donc ainsi qu'en France nous devons soutenir les
nôtres! Je porte le drapeau, comme Bonaparte sur le
pont d'Arcole, au devant de l'ennemi, et l'on n'appuie
pas. On m'admire comme si j'avais fait un acte de crâ-
nerie, et l'on me laisse là! Quelle génération! Quelle
France!

Et vous, que me direz-vous, vous qui êtes brave!
Parlez donc, je vous somme au nom de l'amitié. Parlez,
comme je ferai quand j'aurai vu votre pièce, parlez sans
crainte. Je suis dégoûté; j'ai horreur de vivre dans un
tel monde, et franchement, je crois que la prison me
vaudrait mieux.

Me fera-t-on pis qu'à Paya, à Fargin-Fayolle, etc?
Et quand même?

Je vous serre la main,

P.-J. PROUDHON.

P.-S. Je travaille à mon Mémoire d'appel; et je fais
comme si j'étais sûr de gagner.

Paris, 3 juillet 1858

A M. LE PROCUREUR IMPÉRIAL

Condamné par le tribunal de police correctionnelle de la Seine pour mon livre *de la Justice dans la Révolution et dans l'Église*, et devant bientôt comparaître devant la Cour d'appel, j'ai pris la résolution de produire pour ma défense un Mémoire rédigé en termes convenables, et je sais que tout Mémoire de défense, signé d'un avocat, jouit d'un certain privilége et ne peut donner lieu à poursuite.

Mais je sais aussi que le Parquet et la Cour croient avoir la faculté d'apprécier, en raison du nombre d'exemplaires, si le Mémoire n'est pas lui-même une publication susceptible de saisie; et comme la loi n'a pas fixé le nombre auquel un Mémoire de défense peut être tiré, sans donner lieu à une poursuite, il s'ensuit que je ne sais réellement pas jusqu'où s'étend mon privilége, et que l'imprimeur, qui craint de s'exposer, me refuse son ministère.

Je viens donc, monsieur le Procureur impérial, vous prier de me dire quelle latitude vous pensez qui puisse m'être octroyée.

Mon procès a un caractère éminemment politique et social ;

Il intéresse au plus haut degré la Constitution de l'Empire ;

Le sénat en a déjà été en quelque sorte saisi par une pétition qui est devenue, ainsi que mon livre, l'objet d'une saisie ;

Des questions de droit public, d'une extrême importance, sont par moi soulevées ;

Enfin, au cas de confirmation par la Cour d'appel du jugement de première instance, il y a lieu de penser que l'affaire sera déférée à la Cour suprême.

Il m'a paru que mon Mémoire devait être distribué à toutes les personnes notables comprises dans les catégories ci-après :

Maison de l'Empereur ;

Maison du prince Napoléon ;

Ministères ;

Conseil d'état ;

Sénat ;

Cour de cassation ;

Cours et tribunaux de la Seine ;

Chambre des avocats.

Pour tout ce monde, 500 exemplaires suffisent à peine : ajoutez pareil nombre pour ma famille et mes amis, puisqu'il est juste que la distribution soit égale des deux côtés ; du côté de la justice et du gouvernement qui poursuivent, et du côté de l'accusé qui se défend. Nous arrivons ainsi à un total de 1,000 exemplaires.

S'il s'agissait d'une publication, je ne doute pas que dans la première semaine il en fût vendu plus e 10,000. Toutes choses donc étant relatives, j'ose espérer, mon-

sieur le Procureur impérial, que le nombre d'exem-
plàires ne vous paraîtra pas exorbitant, et que voudrez bien à cet égard me dire un mot qui rassure
pleinement l'imprimeur.

Si vous trouviez le nombre de 1,000 exemplaires
excessif, je serais forcé de me renfermer dans la limite
qu'il vous plaira de me prescrire, car mon intention
n'est nullement de braver la justice. Mais vous remar-
querez, monsieur le Procureur impérial, si vous m'obligez à réduire ma distribution, que nombre de personnages qui pourraient se croire le droit de prendre
connaissance de mes réponses, croiront en revanche
avoir droit de se plaindre, et qu'une affaire de si haute
gravité à tous les points de vue ait été soustraite à
l'examen de l'Empereur, de son Conseil privé, de son
Conseil d'État, etc.

En deux mots, monsieur le Procureur impérial, j'entends ne rien faire que d'accord avec vous : si vous me
réduisez à 100 exemplaires, je ne tirerai que 100 exemplaires ; mais je ne pense pas me tromper en vous annonçant que votre circonspection sera trouvée regret-
table.

Je suis, etc.

P.-J. PROUDHON.

14 juillet 1858.

A M. LANGLOIS

Mon cher Langlois, pourriez-vous, en courant, me procurer un passage de De Maistre, et un de Chateaubriand, analogues à celui que vous m'avez fourni de Guizot, sur la contradiction de l'Église et de la société ?

Cela ferait bien dans mon Mémoire.

Je ne possède rien de ces deux auteurs : peut-être seriez-vous assez heureux, en feuilletant l'un ou l'autre (*du Pape, Considérations sur la Révolution française, Soirées de Saint-Pétersbourg*), ou les *Mémoires d'outre-tombe*, pour toucher juste sur ce qu'il me faudrait.

Ne mettez à cela que peu de temps.

En me répondant, donnez-moi votre numéro, que j'oublie toujours.

. Je vous serre la main.

P.-J. PROUDHON.

P.-S. Aujourd'hui est l'anniversaire de la prise de la Bastille : 69 ans.

Nous avons, en remplacement, 45 kilomètres de for-

tifications, 12 ou 15 forts détachés, caserne d'Orsay,
caserne du Temple, 2 casernes à l'Hôtel de Ville ; caserne à l'Arsenal, 2 casernes projetées : place Saint-
Michel et École Polytechnique; 50,000 hommes de
garnison, etc.....

Paris, 16 juillet 1858.

A M. et Mme ***

J'ai décidé de publier pour ma défense un Mémoire :
pas un imprimeur ne consent à s'en charger. La police
les en dégoûte; le parquet dit que je n'ai que faire de
cela. Ne pouvant obtenir justice à Paris, je suis forcé
d'aller la demander au dehors; et quand cette lettre
vous parviendra, vous aurez peut-être appris par les
gazettes que je suis à Bruxelles occupé de mon impression. De l'effet que produira cette brochure, de l'esprit
de mes juges et du gouvernement, dépendra ensuite la
question de savoir si je dois rentrer en France ou m'en
tenir hors.

Vous voyez, monsieur et madame, que tout n'est pas
rose dans la vie d'homme de lettres. Mon livre a eu un
succès fou : tel exemplaire a été payé 200 francs; à
l'heure présente, la rareté se faisant toujours, on ne le
donne pas à moins de 40 ou 50; les cabinets de lecture
le louent 50 *centimes* par jour et par volume; on s'inscrit chez les heureux acquéreurs pour obtenir communication; bref, le coup porté à l'Église a été terrible; et me voilà redevenu aussi célèbre et mieux
posé qu'en 1848.

Pour la Suisse, plus de 20,000 exemplaires se seraient vendus cette année : c'était le commencement de
la dot de mes filles. Il s'agit maintenant de tirer parti,
pour moi et les miens, et pour la chose publique, de
cette situation.

Donnez-nous toujours de vos nouvelles; cela fera
du bien à ma pauvre délaissée, qui va peut-être passer
trois ou six mois dans la solitude.

Tout vôtre.

P.-J. PROUDHON.

Paris, 16 juillet 1858.

A M. MATHEY

Mon cher Mathey, quand la présente sera jetée à la
boîte par ma femme, elle aura reçu la nouvelle de mon
arrivée en Belgique.

J'étais décidé à pousser le procès jusqu'au bout : le
refus de tous les imprimeurs de me prêter leur ministère pour la publication de mon Mémoire de défense ; la
déclaration du procureur général Chaix d'Est-Ange
qu'on ne tolérerait pas un tirage de plus de vingt exemplaires ; les saisies faites coup sur coup sur mon livre,
ma pétition au Sénat, mon programme de philosophie,
dont j'avais fait venir de Belgique soixante-quinze
exemplaires ; les avis officieusement donnés à tous les
libraires et imprimeurs que tout ce qu'écrit M. Proudhon est *dangereux*, tout me prouve qu'on a résolu
d'étouffer ma voix et briser ma plume. Peut-être ne se
propose-t-on pas de sévir contre ma personne, du
moins on me le donne à entendre ; mais dussé-je être
gracié le lendemain de mon incarcération, à quoi cela
me servirait-il ? Je devrais prendre encore le parti auquel
je me décide aujourd'hui.

Je vais donc à Bruxelles publier mon Mémoire, que j'adresserai à tous les jurisconsultes de l'Europe. On trouvera bien moyen d'en introduire quelques milliers en France et de vous en faire parvenir. Ce sera un opuscule de cent vingt à cent cinquante pages, format de l'ouvrage, et que Chaudey, qui y a mis un peu la main, juge fort intéressant. La justice de Paris est d'autant plus effroyable que le ton dont elle parle est d'une parfaite convenance.

Je vous écrirai ultérieurement; en attendant, vous pouvez toujours me faire passer de vos nouvelles par Cretin, qui saura bien me les renvoyer.

Je vous serai obligé de faire passer l'incluse à mon frère. Il viendra vous voir et vous prier de faire traite pour lui, à mon ordre, sur Garnier frères, libraires, rue des Saints-Pères, 6, Paris, d'une somme de 200 francs, 1er août prochain.

J'ai maintenant, je puis le dire, deux familles sur les bras; cela m'exalte, et je vous avoue que plus je vois de gens avoir besoin de moi, plus j'éprouve d'orgueil.

C'est comme l'amitié, on ne dit jamais : c'est assez !

A moins que, mon jugement étant confirmé par suite du défaut, le gouvernement ne s'avise de m'amnistier après avoir lu mon Mémoire, et que, de mon côté, je ne trouve avantage à revenir, une vie nouvelle va commencer pour moi. J'ai beaucoup de choses à faire, et de bonnes. Puis, je sais que les amis de France sont prêts à me soutenir vigoureusement.

Donc, ne me plaignez pas jusqu'à nouvel ordre, et saluez les amis Oudet, Abram, Félix Micaud, etc.

Guillemin et Mme Guillemin savent ce que nous leur sommes.

Une larme au bon François Prével.

Si vous pouvez voir M. Maurice, qui doit être en ce moment dans le Midi, faites-lui part du contenu.

Je pars le premier; j'aviserai, une fois dehors, à faire venir ma petite famille; mais ce ne sera pas encore de sitôt. Il faut auparavant sonder le terrain et voir ce qui me conviendra le mieux de Bruxelles ou de Genève.

Je vous serre la main.

P.-J. PROUDHON.

P.-S. Quoi du procès Guillemin ?

Paris, 16 juillet 1858.

A M. EUGÈNE NOEL

Cher compagnon d'armes, notre ami commun, Ernest Morin, qui a bien voulu se charger de me remettre vos opuscules et votre gentille petite chansonnette m'a raconté comme vous marchiez au son du fifre.

« Nous aurons en Noël, me disait-il, un second « Claude Tilher, moins peut-être certaines allures de « maître d'école qu'on ne saurait vous reprocher à vous « ni à lui. » Courage donc et avançons : il est prouvé et démontré que depuis 89 la vile plèbe peut produire des politiques et des philosophes, et, ce qui est mieux, des littérateurs dont le passé n'a pas laissé de types ni de modèles. La glèbe féconde renouvellera toutes choses : que ce soit notre premier article de foi, et moquons-nous des savants officiels, des éclectiques, des boursicotiers, de la prêtraille et des soudards.

J'ai lu votre *Molière :* bien senti ; point de vue neuf ; un peu trop de laisser-aller peut-être dans l'auteur qui n'a pas l'air de tenir à ses idées et à ses brochures. Un peu moins de modestie, s'il vous plaît, et plus de soin à ce que vous faites. Vous écrivez pour le peuple ; et ce n'est pas assez carré, pas assez trempé pour lui.

J'ai parcouru votre *Voltaire*, et j'ai eu la chance
d'en pouvoir faire la comparaison avec celui de
M. *Arsène Houssaye* qui vient de paraître. Celui-ci a
plus d'éclat ou d'affectation de style, si vous aimez
mieux, que vous ; mais je vous sais gré de n'avoir pas
parlé de Voltaire *en voltairien*, puisqu'il est malheureusement admis que cette épithète désigne les êtres
perdus dé l'époque, sceptiques, sensuels, dépourvus
d'idées et de sens moral, libertins surtout et partout.
C'est là le petit côté de Voltaire, et que le premier venu
peut imiter sans avoir pour cela besoin de génie.

Oui, il faut nous unir pour réhabiliter Voltaire ; il
faut surtout le venger des Tartuffes qui désertent son
Orgon, et après avoir ri de ses cabrioles diaboliques, se
rangent en fin de compte du côté de l'AUTORITÉ impériale et papale.

M. Arsène Houssaye, en m'envoyant son *Roi Voltaire*, m'écrit : *Je suis de votre religion*, monsieur ; *mais
je ne suis pas de votre Église.*

M. Arsène Houssaye est ex-directeur du Théâtre
Français, où il s'est enrichi, à ce que je présume, car
il est riche ; il accompagne en ce moment S. A. I. le
prince Napoléon ; et l'on voit trop que ce qu'il envie le
plus à Voltaire ce sont ses maîtresses.

Ne ferais-je pas bien de répondre à M. Houssaye :

« Pour un voltairien, monsieur, vous me tenez un
singulier langage ! Quelles préoccupations sont les
vôtres ? Il n'y a ni *religion* ni *église* en notre Seigneur
Voltaire.

« Prenez donc garde, si vous parlez d'Église, que je
ne vous fasse un beau matin *excommunier*. Car nous
sommes, moi et ceux de mon *église*, plus forts que
vous. »

Je regrette ae n'avoir pas connu votre Rabelais, que
M. Morin m'a cité comme un petit chef-d'œuvre, et
qu'il vous reproche de n'avoir pas réimprimé. Avisez à
cela. Qui est de Voltaire est de Rabelais; et vous avez
le nez trop fin pour n'avoir pas vu que malgré la rage
de philosopher qui me possède comme Pancrace
et Marphurius, je pantagruélise aussi à moments
perdus.

Je suis bien aise que vous connaissiez notre excellent
Michelet et que vous l'aimiez. Quel prodigieux chemin
a fait cet homme! Catholique zélé sous la Restauration,
aujourd'hui révolutionnaire comme vous et moi en
Rabelais et en Voltaire; caressons-le bien, c'est sa plus
douce récompense.

Quand vous recevrez la présente, je serai en prison
ou hors de France. Décidé à publier un Mémoire pour
ma défense, je ne puis trouver d'imprimeur à Paris et
me vois forcé de recourir à la presse étrangère. En
vain on me donne à entendre qu'il est plus sûr pour
moi de garder le silence, de faire le mort ou le bon-
homme, laissant l'avocat plaider les *atténuantes* et
attendant mon salut de la générosité impériale; j'ai des
raisons graves de maintenir pour bien dit ce que j'ai
dit; je défends à cette heure la légalité de la Révolution, sa morale, son droit, contre les us et coutumes du
vieux catholicisme; je ne puis ainsi déserter ma cause:
il faut que j'imprime. Au surplus, vous en jugerez: on
trouvera bien moyen de vous faire parvenir un de mes
Mémoires.

Que dirait de moi le vieux Tournési, à qui j'ai fait
une si belle oraison funèbre, si, pouvant écorcher
l'ennemi, je lui caressais le menton?...

Adieu, cher camarade; m'est avis que nous n'avons

plus qu'à frapper juste et fort, la postérité fera le reste. On est heureux quand on se bat bien.

Je vous serre la main sur les deux mains entrelacées de mon grand-père et du vôtre.

P.-J. PROUDHON.

Bruxelles, 18 juillet 1858.

A M. CHARLES BESLAY

Mon cher ami, ainsi que vous l'a appris ma dépêche télégraphique de ce matin, nous avons effectué, M. Bouquié et moi, notre voyage sans le moindre encombre. Pas un curieux indiscret, pas un gendarme. Seulement, après un séjour forcé à Lille d'environ une heure un quart, nous avons dû prendre une voiture particulière pour Tournay, laquelle voiture ne nous a rendus à destination qu'après neuf heures ou neuf heures et demie, en nuit noire, alors que tous les bureaux étaient fermés.

Ce matin, nous sommes partis de Tournay à neuf heures, et sommes arrivés à Bruxelles à midi.

Je suis chez le père de M. Bouquié jusqu'à demain; puis je m'installerai dans une chambre garnie quelque part et me mettrai immédiatement au travail. Je vous écrirai alors et organiserai notre correspondance d'une manière sûre.

Je suis on ne peut plus touché de la manière dont MM. Bouquié frères se comportent avec moi. C'est de la bonne amitié de vingt ans, et à peine si je les connais.

Le cœur me disait que je plaçais bien ma confiance, et je n'ai pas été trompé.

Quant à vous, mon cher ami, que vous dirais-je qui exprime mes sentiments? De jour, de nuit, à quelque heure qu'on vous appelle, vous êtes là. Le père, la mère, les enfants, vous pourvoyez à tout. Il ne me faut pas moins que cela pour me consoler dans mes détresses, car enfin je ne suis pas heureux; voilà bien la septième fois que je vois la fortune me dire, comme au jeu de *la Trompeuse* : *Va-t-en voir s'ils viennent?*

A près de cinquante ans, il me faut faire peau neuve et recommencer une nouvelle existence. Quand donc aurai-je fini?...

Obligez-moi de faire tenir l'incluse à ma femme autrement que par la poste, et si l'on vous demande où je suis, dites toujours que vous pensez que je suis allé faire imprimer mon Mémoire.

A bientôt donc. Pour aujourd'hui, je suis assourdi, endormi, et je n'ai pour vous écrire qu'une plume de fer qui gratte et qui m'agace.

Je vous serre les deux mains et je vous prie de remercier pour moi le bon M. Renaud et sa Lisbeth.

A vous de cœur.

P.-J. PROUDHON.

Bruxelles, 20 juillet 1858.

A M. CHARLES BESLAY

Mon cher ami, j'use sans permission de votre inter-médiaire pour faire parvenir l'incluse à ma femme. Soyez donc assez bon pour la lui faire tenir sans employer la voie de la poste : bientôt je changerai ce régime.

Je suis installé rue du Chemin-de-Fer, 26, sous le nom de *M. Durfort*, professeur de mathématiques. Si je prends ce pseudonyme, ce n'est pas tant pour échapper à la police, qui saura bien me découvrir, que pour garder vis-à-vis du public français et belge un incognito qui m'est précieux et qui aidera à mes petites opérations.

La présente, mon cher ami, a surtout pour objet de vous prier de m'écrire et de m'apporter vos encouragements. J'ai la tête en feu, les nerfs horriblement agités, le cœur plein d'angoisses. Ma longue maladie cérébrale m'a débilité, et je me trouve faible comme une femme devant les tribulations de l'exil. Mais l'amitié possède des remèdes que n'ont pas les médecins, et je me recommande à votre charité, certain que vous ne m'oubliez pas.

J'ai vu hier *M. Van der Elst*, à qui j'ai présenté vos compliments ainsi que les miens. M. Van der Elst est un excellent visage d'homme, en qui j'ai une profonde confiance. D'après ce que lui et M. Bouquié aîné me disent, je trouverai à Bruxelles des ressources de plus d'un genre. Nous en jugerons bientôt.

J'écris aujourd'hui même à M. Crémieux.

Dites toujours que je ne m'enfuis pas, et que je compte me rendre au rendez-vous du procureur impérial, si de son côté le procureur impérial veut laisser passer mon Mémoire, auquel je tiens plus en ce moment qu'à la liberté même; sinon, non. Je puis bien consentir à mon emprisonnement si ma défense, qui aujourd'hui est toute ma conscience, reste libre; mais livrer mon corps et mon âme en même temps, c'est trop de moitié : ce serait être enterré doublement.

Entendez-vous avec ma femme, s'il vous plaît, pour ne faire qu'un paquet de toutes vos lettres, d'autant qu'elle aura certainement quelque chose à me faire parvenir.

Je vous serre la main, cher ami, et vous prie de me pardonner le tracas que je vous donne; aussi bien, pourquoi avez-vous voulu être mon compère ?

À vous de cœur.

P.-J. PROUDHON.

Bruxelles, 22 juillet 1858 (3 h.).

A M. CHARLES BESLAY

Mon cher ami, votre lettre d'hier soir m'a été remise ce matin et m'a servi de déjeuner. J'en ai été tout joyeux et ranimé.

Envoyez-moi de suite l'assignation dont les journaux de ce matin m'ont apporté en même temps que vous la nouvelle.

Envoyez-moi en même temps la lettre de M. Chaudey, devant servir d'apostille à mon Mémoire. Il m'en a communiqué le brouillon et il doit avoir remis la mise au net à ma femme.

Hier, j'ai demandé audience au directeur de la sûreté publique, à Bruxelles, et l'ai mis au fait de mon procès. Il m'a dit de faire une demande au ministre de l'intérieur, demande que j'ai portée ce matin. C'est toute une affaire d'État que d'autoriser mon séjour à Bruxelles; je crois qu'il en sera délibéré en Conseil des ministres, tant la pression, la terreur de l'Empire sur ce paisible pays de Belgique est grande.

J'ai rassuré de mon mieux ces messieurs sur mes intentions; je crois qu'on ne m'est pas hostile, mais on peur de la France. J'attends les ordres du ministre.

Quand j'aurai mon assignation, j'écrirai tout à la

fois au président de la Cour d'appel à Paris et au ministre de l'intérieur, pour les informer : le premier, que j'ai été obligé de venir en Belgique faire imprimer mon Mémoire et, par conséquent, que j'ai besoin d'un ajournement; le second, que, voulant présenter à la Cour et au public un Mémoire, j'ai besoin de son autorisation préalable pour l'introduire de l'étranger en France.

Si ces messieurs acceptent ces conditions, je me rendrai à l'audience qui sera assignée ultérieurement; sinon, je ferai défaut.

Voilà ma ligne de conduite.

Je vous ferai passer copie de la lettre que j'écrirai au président, pour que vous en preniez connaissance et que l'ami Gouvernet en fasse une copie qu'il portera rue de Verneuil, 52, à notre ami, M⁰ Chaudey.

Plus tard, quand le Mémoire sera imprimé, je vous ferai passer aussi copie de la lettre que j'adresserai à M. Delangle; en sorte que vous et nos amis serez parfaitement au courant de ma conduite.

D'après tout cela, je ne suis toujours pas *en fuite;* je ne refuserai de comparaître qu'autant que je ne trouverai pas de garanties suffisantes de publicité et de liberté pour ma défense.

Ainsi, pour que je me rende à l'appel de mes juges, il faut deux choses : 1° que le président accorde l'ajournement; 2° que le ministre de l'intérieur autorise l'introduction du Mémoire.

S'ils accordent tout cela, je n'hésite plus, je pars.

Mais aussi, s'ils l'accordent, ce sera, par la publicité même de ce Mémoire, un échec superbe à la magistrature, pressée de juger; à l'Église, pressée de me coffrer, et à la police, qui ne veut rien laisser passer. Ce sera plus un précédent magnifique.

Donnez communication de cette lettre à ma femme, et laissez-la lui pour un jour ou deux, afin qu'elle la montre à Gouvernet et à Chaudey, si par hasard ils se présentaient à la maison.

Hier et aujourd'hui je suis beaucoup mieux. Ma tête se calme; j'ai pu dormir avec assez de tranquillité, et je m'aguerris très-bien contre les ennuis de ma position.

Enfin, je crois que je serai digne de mes amis et de ma cause.

Je vais m'occuper de mon mieux à séduire mes braves Belges; comme je suis ce qui ressemble le moins à un personnage, je crois avoir tout ce qu'il faut pour cela.

Je vous serre la main.

P.-J. PROUDHON.

P.-S. Avant-hier, j'ai rencontré, devinez-qui? V. CONSIDÉRANT!... J'ai cru voir un mort. Il m'a fallu du temps pour le reconnaître, tant il est changé et défait. Il a dû partir hier pour Paris, d'où il ira à Besançon.

J'aurais bien besoin de tenir ici une demi-douzaine de têtes pour les embrasser : il faut que je me contente de le faire en imagination.

Bruxelles, 22 juillet 1858.

A M. LE MINISTRE DE LA JUSTICE
A BRUXELLES

M. le Ministre, sur l'invitation de M. Verheyden, votre directeur de la sûreté publique, qui a bien voulu se charger de vous remettre la présente, j'ai l'honneur de vous informer que je suis depuis quatre jours à Bruxelles, en contravention à la loi sur les passeports, et je viens vous prier, M. le ministre, de vouloir bien régulariser ma position.

Voici ce qui a déterminé de ma part cette entrée illégale sur votre territoire.

Après la condamnation que j'ai subie, il y a six semaines, par devant le tribunal correctionnel de la Seine, pour la publication d'un ouvrage intitulé : *De la Justice dans la Révolution et dans l'Église*, ou *Nouveaux Principes de philosophie pratique*, j'ai interjeté appel du jugement et me suis mis aussitôt à préparer pour ma défense un *Mémoire*.

Mon travail terminé, il m'a été impossible, nonobstant la loi du 17 mai 1819, qui autorise par privilége une semblable publication, de trouver à Paris un imprimeur. Il ne me suffisait pas d'avoir à côté de ma signature la signature d'un avocat, on demandait une certitude qu'il n'y aurait pas de nouvelles poursuites, et cette certitude, M. le procureur général Chaix d'Est-Ange refusait de la donner. Chez nous, il y a toujours, à toute espèce de droit, la possibilité d'une exception.

C'est donc la publication de mon Mémoire que je viens demander à la presse belge : Mémoire qui n'a rien du tout de politique, puisqu'il s'agit de théories morales, de discussions de théologie ; Mémoire écrit, du reste, dans les termes les plus respectueux pour la magistrature française, et avec la plus parfaite convenance pour les intérêts que je discute et qui me persécutent.

Peut-être que mon Mémoire imprimé, la douane française ne voudra pas permettre l'introduction en France. Dans ce cas, je suis décidé à faire défaut et à rester à l'étranger.

Voilà, M. le Ministre, toute l'affaire.

Je suis venu vite parce que j'étais pressé d'en finir.

Je ne suis pas, comme vous voyez, précisément un réfugié politique ; je serais plutôt un réfugié philosophe. — Je vous demande la permission de philosopher chez vous comme Spinoza philosophiait à la Haye, Descartes à Stockholm, Voltaire à Ferney, et je serais bien surpris si tôt ou tard le gouvernement impérial, honteux de faire la guerre à des *idéologues*, ne nous invitait, mes pareils et moi, à retourner philosopher à Paris.

Après cette déclaration très-sincère, je n'ai pas besoin de vous dire, M. le Ministre, que je sais à quoi les lois de l'hospitalité m'obligent, et que la Belgique n'aura pas de plus scrupuleux observateur de ses lois et de son repos que votre

Très-humble serviteur,

P.-J. PROUDHON.

24 juillet 1858.

A M. CHARLES BESLAY

Mon cher ami, vous avez d'autre part copie de la lettre que j'écris au Président de la Cour. Elle lui sera remise par M. Crémieux, à qui je l'envoie en même temps que je réponds à sa lettre. — Faites parvenir cette copie à l'ami Chaudey, qui pouffera de rire en lisant la fin. Voilà la Cour rendue responsable du mal qui peut arriver au gouvernement de l'empereur, en conséquence de ma condamnation; la Cour avertie par moi-même que m'accorder un délai c'est me promettre presque un acquittement; la Cour informée *qu'on ne croit plus* à la justice.....

M. Crémieux me prévient que la Cour n'accordera rien : soit. Je publierai ma lettre : ce sera une pièce de plus au procès; et ce qui sera encore plus beau, je protesterai.....

Laissez jaser les *envieux*. Ils me croient loin : je serai toujours trop près d'eux. Ils s'imaginent qu'on n'entendra plus parler de moi; ils se trompent. C'est à présent que je vais parler pour tout de bon, et entamer la grande besogne.

Pour vous, cher ami, vous êtes incomparable, et je

me prends à vous aimer de passion. Vous êtes le tuteur de ma femme et le grand-papa de mes enfants. Comment pourrai-je jamais reconnaître tout ce que je vous dois ? Ce sera en me montrant de plus en plus digne de votre estime, par mes sentiments pour vous et par mes œuvres. Désormais, vous le savez, vous êtes mon confesseur ; je vous donne le contrôle de ma conscience. Avertissez-moi dès que je m'écarterai du droit chemin.

Adieu, et bonne poignée de main.

P.-J. PROUDHON.

P.-S. Vous me manderez ce qui se passera à l'audience du 28, où, sans aucun doute, sera confirmé par défaut mon jugement.

Bruxelles, 24 juillet 1858.

A M. LE PRÉSIDENT DE LA CHAMBRE DES APPELS DE POLICE CORRECTIONNELLE DE LA SEINE

Monsieur le Président, le 17 de ce mois, il m'a été signifié en mon domicile, à Paris, assignation à comparaître par-devant la Chambre des appels de police correctionnelle, pour le 28.

Or, le 17, j'étais en route pour Bruxelles, où, sur le refus des imprimeurs parisiens, je suis venu faire imprimer·un Mémoire de défense ; et ce n'est qu'avant-hier, 22, que j'ai eu connaissance de l'assignation.

D'ici au jour de la comparution il reste donc quatre jours : délai bien insuffisant pour imprimer et distribuer un Mémoire de 200 pages, conférer avec mon défenseur, etc.

Je viens donc vous prier, monsieur le Président, de renvoyer mon affaire à un mois, si mieux vous n'aimez après les vacances.

Considérez, monsieur le Président. que dans le procès qui m'est fait j'ai à me défendre sur sept chefs

d'accusation, et à m'expliquer sur vingt-quatre passages, extraits d'un livre de 1,700 pages ; que la plupart de ces passages ont été pris à contre-sens, pour ne
pas dire travestis ; que les délits qui me sont imputés
sont tous le résultat de fausses qualifications ; que le
véritable et unique délit dont je pusse être accusé, si
par hypothèse j'étais coupable d'aucun, serait le délit
de diffamation et d'injure envers l'Église, accusée hau-
tement par moi de pervertir la morale, mais que sur ce
chef, omis, non sans dessein, dans l'acte d'accusation,
loin de vouloir m'excuser, je prétends, si on m'y con-
traint, soutenir mon dire et prouver la vérité de mes
assertions, au besoin provoquer même l'action du ministère public, ainsi qu'il résulte de l'article 25 de la
loi du 26 mai 1819.

Considérez enfin, monsieur le Président, qu'un pareil système de défense soulève les questions les plus
graves et les plus neuves, tant de droit criminel que
de droit constitutionnel et de morale publique ; qu'il y
va de toutes les institutions émanées des principes
de 1789 ; que pour traiter, même sommairement, de
telles questions, il ne m'a pas moins fallu qu'un petit
ouvrage dont la composition et la rédaction ont bien
rempli, je vous assure, les 45 journées qui se sont
écoulées entre le jour de ma condamnation et celui de
mon départ.

Puis-je espérer, monsieur le Président, que vous
accueillerez ma demande ? J'ose dire que ce serait de
votre part préluder à mon acquittement ; que par cette
latitude accordée à la défense, vous relèveriez le courage de tous ceux qui dans notre pays n'ont pas cessé
de croire à la justice ; et que vous épargnerez au gouvernement impérial lui-même, soupçonné de tendances

cléricales, un grand sujet d'impopularité dans le présent et d'embarras pour l'avenir.

Dans l'attente de votre décision, je suis, monsieur
le Président, etc.

P.-J. PROUDHON.

Bruxelles, 25 juillet 1858.

A M. PILHES

Mon cher Pilhes, celle-ci est uniquement pour vous serrer la main, vous prier de ne pas quitter Paris sans laisser, le jour de votre départ, une lettre à ma femme pour moi; et vous rappeler brièvement le plan de conduite que nous avons résolu de suivre pour entretenir les bons sentiments chez les amis et utiliser mon exil.

Dites à tous, qu'à moins d'une amnistie large et généreuse qui me fasse rentrer au plus vite et sans conditions, je vais m'arranger pour continuer le grand combat à l'étranger; que si je suis soutenu en France, je serai en mesure de rendre d'essentiels services, plus grands que par le passé, et que pour me soutenir il n'y aura autre chose à faire qu'à reprendre, en meilleure forme, le système de *souscription* commencée pour mon dernier ouvrage.

Au lieu de gros livres, je fournirai des brochures de 250 à 350 pages. Cela passera toujours, pourvu qu'il y ait des acheteurs; et s'il y a acheteur, cela sera terrible.

Préparez donc les voies avec discrétion et discernement; n'ayez, s'il est possible, par ville, qu'un homme, mais sûr, et qui *ne garde rien chez lui;* soyez plus cir-conspect que jamais : songez que votre parole *est en-gagée,* et que vous me tueriez s'il vous arrivait malheur.

Assurez-vous à Paris d'un petit nombre de déposi-taires sûrs; vous savez qu'il n'y a rien à craindre pour le destinataire, qui n'est pas censé savoir ce que con-tiennent les colis, tant que les colis n'ont pas été ou-verts et qu'il n'a pas accepté la marchandise.

Les objets reçus, il s'agira de les distribuer et d'opé-rer le remboursement, ce à quoi je présume que vous saurez pourvoir.

Le premier article sera mon *Mémoire* de défense. Il importe qu'il en entre en France quelques milliers, afin que les esprits soient immédiatement saisis de l'atti-tude que je vais prendre et de la tactique dont je compte faire usage.

M. B*** m'écrit que les vieux de la rouge n'ont pu dissimuler leur satisfaction de me voir enfin *parti!* Que cela ne vous irrite point contre eux, mais aussi que cela nous avertisse de ne pas trop nous fier à ces soi-disant démocrates. Je les gênais : Quelle besogne ils vont faire à présent !...

J'ai rencontré hier Labrousse.

J'ai aperçu de loin le vieux Joly.

J'ai serré la main à Considérant, que je croyais mort et qui revenait d'Amérique.

J'ai reçu le numéro de la *Libre Recherche,* où nos *amis* me faisaient attaquer par un étranger; j'ai été in-formé que l'artisan principal des calomnies débitées sur mon compte était le sieur Péan, ex-constituant, rédacteur du *National* belge.

A travers tout cela, P. Joigneaux, Brives, E. Quinet, Deschanel, jouissent de la considération générale.

On est plus satisfait de Madier-Montjau que dans les premiers temps. — Quant à moi, j'ai déjà rencontré des sympathies précieuses : on sait en Belgique *qui je suis*, et on n'est plus du tout effrayé de mes gros paradoxes. Je crois que je ferai ici d'excellentes choses, mais je suis un peu triste : j'aurais besoin de Stéphanie et de vin, c'est-à-dire de ma petite famille et des soins de ma femme. Nous aviserons à tout cela.

Bonjour, cher ami, et sur votre âme brûlez toutes mes lettres ou je cesse de vous écrire. Ne trahissez pas l'amitié en gardant des chiffons confidentiels; un de mes bonheurs est de penser que je ne laisserai pas de papiers après ma mort.

A vous de cœur.

P.-J. PROUDHON.

Bruxelles, 30 juillet 1858.

A M. CHARLES BESLAY

Mon cher ami, j'ai reçu toutes vos lettres, y compris celle du 28 au soir, plus celle d'hier 29, m'apportant toutes deux quelques détails sur la séance du 28 ; mais ne me disant ni l'une ni l'autre quelle a été à mon égard la décision de la Cour, si elle a confirmé, si elle a ajourné, si elle a aggravé ; le ministère public avait appelé contre moi *a minimâ*, etc.

Ah ! mon cher ami, vous feriez un mauvais rapporteur. Vous me citez des détails intéressants et vous oubliez le principal. Il faut que je devine !...

Mon *Mémoire* sera après demain, lundi, chez l'imprimeur ; cela fera environ 200 pages, format du livre. Je l'adresse *à tous les jurisconsultes de l'Europe*. C'est instructif, intéressant, amusant ; cela répand sur la France, sa situation, l'état de l'opinion et de la justice, un jour tout nouveau et extraordinaire. Du reste, très-respectueux à l'égard des juges, modéré pour l'Église et le gouvernement. Je crois que par toutes ces raisons la sensation sera grande. Je me propose d'en envoyer les premiers exemplaires à l'Empereur, au prince Napoléon, à MM. Delangle, Chaix d'Est-Ange et Berthelin.

Quant à vous, vous me ferez plaisir de vous mettre en
mesure d'en héberger quatre ou cinq cents; car je
compte en introduire en France au moins deux mille.

Pour une seconde édition de mon livre, il est, m'a dit
le libraire, tout à la fois trop tard et trop tôt : il eût
fallu s'y prendre tout de suite après la saisie, ou bien il
faut attendre à l'année prochaine...

Ma santé s'améliore; ma révision est finie, ce qui me
permet de me reposer ; puis, j'ai amélioré quelque peu
mon régime alimentaire, et me voilà tout à l'heure gai
comme pinson.

Je n'ai vu encore que deux de nos réfugiés, que j'ai
rencontrés par hasard. Je les ai trouvés singulièrement
aplatis d'intelligence. Ces hommes ne reviennent pas
de l'étourdissement de 51 ; décidément ils ne comprennent rien à la France.

Au surplus, il est certain que les républicains du dedans ne sont guère plus forts.

Ainsi, je reste seul, et cela me va. Irais-je voir la rédaction du *National*, qui me calomnie, ou celle de la
Libre Recherche, qui, dans son numéro de juin, me fait
éreinter par un bel esprit de Belgique, M. Laveleye?
Non, non, laissons ces morts dans leur sépulcre.
Demain, ils rentreraient en France qu'ils ne reviendraient pas à la vie pratique et au sens commun.

En revanche, je me propose de faire la conquête des
Belges, jusques et y compris le gouvernement. Déjà je
suis entouré de bonnes connaissances; mon nom est
connu, ma personne estimée ; quelques avances de ma
part, un peu de cajolerie, le respect de mes hôtes, etc.,
m'assurent un plein succès.

J'oubliais Joigneaux, que tout le monde aime ici, et
que je me propose d'aller voir.

Le prince Napoléon s'agite, se démène; un peu soufflé, et, à mon avis, mal soufflé par Girardin. Il y a de la bonne volonté et une dose de franchise dans le prince; mais, d'un côté, le fardeau est énorme, les difficultés innombrables, et, de l'autre, l'empereur n'est pas assez malade. Le jour où il se portera bien, il reprendra le gouvernail, alors il y aura brouille; le cousin sera éliminé comme il l'a été en Crimée, et tout sautera : ce sera le dernier acte. Je n'ai nulle envie, pendant que je suis à l'étranger, de leur donner de l'embarras, quoique peut-être je le puisse mieux qu'aucun autre réfugié. Je veux seulement, par mon Mémoire de *défense*, et, plus tard, par un travail sur la *situation*, leur donner à réfléchir. Nous verrons après.

Mes compliments à votre ami, M. Audiffret, de son mariage; mes regrets en même temps de la nécessité où il a été de passer par l'Église.

Quand à Goudchaux, je suis convaincu que, comme bien d'autres, il est heureux de me savoir en Belgique, ce qui n'est pas une raison pour que je reçoive leurs félicitations.

L'hypocrisie ne me va pas ; et dans le cas, non encore tout à fait certain, où je devrai m'arranger pour un séjour prolongé, MM. du salon S*** et de la coterie C***, etc., auront de mes nouvelles plus souvent qu'ils ne voudront.

Laissez-moi rattraper ma cervelle, vous dis-je.

Bonjour, cher ami, et merci plus que jamais de vos bons offices. Je profite encore une fois de votre entremise pour envoyez le billet inclus à ma femme. Faites-le parvenir à votre commodité : rien ne presse.

A vous de cœur.

P.-J. PROUDHON.

1ᵉʳ *P.-S.* En m'écrivant sous le nom de Durfort, n'oubliez pas que c'est comme si vous écriviez à P.-J. Proudhon. Tout le monde connaît mon pseudonyme. Plus tard, je vous donnerai d'autres adresses.

2ᵒ *P.-S.* Puisque me voilà recondamné, il faudra savoir si l'on ne va, pour l'amende, saisir mes bouquins et mes meubles. J'en écrirai à Chaudey, dont j'attends une lettre ; et je recommande, en attendant que je sois moi-même renseigné, ma femme à vos bons conseils.

Bruxelles, 2 août 1858.

A M. GOUVERNET

Mon cher Gouvernet, enfin voilà mon Mémoire sous presse. Cela fera environ la valeur de 200 pages comme celles du livre *De la Justice;* mais je crois que ce sera plus amusant à lire et beaucoup plus instructif. Dans trois semaines, pas avant, tout sera prêt et chacun se régalera.

Que le temps me dure par moment, cher ami; que vous me faites besoin et qu'il faut que j'aie le diable dans le corps pour y tenir avec une surexcitation comme celle que j'éprouve! Pendant les dix premiers jours de mon séjour à Bruxelles, j'ai souffert d'une diarrhée continuelle; j'avais l'estomac déchiré et la langue blanche comme mon papier. L'ennui, le travail, l'atmosphère lourde et humide, un air sans oxygène, le *faro* (bière du pays), le mauvais régime, tout en était cause.

Enfin, je suis parvenu à mettre ordre à tout cela. Quelques verres de bon vin, de bonne bière anglaise, d'excellents beefteacks et côtelettes dont j'ai trouvé l'adresse, la promenade au parc, quelques connaissances, m'ont remis. J'ai toujours la cervelle légèrement prise, un peu de faiblesse dans la jambe et le pied gauche, et d'engourdissement à la joue du même côté; signe que la tête n'est toujours pas remise et que mes dernières tribulations l'avaient fortement affectée. Aussitôt que la lecture des épreuves ne me réclamera plus, j'irai un peu courir, et j'espère que tout sera dit.

Pardonnez-moi, cher ami, de vous entretenir ainsi de mon cadavre. Il faut bien que je m'occupe un peu de cette vieille citadelle, si je veux que la garnison fasse son devoir.

Hier, j'ai dîné en ville, chez mon libraire Lebègue, avec son associé et un autre libraire, qui entre en moitié dans ma publication. Pour la première fois depuis quinze jours, j'ai mangé un bon potage. Autant que je puis déjà juger, je crois que je parviendrai aisément ici à gagner ma petite vie, la bonne volonté de mes souscripteurs parisiens et français aidant. La viande est ici très-bonne, le pain aussi, le logement comme à Paris; le vin très-cher, mais on le remplace par une bière qui passe bien en mangeant : prise seule elle ne vaut rien. Comme à Londres, chaque famille, en Belgique, occupe une maison à elle seule : on se charge de m'en trouver une dans le haut de la ville, au faubourg, de 600 à 800 francs, avec jardin. Je serai loin du centre, à peu près comme de la rue d'Enfer, 83, au carrefour Buci, ou moins encore.

Mais je répugne à cet établissement. L'air de Belgique ne me semble ni assez vif ni assez pur; je vois tous les petits enfants pâles et jaunes; les jeunes filles mates; les hommes mous et fatigués.

J'aime mieux l'air de neiges avec du vin à 50 centimes et de la bière de Strasbourg; puis, je me méfie de l'influence cléricale et de la pression que le gouvernement français exerce sur le gouvernement belge, influence et pression qui, au moindre mouvement de ma part, pourraient bien se réveiller et me tourmenter assez pour me forcer à déguerpir. Me voyez-vous quêtant un asile par l'Europe avec une femme et deux enfants! Au reste, c'est ce dont nous jugerons après la publication de ma défense. Selon l'effet produit, j'aurai la mesure de la situation qui m'est faite, tant du côté de France que du côté de l'étranger.

Les réfugiés sont ici au nombre d'une centaine. Je n'en ai encore vu que deux : Madier-Montjau et Labrousse.

Je ne les fuis ni ne les recherche, vous en comprendrez la raison.

Ces messieurs publient ici un journal quotidien, le *National* (souvenir du *National* parisien) qui, à plusieurs reprises, m'a déchiré à belles dents. On m'a dit que Goudchaux, l'ancien ministre de la République, peut-être aussi Degouve-Deru1cques, ancien propriétaire ou co-gérant du *National*, ont quelques capitaux dans l'entreprise. D'autre part, l'émigration publie une Revue, la *Libre Recherche*, qui m'a éreinté dans son dernier numéro, et m'offre aujourd'hui de fournir la réplique. Merci! ces messieurs croient être encore en 1848; mal renseignés par les retardataires de France, que vous connaissez aussi bien que moi, ils se figurent qu'à leur rentrée ils n'auront qu'à se présenter pour obtenir la dictature et mettre ces enragés socialistes à la raison. Il y a encore une coterie imperceptible de *blanquistes*, soupçonnés de moucharderie, et passablement dédaignés du public belge. Vous pensez bien que ceux-là je les rechercherai encore moins que les autres.

Le peuple belge est franchement *libéral* et *constitutionnel;* mais son libéralisme est mêlé d'hypocrisie chrétienne, en sorte que le parti catholique balance à peu près ouvertement le parti dit libéral. Or, comme la plèbe est ici complétement soumise et plus ou moins livrée aux prêtres, il en résulte qu'en dernière analyse, le parti prêtre est réellement le plus fort, bien qu'il ne gouverne pas : il suffirait que la moindre pensée de socialisme vînt à se faire jour parmi la masse pour que la bourgeoisie égoïste, voltairienne et oiseuse, fît aussitôt volteface et que le plateau du jésuitisme l'emportât. Ce moment arrivera tôt ou tard; alors, la Belgique fera sur elle-même la même pirouette que nous avons faite en 1851. Il y a ici un jeune prince tout disposé à jouer le rôle de Napoléon III et à devenir le chef du parti du droit divin : c'est le duc de Brabant, fils aîné du roi Léopold. Tel est, du moins, le résumé de mes renseignements sur lui.

Aussi est-il vrai de dire qu'en Belgique il n'y a, à cette heure, pas *d'opinion* : suivant que les circonstances poussent les esprits vers le libéralisme ou vers l'Église, on est du parti catholique ou du parti constitutionnel. En ce moment, ce qui préoccupe les Belges est la question des fortifications d'Anvers, question insoluble, et où tout le monde patauge à plaisir. Le gouvernement (c'est-à-dire ici le roi) a un plan, les Anversois en proposent un autre; beaucoup de gens voudraient l'ordre du jour, ayant plus peur pour la Belgique d'un simulacre de défense que d'une entière confiance aux traités; je crois le roi inspiré par l'Autriche, la Prusse et l'Angleterre, peut-être aussi par son intérêt dynastique et personnel; au résultat, si j'avais à donner un avis, je conseillerais à la Belgique de rester tranquille.

Du côté de la France, je n'entends rien ni ne découvre rien pour le quart d'heure. Les *Fêtes de Cherbourg!*...

J'avoue que ce grand établissement de marine n'a pas plus mon assentiment que la fortification d'Anvers : tout cela est à rebours du siècle, à rebours du mouvement et du sens commun. On continue de prêter au prince Napoléon, ministre de l'Algérie, des sentiments de libéralisme qui mettent fort en colère les républicains des coteries S*** et C***; or, remarquez que c'est justement sous ce ministère libéral qu'a lieu ma condamnation; puis, que pas un de ces farouches républicains ne songe à en faire reproche au pouvoir.

J'attends dans quelques jours la visite de Mmes Renard mère et fille, que nous avons visités ensemble à Aulnay. Je profiterai de l'occasion pour transmettre à ma femme des commissions importantes.

Obligez-moi en attendant, cher ami, de passer près d'elle, et de lui faire lecture de la présente. Vous aussi, d'ailleurs, vous aurez votre part dans le paquet que je remettrai à ces dames, ainsi que Beslay et autres. D'ici là je n'écrirai pas.

A vous de cœur.

P.-J. PROUDHON.

Bruxelles, 4 août 1858.

A M. GUSTAVE CHAUDEY

Mon cher ami, j'attends demain Mmes Renart, qui ont bien voulu m'annoncer d'Herstal leur arrivée à Bruxelles pour demain soir jeudi. Je compte bien les charger de toutes sortes de commissions pour vous, pour ma femme et tous les amis; mais il faut auparavant que je vous écrive ce petit mot.

Mon Mémoire est sous presse : dans quinze jours, votre nom en compagnie du mien circulera chez tous les curieux, amateurs de nouveautés de l'Europe. Avant que j'y mette la dernière main, que j'y donne le dernier coup d'ongle, il faut que je vous consulte encore.

Crémieux, qui m'a rendu compte aussi de l'audience du 28 juillet, m'écrit, entre autres choses, ceci : que j'ai *cinq jours*, A DATER DU JOUR DE LA SIGNIFICATION DE L'ARRÊT, pour former mon opposition. En sorte que s'il plaisait au procureur impérial de laisser passer six semaines entre l'arrêt et la signification, j'aurais encore tout ce temps pour me préparer à reparaître.

Mon premier mouvement a été d'impatience, car les lettres de Crémieux ne m'ont jamais donné d'espérance, pas plus que les vôtres, et j'ai d'abord répondu en ce

sens : j'ai dit que je voulais finir cette comédie et montrer la hure à nos magistrats.

Puis, après un temps de sommeil, j'ai écrit de nouveau et j'ai proposé à M. Crémieux de tâcher de savoir,
sans m'engager autrement, si le parquet était, ou non,
disposé à retarder sa signification, ajoutant que dans
ce cas, je me rendrais sans hésiter à Paris, muni de
mon grimoire.

Voilà où en est la chose.

Je vous adresse donc la même question et vous fais
la même demande : Pourriez-vous, soit de votre côté,
soit en vous joignant à Crémieux, savoir ce qu'il en est,
et m'en faire part ?

Quant au Mémoire même, aucun changement n'y
sera fait ; les événements ne modifieront que l'*avis au
lecteur*, tout au plus quelque note. Mon Mémoire est
fait *pour toutes les éventualités*, bonnes et mauvaises,
pacifiques ou guerrières.

Ce n'est pas tout:

Voici que les journaux parlent *d'amnistie* pour le
15 août, applicable surtout aux délits de presse.

Si le hasard faisait que j'y fusse compris, à coup sûr
je m'en féliciterais pour ma personne et pour tous les
miens; mais cela ne changeant pas la position quant
au *livre* et quant au *système* suivi par la magistrature et
le gouvernement, je n'en publierais pas moins mon factum avant de rentrer à Paris.

Vous voyez que j'ai tout prévu; que votre prudence
amicale vienne donc un peu en aide à mes prévisions.
Il faut que dans tous les cas je confirme, par ma défense, l'effet produit par le livre, et que je dégoûte un
peu notre monde impérial de ses fantaisies d'arbitraire.
J'ai ajouté à ce que vous connaissez déjà du manuscrit

beaucoup de choses intéressantes, amusantes, croustil-
lantes ; des leçons de droit public, criminel, etc., à nos
magistrats ; des originalités les plus naïves du monde ;
sans compter les corrections assez nombreuses que vous
m'avez fournies, et dont j'ai tiré fort bon parti. Le tout
forme une galimafrée assez gentille, et qui fera rire un
peu jaune MM. *Pinard*, *Chaix d'Est-Ange*, *Sapey*,
Jolly, *Rehault de Fleury*, *Berthelin*, etc. J'ose le dire,
avec de pareilles publications, il n'y en aura pas
pour longtemps de l'arbitraire du coup d'État : il faudra
rentrer bien vite dans la ligne du Droit.

Donc, alerte ; et quoiqu'il advienne, c'est entendu :
A la vie et à la mort !

Je vous serre les mains.

P.-J. Proudhon.

Bruxelles, 8 août 1858.

A M. GUSTAVE CHAUDEY

Mon cher Chaudey, votre dernière du 5 courant s'est croisée en route avec la mienne du même jour, en sorte que, par les questions et les nouvelles que nous échangions sans le savoir, nous avons été renseignés tous deux sur la conduite que j'allais avoir à tenir.

Puisque le ministère public a été si pressé de *signifier*, je ne me presse plus autant *d'imprimer*. Quatre jours de plus ne feront rien à l'affaire, et il vaut la peine que je fasse bien cuire ma cuisine. Voilà donc une chose réglée : qu'ils s'en aillent tous au diable, et se dépêtrent de moi maintenant s'ils peuvent !

A présent, j'ai à vous consulter sur deux choses :

1º Ne va-t-on pas aller rue d'Enfer, 83, opérer une saisie, mettre à l'encan les loques de ma femme et les miennes, et étaler au grand jour ma vieille misère ? J'en ai écrit déjà à l'ami Beslay, le priant d'avertir ma femme et de l'assister de ses bons conseils. J'ai parmi mes livres la collection complète du *Peuple*, etc., et une *Bible in-quarto*, latine, chargée de notes marginales de ma main, que je ne céderais pas pour mille écus. Je tiens à ces deux objets et j'aurais un regret mortel de les voir prendre.

Je ne pense pas qu'on ose s'emparer de mes manuscrits, à moins qu'il n'y ait une loi qui assimile les manuscrits d'un auteur aux fruits pendants du laboureur et leur applique, en conséquence, les formalités de la saisie brandon. En tout cas et pour éviter l'indiscrétion de ces bons messieurs de la police, je serais bien aise que ma femme mît en sûreté manuscrits, carnets de notes, *Peuple* et *Bible*.

Je disais aussi à l'ami Beslay que, puisque j'optais entre la peine indiquée par le jugement et un exil de *cinq ans* qui la prescrit, je ne croyais pas qu'on pût me faire cumuler l'amende et l'expatriation.

J'exhortais, en conséquence, ma femme à faire résistance, fermer ses portes et ne céder que devant la force. C'est une drôle d'idée : je m'en rapporte à vous pour y donner suite.

2º Autre question ; je suis en humeur de chicaner : L'arrêt de la Cour devenu définitif et tous les détails d'opposition et même cassation expirés, ne reste-t-il pas un dernier moyen de redressement au cas où l'erreur (l'erreur lourde, soit de fait, soit de droit) vient à être reconnue ? Par exemple, il y a moyen de réhabiliter un homme condamné à mort et exécuté, si la vérité se reconnaît plus tard. N'y aurait-il rien pour mon affaire ? J'ai sous les yeux l'article 480 du Code de procédure, auquel je ne trouve guère de ressource, si ce n'est par induction, aux paragraphes 2, 9 et 10. En ce qui touche la *réhabilitation*, INSTR. CRIM., je ne trouve rien qui me convienne.

Et pourtant la loi a été violée de fond en comble dans ma condamnation ; il y a eu ignorance, précipitation, mauvais vouloir de la justice, mépris des principes de la part du parquet.

Est-ce que la *coulpe*, comme disent les théologiens, ainsi marquée au fer rouge doit être quand même considérée comme *justice accomplie*, par cela seul qu'elle est fait accompli?

J'entends donc poursuivre la justice même qui me juge, *ego judicantes me judicabo*. Qu'est-ce que je puis faire qui ne soit une interruption perpétuelle à l'effet de ma condamnation? Peut-on dire que j'ai *couvert la nullité*, inhérente au jugement du tribunal et à l'arrêt de la Cour?

J'ai dit que *je voulais publier un Mémoire :* on ne m'en laisse pas le temps; — j'ai dit que *tous les principes étaient violés dans ma condamnation :* on n'écoute rien.— Revoyez ma lettre au président de la Cour. Est-ce que je ne puis pas protester maintenant devant la Cour de cassation et alléguer qu'on empêche l'introduction de mon Mémoire?

Un mot là-dessus, et peut-être vais-je déférer à la Cour de cassation une protestation motivée. Je veux un arrêt de la Cour qui m'autorise à publier mon Mémoire à Paris, en tel nombre qui me conviendra, et cela avant même que je comparaisse.

Je vous livre toute cette pot-bouille, tâchez de m'en tirer quelque chose. Nous subissons la tyrannie des délais : est-ce que la signification faite à *mon domicile* vaut quand je suis à cent lieues *de là!*...

Tout cela me semble bien bête; et ce serait de la justice?... Allons donc!

J'écris, par l'entremise de Mme Renard, à ma femme. Ma lettre contient des choses importantes; aussi vous serais-je obligé de faire dire à ma femme de la venir prendre chez vous si vous n'avez pas occasion de la lui remettre en main propre en passant à Aulnay.

Dorénavant, quand vous croirez avoir à me dire des choses *trés-confidentielles*, vous remettrez vos lettres à ma femme, à qui j'indique une voie sûre et régulière pour me faire parvenir ces sortes de choses.

Je vous serre la main.

P.-J. PROUDHON.

Bruxelles, 8 août 1858.

A M. PILHES

Mon cher Pilhes, je vous confirme celle que je vous ai écrite il y a environ quinze jours, et qui a dû rester entre les mains de ma femme, votre départ de Paris ayant eu lieu avant la réception de ladite lettre. Les deux missives vous parviendront sous un même pli par l'entremise de l'ami Journet.

J'ai organisé d'une manière sûre ma correspondance avec Paris.

Ainsi, en adressant vos lettres soit à Villot, soit à Journet, et les priant de les *faire porter* à ma femme, elles me parviendront, vous pouvez y compter, sans aucun risque d'être ouvertes.

La correspondance établie, je vais commencer mon petit système d'opération. Pour les débuts, dans quinze jours paraîtra mon Mémoire : environ cent soixante pages in-octavo compacte. Je crois cette brochure faite pour frapper vivement les esprits au dedans et au dehors. J'ai proposé à l'éditeur bruxellois de me payer *en papier*, c'est-à-dire en exemplaires qu'il me rendrait à Paris ou à telle autre destination que je lui indiquerais. Vous comprenez de suite ce que cela veut dire.

Quel nombre, *sans exagération*, pensez-vous en placer de Bordeaux à Caen ? Et comment, à qui expédier tout cela ?

Cette première opération, d'ailleurs très-anodine, une fois terminée, la planche serait faite pour d'autres ; à mesure que la circulation s'établirait, se régulariserait (*sans écritures*, bien entendu), elle deviendrait de plus en plus facile et de moins en moins dangereuse, et vous n'auriez guère qu'à encaisser les fonds et me les faire parvenir. Si le métier réussit, si mes petites communications sont bien reçues et qu'elles me fassent un revenu suffisant, je travaillerai avec courage et les choses marcheront, je vous le promets, un joli petit train.

Vos demandes pourront être adressées, soit à ma femme, qui suivra de point en point vos indications, soit à moi-même directement, mais toujours en suivant l'intermédiaire de ma femme.

J'attends donc de vous une lettre au plus tôt. Observez le pays, étudiez la marche des esprits, le progrès de l'opinion, recueillez des faits et des anecdotes, et envoyez-moi le tout. Rien ne sera perdu, et vous pourrez vous vanter d'avoir concouru à une excellente œuvre.

Rien à vous mander pour le quart d'heure de plus important.

A vous de cœur, et à la chose.

P.-J. PROUDHON.

Bruxelles, 10 août 1858.

A M. CHARLES BESLAY

Mon cher ami, je vous ai écrit samedi dernier, 7, à l'adresse des *Trois-Couronnes*, 1; vous a-t-on remis ma lettre?

M. Crémieux vient, à ma demande, de faire OPPOSITION à l'arrêt de la Cour du 28 juillet. Il est convenu entre lui et M. Chaix d'Est-Ange que l'assignation serait donnée pour le mois de *novembre*.

Ainsi, je comparaîtrai de nouveau, et dans quinze ou vingt jours, mon Mémoire imprimé, je serai à Paris. Ce me sera un répit dont j'ai grand besoin. Le temps apportant conseil à tout le monde, Crémieux parlant à la Cour et moi au public d'Europe, j'ai grand espoir. En tout cas, je dois me rendre à l'appel de la justice puisqu'elle veut bien m'attendre.

Je vous serre la main.

P.-J. Proudhon.

Bruxelles, 13 août 1858.

A M. CHARLES BESLAY

Voici inclus la lettre dans laquelle, page 2, vous m'avez donné cette malheureuse adresse des *Trois-Couronnes;* mais rassurez-vous, votre nom ne se trouve pas prononcé dans ma lettre, qui ne contient d'ailleurs que des choses tout à fait de ménage.

Je vous priais de servir de conseil à ma femme, pour le cas où l'on irait *saisir* chez moi afin de me faire payer 4,000 francs d'amende, et je l'avertissais, elle, de l'arrivée prochaine d'autres lettres.

Beaucoup de choses insignifiantes sur l'état du pays belge, etc.

Je suis au désespoir de vous causer ainsi des ennuis et de m'en créer à moi-même pour des bagatelles. Dites-moi si ma lettre a été enfin remise à M. Duprez et ce qu'il en est advenu.

Sans doute je ne rentrerai que si on autorise la libre et publique distribution de mon Mémoire et en tel nombre qu'il me plaira ; sinon, non. Mais je crois, si on accorde cette autorisation, être engagé et alors j'irai. Puis, j'espère que la publication de ce Mémoire

créerait, *ipso facto*, un précédent qui rendrait la condamnation impossible.

Je me borne à ces quelques mots pour aujourd'hui et
je vais à mes épreuves.

A vous de cœur, cher ami, et pardonnez-moi.

Tout vôtre.

P.-J. PROUDHON.

Bruxelles, 18 août 1858.

A M. CHARLES BESLAY

Mon cher ami, je vous écris sous le remords d'un déjeuner pour lequel il faut que vous me donniez d'abord l'absolution. Je suis tellement dépaysé, désorganisé, qu'un esprit d'ordre comme le vôtre ne peut me refuser sa compassion. Avant-hier, j'ai dîné dans un restaurant pour quinze sous : un potage, une côtelette, un grand verre de bière (faro) et un pain dit *pistolet*. Le tout était bon; insuffisant pour le dîner d'un homme, mais enfin, eu égard au bon marché, je passai. Aujourd'hui, midi, j'entre dans un autre restaurant avec un certain appétit. Au lieu d'une côtelette, j'en demande deux ; puis, un verre de bière ne suffisant pas pour toute cette nourriture, deux verres. C'était de la bière anglaise. Bref, j'en ai été pour *trente-trois sous*, plus du double de mon dîner de lundi. Dans cinq ou six heures il me faudra recommencer, et si vous comptez que j'ai pris dès le matin une tasse de lait froid et un petit pain, vous verrez qu'il ne m'en coûte guère moins de 3 francs par jour l'un portant l'autre, rien que pour ma nourriture. 3 francs! il n'y a pas le quart des ouvriers belges qui gagnent 3 francs par jour.

J'ai reçu les trois vôtres des 11, 12 et 14 courant. Elles m'ont tranquillisé, mais je ne suis toujours pas renseigné d'une manière positive, ni par vous, ni par ma femme, ni par votre compagnon de voyage, M. B*** qui a dû aller aux informations dimanche, 15, rue Saint-Sébastien, rue de Verneuil et rue d'Enfer, sur le sort des lettres confiées à Mmes Renart, que ma femme a dû recevoir d'elles et dont elle devait vous donner communication. Ces lettres ont-elles enfin été remises ? Je le demande à ma femme, je vous le demande à vous-même.

Ce que vous me racontez de votre affaire suisse ne me rassure point : je la vois toujours au même état. Je vais avoir terminé mon Mémoire ; pourrais-je vous être de quelque utilité pour vos intérêts suisses ? Essayez de ma plume ; si je n'ai pas assez d'éloquence pour convaincre vos débiteurs, au moins je ferai en sorte de ne pas gâter l'affaire. — Au surplus, peut-être avez-vous pensé qu'une semblable négociation ne devait pas être traitée *par écrit ;* la parole écrite entraîne une PRÉCISION quelquefois dangereuse aux intérêts qu'elle représente, même les plus légitimes. Je m'en rapporte à vous sur cela, mais à première occasion essayez de moi. J'ai eu du succès pour d'autres, pourquoi n'en aurais-je pas pour vous ?

- Oui, sans doute, il me serait agréable d'être votre représentant en Belgique pour une de vos industries, cela me donnerait pied, me calerait, me ferait une figure et ne nuirait en rien à mes baguenauderies philosophiques et littéraires. Vous me donnerez *l'embrico,* comme nous disons en Franche-Comté, et puis je marcherai tout seul. Mais je m'impatiente à vous voir tâter de tant de choses : fer-blanc, laque, gravure, etc.

Jusqu'ici les espérances sont partout fort belles, mais quand enfin recueillerez-vous le premier centime? Je ne vois rien arriver.

Demain, les cinq premières feuilles (80 pages in-8°) de mon Mémoire seront tirées : environ la moitié. La fin de la semaine prochaine terminera l'opération. Aussitôt qu'il y aura des exemplaires, j'en enverrai trente-cinq à votre adresse, par l'entremise de la douane, pour être distribués aux personnes que je vous indiquerai ultérieurement. La distribution ne vous coûtera pas un pas. En même temps, j'écrirai au ministre de l'intérieur. Vous serez instruit de tout.

La France languit, je le vois d'ici; les esprits sont hébétés, les consciences ahuries. Gare qu'elles ne se réveillent en sursaut !

Je vous serre la main.

P.-J. PROUDHON.

Bruxelles, 27 août 1858.

A. M. BOUTEVILLE

Mon cher Boutteville, j'ai reçu votre lettre du
18 juillet, dont je vous remercie fort. Elle m'a fourni
deux ou trois citations pour mon Mémoire; malheureusement, elles ne sont pas aussi bien placées que je
l'eusse voulu. Vous en jugerez dans une quinzaine.

Présentement, j'aurais besoin de la suite de vos critiques. Ne pourriez-vous les remettre à ma femme, qui
a une voie sûre et commode pour me les faire parvenir?
Je vais probablement m'occuper d'une seconde édition
de mon livre Le libraire qui publie mon Mémoire n'a
pas osé entreprendre, sitôt après la vente des six mille
exemplaires de Garnier, une si grosse affaire; mais un
autre se présente, et je ne désire pas laisser languir
cela.

Vous savez que sur l'opposition faite en mon nom
à l'arrêt de la Cour rendu par défaut, le parquet a
consenti à renvoyer mon affaire au mois de novembre;
mais il ne me suffit pas qu'on ajourne l'appel de ma
cause, il faut que, selon la loi, je puisse distribuer en

tel nombre qu'il me plaira et vendre mon Mémoire.
C'est la condition de ma comparution, hors de laquelle
je suis décidé à renoncer au bénéfice de l'appel. Je veux
pleine liberté de défense et pleine publicité, *y sino no!*
Dans huit jours, mon Mémoire sera imprimé et broché;
j'en adresserai un petit ballot à Paris par voie ordinaire; je saurai alors quelles sont les intentions du
gouvernement.

Mon vieux compatriote D***, que vous avez dû voir
chez moi, ira vous entretenir d'un projet de Revue
qu'il se propose de faire, et pour laquelle il a trouvé déjà
un bailleur de fonds. J'ai promis de prendre part à la
chose. Nous rassemblerions tous nos anciens amis du
Peuple et de la *Voix du Peuple* (fors Darimon), et sous la
double rubrique *Morale* et *Littérature*, non sujette à
cautionnement ni timbre, nous commencerions une
nouvelle besogne.

Quand vous aurez vu D*** et que vous m'aurez répondu, je vous entretiendrai de mon plan à ce sujet
plus au long. Je crois qu'il y a à faire quelque chose.

Je m'habitue à l'idée de m'établir à l'étranger et de
m'y faire une existence. Naturellement, ce sera une
existence de lutte; mais, du moins, j'aurai les coudées
franches, et je pourrai, ou peu s'en faut, parler à mon
aise. Depuis sept ans, rien, absolument rien de sérieux
n'a été tenté par la voie de la presse contre l'Empire;
c'est la tâche que je m'impose. Il faut en finir, et si
mes pressentiments ne me trompent pas, je crois que
je réussirai peut-être à rompre la glace. Jusqu'ici j'ai
fait de l'Économie et de la critique, je vais tenter la
politique.

Bonjour à ces dames; bonjour à B***, N***,
MM. D***; je ne puis écrire à tout le monde. Il me

faudrait un secrétaire, et si je suis avide de lettres, je suis on ne peut plus paresseux pour répondre.

À vous de cœur.

P.-J. PROUDHON.

P.-S. Ma lettre est *confidentielle :* évitez, s. v. p., de faire courir aucun bruit qui pourrait me faire inquiéter. Ne parlez de mon procès que lorsque vous aurez mon Mémoire entre les mains.

Bruxelles, 28 août 1858.

A. MM. GARNIER FRÈRES

Messieurs, j'ai reçu votre lettre du 4 août, répondant à la mienne du 30 juillet.

Je vois avec peine que vous persistez dans la voie des sollicitations infructueuses où vous êtes entrés dès le commencement de notre procès. Comment ne comprenez-vous pas encore, messieurs, que l'appel fait contre vous *à minima* et l'aggravation de peine qui a suivi, et tant d'autres petits détails que contient votre lettre ou qu'elle passe sous silence, prouvent qu'il existe à votre endroit une animosité presque égale à celle qui existe contre moi-même! Faut-il que je vous éclaire sur votre véritable position?...

Vous avez acquis à force de travail quelque fortune; vos confrères en librairie en sont envieux; la magistrature vous hait; le Pouvoir, à qui les amendes vont si bien, ne demande pas mieux que de vous dépouiller; et puis il y a les cagots de l'Église et du parquet à qui il doit être très-agréable de vous condamner, à propos de mon livre, pour *outrage à la morale.* — Cette reprise d'instance contre des gens aussi innocents que vous m'a ouvert les yeux, et j'ai compris que vous seriez

désormais d'autant plus inquiétés, vexés, que vous
me prêteriez votre ministère. Il se peut, et personne ne
le souhaite plus que moi, messieurs, que vous obteniez
quelque adoucissement sur les quatre mois de prison ;
mais quant à l'amende, n'espérez rien et, à l'avenir,
mettez-vous bien en règle avec la police. —

Pour moi, si j'étais à votre place, je ne songerais
qu'à la vengeance. Je mettrais ordre à mes affaires,
j'assurerais ma fortune, et je commencerais contre cet
odieux despotisme une contrebande infernale... Mais
chacun son métier : le vôtre n'est pas d'attaquer un
gouvernement. Ainsi parlons d'autre chose.

Vous savez, messieurs, que l'on a formé en mon nom
opposition à l'arrêt par défaut; cela me donnera tout
uniment prétexte et loisir de publier un Mémoire, et de
me défendre contre l'opinion comme je le veux. Si le
ministre Delangle autorise l'introduction en France et
la vente, à la bonne heure! j'irai me présenter à la
Cour, et lui répéterai de vive voix tout ce que je lui dis
par écrit et que n'a pas voulu entendre le tribunal; elle
statuera ensuite comme elle voudra. Mais si l'entrée
m'est refusée, je me moque d'elle et de ses condamnations; je commence aussitôt la guerre, et peut-être
trouvera-t-on que la pensée d'un philosophe est plus
redoutable que la bombe d'un conspirateur.

Ceci ne m'empêchera pas de m'occuper de publications plus utiles : à ce propos, messieurs, je vois avec
regret que nos relations, si longtemps amicales, vont
fatalement cesser. Puisqu'on était résolu à ne plus rien
souffrir de moi en France, et qu'une fois hors de France
je vais user de toute la liberté que m'assure un pays
libre, il est clair que la police française souffrira encore moins qu'auparavant la circulation en France

d'aucune publication sortie de ma plume. Jusq'uà ce que nous rentrions dans un régime de droit et de liberté, le public français est donc perdu pour moi, sauf ce que je pourrai faire parvenir par contrebande ; par conséquent, nos rapports finissent, et nous allons faire un règlement de compte définitif.

Vous sentez, messieurs, que ce n'est pas volontairement que je vous parle ainsi. Grâce au crédit que vous avez consenti pendant sept ou huit ans à m'ouvrir, j'ai pu travailler sans trop de gêne et d'inquiétude ; j'ai réussi par le travail, à égaliser le *doit* et l'*avoir*, et en ce moment je crois que je ne vous dois plus rien. Maintenant il faut que je cherche d'autres ressources, et cela dans des conditions bien moins avantageuses : ce n'est donc pas, comme vous voyez, de mon plein gré que je cesse avec vous.

Nous avons quelquefois parlé, M. Hippolyte et moi, de la possibilité d'une réimpression de mes publications antérieures. Croyez-vous qu'en ce moment cette réimpression, *améliorée* et *choisie*, ait des chances de succès ?

Je préparais, de concert avec M. Duchêne, deux nouveaux petits volumes, devant paraître séparément, sur les questions de *Bourse* et d'*Industrie* : le travail de M. Duchêne est terminé ; deux mois de travail me suffiront pour mettre la chose au net. — Oseriez-vous encore vous charger de cela ? Je vous avoue, sans attendre votre réponse, que moi-même je n'oserais pas vous y engager.

J'ai d'autres travaux plus importants, surtout plus intéressants, sur le chantier, pour lesquels je songeais, comme pour les trois derniers volumes, à vous demander crédit et continuation de mon compte courant.

Mais, franchement, si l'on ne voit pas d'apparence que l'Empire finisse, d'ici au moins quelques années, je n'aurais pas l'indiscrétion de vous faire une proposition pareille. Quelle garantie pourrais-je vous donner de remboursement ?

Ma position, comme vous pouvez juger, est donc mauvaise, et, si je raisonne juste, le plus sage pour moi, en renonçant à l'espoir de rien faire désormais avec vous, c'est de mener bon train la guerre au régime qui nous étrangle et de me montrer dans toute la force de ma liberté et l'originalité de mon esprit. Si vous entrevoyez pour moi quelque moyen de faire mieux, si vous pensez pouvoir tirer quelque service de ma plume réprouvée et m'aider encore à vivre, je vous saurai gré, messieurs, de me l'indiquer ; car vraiment je ne dois rien négliger de ce qui peut m'aider à sortir d'embarras dans cette grande infortune.

En attendant, messieurs, je prends note des *trois cents* francs que vous avez remis à ma femme.

De votre côté, veuillez prendre note aussi d'une traite de 250 francs que je fais sur vous, à vue : ces deux sommes déduites de ce qui me restait dû, je crois que je n'aurai plus à vous réclamer grand'chose.

J'ai beaucoup souffert de l'extrême chaleur dans ces derniers temps ; ma tête ne se guérit point, et l'interdiction du repos que me fait ma position me défend d'espérer guérison.

Pardon, messieurs, de vous entretenir si longuement de mes affaires : elles ont été longtemps mêlées aux vôtres ; d'ailleurs, ne sommes-nous pas en communauté d'affliction ?

Je vous salue, messieurs, bien sincèrement.

P.-J. PROUDHON.

Bruxelles, 30 août 1858.

A M. GUSTAVE CHAUDEY

Mon cher ami, j'ai votre lettre du 30 courant. Elle me prouve pour la dixième fois, du commencement à la fin, que vous êtes un véritable ami, et pour cela je vous embrasse, ainsi que le fillot, à la grosse brassée. — Mais j'ai à vous reprocher que vous ne vous montrez pas un aussi fin compère que j'avais droit de l'attendre de vous, ou que vous me prenez pour un sot ; permettez que j'explique ce dilemme :

Où avez-vous vu, cher ami, que je voulusse, sans avoir pris mes précautions, me jeter dans les griffes de notre Cour impériale ? Vraiment, vous plaidez une cause jugée, et ce n'était pas la peine de m'écrire quatre pages pour enfoncer cette porte ouverte. Connaissez-moi donc une fois, cher ami, et jugez-moi dignement.

Oui, j'irai me présenter à la Cour, si le ministre de l'intérieur autorise l'entrée en France et la libre circulation de mon Mémoire, *y sino no*, comme dit l'Espagnol.

Or, j'ai pris mes mesures pour que cette introduction et cette circulation ne pussent avoir lieu sans entraîner,

au moins moralement, et aux yeux du public, l'acquittement de l'écrivain, la restitution du livre au commerce, la débâcle de l'Église, partant, vous l'avez dit
vous-même, une *petite révolution*.

Et je me suis arrangé aussi de telle sorte que, en re-
poussant ce Mémoire, on ne pût s'autoriser d'aucun
autre motif que du bon plaisir impérial et des nécessités de la politique adoptée par S. M. Napoléon III;
en sorte que, grâce à mon opposition, je les tiens ac-
culés entre le despotisme oriental et la révolution d'une
part; et que, de l'autre, on ne peut pas dire que j'ai fui
le débat : c'est le pouvoir, au contraire, qui étouffe
discussion. Y êtes-vous, à présent?

Vous verrez ma *petite drôlerie*, comme dit M. Jourdain. Vous n'y faites, ma foi, pas trop laide figure, et
vous mériteriez bien, pour vous apprendre à hésiter,
comme feu Moïse, que je vous eusse donné un petit
coup de patte. Il y a des choses très-gentiment dites,
avec beaucoup de respect, mais à faire sauter le vieux
palais de saint Louis comme un volcan.

Voici une petite nouvelle que me communique l'ami
Duchêne.

« Le prince Napoléon a demandé au ministre Delangle comment il entendait se comporter avec moi. —
Celui-ci a répondu : « Je sais comment était M. Proudhon sous l'administration de M. Carlier, nous ferons
encore mieux pour lui. »

Comme vous voyez, M. Delangle me juge déjà en
prison. Ces gens-là n'ont pas le sens du Droit; ils ne
soupçonnent pas le premier mot de mon affaire. Savez-
vous à quoi je m'attends de leur part? Ils diront, après
m'avoir lu : Si M. Proudhon s'y était pris d'une autre
manière, il pouvait gagner son procès. Il nous a mis

volontairement dans la nécessité de repousser son Mémoire : il a voulu rester à l'étranger. Qu'il y reste ! — Mais le débat ne fera que commencer; et je vous certifie qu'avant six mois ils trouveront qu'ils ont commis une faute énorme.

Je regrette beaucoup que mon impression n'ait pu être achevée plus tôt, et que vous ne soyez pas là lorsqu'arriveront les exemplaires. J'avais compté sur vous pour faire faire une consultation par quelques avocats. En admettant même que la consultation ne puisse avoir lieu par suite de mon absence, elle peut néanmoins servir à Garnier, qui s'est pourvu en cassation, et à qui l'on pourrait procurer, grâce à mon Mémoire, des moyens de nullité. Puisque vous êtes son voisin, entrez donc un jour dans son magasin et parlez-lui de cela. Il faut remuer cette poële, et faire sauter le goujon, jusqu'à ce que tout soit frit.

Mon Mémoire paraîtra, selon toutes prévisions, de jeudi en huit, c'est-à-dire le 9 septembre. Vous serez à Vesoul. Comment devra-t-on s'y prendre pour vous faire tenir quelques exemplaires. Entendez-vous pour cela avec ma femme, chez qui on pourra prendre la chose de votre part. Je serai bien aise qu'on rie un peu en Franche-Comté.

Et maintenant, je vous renouvelle mes instances. Si vous êtes un vrai patriote, un ami de la liberté et du droit, faites-moi collection de quelques faits judiciaires, administratifs, politiques, servant à peindre le gouvernement impérial en justice. Vous n'avez pas oublié nos derniers entretiens. Il faut créer la politique républicaine, exposer le principe organique et, tout d'abord, dire nettement en quoi se distingue de la monarchie cette forme de gouvernement dont le genre humain poursuit depuis six mille ans l'idéal, sans avoir pu jusqu'ici en déterminer l'idée. La République est encore un rêve, mais un rêve dont nous affirmons malgré nous la réalité. Qu'est-ce donc? Ce qui en a approché le plus jusqu'à ce jour est le gouvernement monarchique constitutionnel : à quoi tient-il que celui-ci ne soit tout à fait république? — Au roi, disent les républicains. Comment donc, le roi ôté, le gouvernement est-il dans un équilibre instable?...

L'idée de la république déterminée, j'en chercherai les rapports *pratiques* pour l'époque actuelle avec les gouvernements etablis; ce qui décidera le ralliement de la bourgeoisie d'un côté, et la sympathie des États de l'Europe de l'autre. L'Empire, ainsi déraciné par tous les bouts, croule.

Je ne vous en dis pas davantage : vous devinez tout.

Je ne vous répète pas, cher ami, *aimez-moi*, je vous préviens une fois pour toutes que je crois à NOTRE AMITIÉ. Mais je vous dis : *travaillez pour la chose;* aidez-moi, vous le pouvez, et vous savez bien faire.

Je vous serre la main; et je salue Mme Chaudey du fond du cœur.

Tout vôtre.

P.-J. PROUDHON.

Bruxelles, 30 août 1858.

A M. GOUVERNET

Mon cher Gouvernet, j'ai reçu en son temps votre dernière du 22 courant, et je vous remercie des renseignements qu'elle contient.

Enfin, j'ai à peu près terminé. Encore une épreuve à lire, et me voilà libre. Je pourrai prendre un peu de ce repos dont ma tête a si grand besoin.

Suivant toutes prévisions, mon Mémoire paraîtra ici de jeudi prochain en huit, c'est-à-dire le 9 septembre. J'en enverrai par la douane *vingt exemplaires* à l'adresse de Garnier frères. Ces *vingt exemplaires*, passant par la douane, seront examinés au ministère de l'intérieur, à qui j'écrirai en même temps pour demander l'autorisation d'entrer en France, une autorisation écrite, bien entendu. Comme je ne crois pas que cette autorisation soit accordée, comme je doute même qu'on livre les *vingt exemplaires*, vous comprenez que la question sera tranchée par le fait pour moi : je reste en Belgique ; mais elle ne sera pas pour cela résolue pour le gouvernement ; loin de là. Je me suis arrangé de façon que mon Mémoire eût pu passer le mieux du monde sous le gouvernement de Louis-Philippe, en sorte que le gou-

vernement impérial n'aura à opposer que son bon
plaisir. Mais alors, je l'attaque sur ce chapitre ; on ne
veut pas de libre défense, on est jésuite, etc., etc. Cela
ne finit plus. Que si, par hasard, on laissait passer le
Mémoire, oh ! alors, le procès tombe, l'Église est en
débâcle, et la Révolution commence pour l'Empire
même.

Ce premier écrit de ma part va donc donner le diapason de la guerre que je vais commencer. Plus d'in-
vectives, pas d'injures, le ton et le style d'un Henebrode
avec un peu plus de vie seulement et de couleur, avec
de la science et de la philosophie. L'absurde, le non-
sens, l'immoralité de l'Empire, son incompatibilité avec
le droit, tout cela va être démontré, tiré au clair et
d'une façon intéressante, amusante même. J'espère
beaucoup, je vous l'avoue, de la campagne que je
médite, pour moi d'abord, et pour la chose publique ;
je ne doute presque pas du succès.

Je reprends votre lettre par articles.

Que ma femme garde les revues et brochures jusqu'à
ce que je les demande.

Je ne devine pas quelle est la personne qui offrait de
me conduire en Espagne, et je ne comprends pas pourquoi ma femme a détruit sa lettre. A-t-elle peur que je
la conduise de l'autre côté des Pyrénées ?,..

Tenez pour bien et dûment avenues toutes mes
lettres, surtout celles du 9 et du 10. Il va falloir s'occuper sérieusement du placement des exemplaires et
organiser la correspondance avec tous les amis de
bonne volonté.

S'il ne vous était point par trop désagréable de passer
rue des *Jeûneurs*, je serais bien aise de savoir si P*** a
reçu mes lettres, s'il y a répondu. En tout cas, vous

recommanderiez de ma part de n'agir qu'avec précaution. Il suffit de rappeler au chef de l'établissement que je suis à Bruxelles et que P*** est *connu*...

Tâchez, en allant voir ma femme, de savoir si *Pfau* est de retour et de causer un peu avec lui. J'ai appris ici que ce malheureux libraire de Hambourg, qui a mis une quinzaine de mille francs dans l'édition de mon livre, était à cette heure fort gêné, par suite de l'interdit mis sur son édition par le gouvernement libre de Hambourg, à la sollicitation du gouvernement monarchique de Prusse.

Oui, cher ami, je préférerais de beaucoup Genève à Bruxelles ; mais il y a la question du gagne-pain, que je crois plus facile à résoudre ici qu'en Suisse. Si je ne me trompe pas dans mes appréciations, je crois que, même hors de France, et avec l'interdit de l'État sur mes livres, je puis encore vivre de ma plume avec le seul public de Belgique, Suisse, Piémont, etc., et j'ignore si, habitant Genève, les choses pourraient se passer aussi bien. Au reste, c'est à voir. Le climat de Belgique est plus humide et plus froid que celui de Paris ; aussi le vin y est-il un article de première nécessité pour moi. C'est par là que je trouve surtout le séjour difficile. Cependant, on peut encore avoir du vin, dans le faubourg, à 1 fr. 10 le *litre*, ce qui ne dépasse guère le prix actuel de notre bonne ville de Paris. Avec la bière locale de ménage, qui ne revient pas à plus de 15 ou 20 centimes le litre, un demi-litre par jour nous suffirait, et je calcule ainsi que la boisson ne nous coûterait guère plus de *quinze sous* par jour.

La viande coûte moins cher qu'à Paris ; le logement nous reviendrait aussi à meilleur marché ; mais nous ne serions pas aussi bien qu'à la rue d'Enfer ; il n'y a pas dans tout Paris, pour un petit ménage comme le nôtre, deux logements comme celui-là. Cette réserve faite, le logement à Bruxelles peut être regardé comme moins cher aussi qu'à Paris.

Mon éditeur Lebègue va partir pour Paris samedi prochain, 4 septembre; il passera quatre jours à Paris et verra ma femme. Elle recevra par lui une lettre de moi et, d'ici là, j'écrirai encore à notre ami B***.

Adieu, cher ami; croyez que vous me faites grand besoin; et si j'en crois mes sentiments pour vous, il me semble que mon absence doit vous causer aussi un peu de vide. Nos causeries du soir m'étaient si douces! Vous détendiez mon cerveau; vous m'abrégiez les visites importunes; vous étiez pour moi le complément de la famille, car point de famille sans un bon ami. Tout cela est suspendu : nous en sommes aux lettres !

Allons, pas d'attendrissement. Dites à ma femme que je l'embrasse de bon cœur, et Cathe aussi, et Stéphanie aussi.

Tout à vous,

P.-J. PROUDHON.

P.-S. Je vous recommande l'incluse; puisque vous connaissez le destinataire, tâchez de le voir lui-même. Il doit partir pour la Franche-Comté le 2 ou 3 septembre.

Vous m'en diriez des nouvelles.

Bruxelles, 31 août 1858.

À M. VAN DER ELST

Mon cher monsieur Van der Elst, j'ai lu avec la plus grande attention, et un intérêt plus vif encore, les articles de votre ami M. Haeck sur le crédit et la circulation. Il n'y a rien dans ces articles que je ne pense, que je ne croie avoir dit, écrit ou pensé moi-même, mais beaucoup moins bien que M. Haeck. C'est vous dire, en vertu de l'amour-propre qui nous fait toujours admirer chez les autres ce que nous croyons personnel à nous-mêmes, que je regarde M. Haeck comme un des écrivains les plus distingués et un des penseurs les plus fermes de la Belgique.

Son projet *ne dit pas tout*, mais il laisse suffisamment entrevoir ce qu'il ne dit pas, et il était inutile pour le succès de la chose que tout fût dit.

Ce que j'aime particulièrement dans le projet de M. Haeck est aussi ce à quoi lui-même tient le plus : la délimitation restreinte des fonctions du bureau central et la méthode d'organisation identique et adéquate à la méthode de démonstration, qui consiste à partir de la banque locale pour arriver de là à la banque pro-

vinciale ou de compensation, et de celle-ci au bureau
central.

Cela est mathématique et d'une puissance invincible.

J'ai lu aussi la petite brochure sur les Devoirs du
parti libéral en Belgique.

Ici encore j'aurai la vanité de dire que les beaux
esprits se rencontrent ; malheureusement pour moi, les
circonstances dans lesquelles j'ai écrit, le malheur de
certaines expressions, etc., m'ont fait paraître aussi
absurde que M. Haeck est logique et fort.

Comme lui, j'ai soutenu contre M. de Girardin et
autres que les réformes (nous disions en 1848 *la révolution*) ne se peuvent opérer que de bas en haut, c'est-
à-dire autant qu'elles sont entrées, par un travail de
discussion, dans l'opinion.

C'est ce que j'appelais *autonomie, anarchie, self-go-
vernment*, etc.; mais, en France, les esprits sont habitués à procéder en sens inverse, et parce que le HAUT
ne s'appelle plus le *Roi*, mais la *Convention*, ils se
croient républicains. On commence à en revenir, cependant. Mais toujours l'instinct domine, et vous verrez
qu'à la première occasion, une fois les idées de crédit
et de *gouvernement* bien comprises, le ramonage se fera,
comme toujours, du *haut en bas*.

Je serai très-honoré de faire la connaissance de
M. Haeck, si vous voulez bien me servir d'intermédiaire : ce sera un moyen de plus de dompter ma
solitude.

Je vous salue, mon cher monsieur Van der Elst, avec
reconnaissance et amitié.

P.-J. PROUDHON.

Bruxelles, 1er septembre 1858.

A M. CHARLES BESLAY

Mon cher ami, je risque cette première à l'adresse du citoyen Duprez, rue des Trois-Bornes, à seule fin de voir si enfin elle vous arrivera.

Je touche à la fin de mon impression; la publication ou mise en vente aura lieu pour la Belgique d'aujourd'hui ou demain en huit, après le retour de mon éditeur Lebègue, qui va faire un voyage à Paris, et avec qui il serait fort utile que vous pussiez causer de ce que vous savez. Je lui donnerai votre adresse.

Vous me dites d'envoyer d'abord le plus que je pourrai d'exemplaires. Vous ne voyez apparemment à cela aucune difficulté; mais vous oubliez, cher ami, qu'outre les poursuites du parquet, j'ai à craindre encore le refus de livraison du ministère de l'intérieur, par l'entremise duquel tout ouvrage allant en France de l'étranger passe nécessairement. Vous oubliez que c'est précisément à la malveillance de cette entremise que j'ai dû la saisie des soixante-quinze exemplaires de ma brochure philosophique, publiée à Bruxelles en 1853. Devant ce nouvel obstacle, il faut que je com-

mence par demander au ministre la permission d'entrer, ce que je ferai en lui envoyant une couple d'exemplaires, peut-être même une vingtaine, qui, après tout,
ne seraient pas perdus pour l'effet général. Je désire
qu'on me lise partout, même en haut lieu. Ces exemplaires, je les adresserai à Garnier, qui aura l'obligeance de les retirer et de les tenir à ma disposition.
Vous serez averti et, le premier, vous prendrez le vôtre
et commencerez la distribution.

Comme je dois prévoir, après tout ce qui m'arrive,
un refus d'introduction, et même, en cas de permission
d'introduire, une fantaisie de poursuite de la part du
parquet, il sera bien que nous cherchions quelques
avocats qui, après avoir pris connaissance des faits,
soient disposés à me donner une *consultation*. Ce serait
le moyen d'attacher le grelot et de forcer cet absolutisme
bête dans ses derniers retranchements. Que je trouve
six avocats de quelque autorité et qui embrassent ma
thèse, et je vous promets de faire voir du pays au
système. Mais, comme à la guerre, je ne puis rien tout
seul ; il faut que je sois appuyé. Parlez d'abord à Didier,
à M. Baudouin, plus tard à Landrin. Landrin, ce serait
le grand coup. Chaudey est acquis d'avance ; Crémieux,
sans doute, ne refusera pas sa signature. Avec cela,
nous sommes les maîtres ; j'organise une *scie*, comme
dit le peuple, qui finira par couper *l'arbre du despotisme*
(style de 93) et le jettera à bas.

La consultation roulerait sur deux objets : 1° le droit
de publication des Mémoires ; 2° le fond même du
procès. Il y avait, pour bien dire, matière même à deux
consultations. Je m'en rapporte aux praticiens.

Vous m'avez parlé d'une connaissance à vous à la
frontière et d'une autre dans la banlieue ; il serait

temps, si vous avez un moment de loisir, de songer à
ces deux entremises. Les ouvriers qui m'impriment ici
sont déjà ravis de ma bagatelle ; le patron, les correc-
teurs, les amis qui viennent me lire sous presse, tout
applaudit. On me promet succès.

Donnez-moi de vos nouvelles, et pardonnez-moi
d'être resté si longtemps sans vous écrire. Ma femme a
dû vous saluer plus d'une fois de ma part, et vous dire
que je songeais à vous ; mais j'ai été très-occupé et très-
fatigué, ce qui a entraîné toute cette négligence.

Je continue à profiter de votre entremise pour ma
femme, dont je reçois à l'instant le portrait.

Adieu, cher ami, je vous embrasse avec transport ; je
me sens du courage, de l'espoir, des idées, quoique fort
ennuyé de la vie que je mène.

Tout vôtre.

                              P.-J. PROUDHON.

Bruxelles, 7 septembre 1858,

A M. GOUVERNET

Cher ami, avant-hier dimanche, je suis allé, en compagnie de quatre excellents Bruxellois, Félix Delhasse, Eugène Van Bemmel, Haeck et Dulieu, qui ont voulu me faire les honneurs de la journée, visiter le champ de bataille de Waterloo. Nous sommes partis de Bruxelles à sept heures du matin par le chemin de fer du Luxembourg ; puis, après une course d'environ vingt minutes, nous avons obliqué à travers la forêt de Soignes, et nous sommes arrivés, après deux heures d'une promenade fort agréable, sur le plateau de Mont-Saint-Jean, où s'est donnée la bataille. J'avais lu plusieurs récits de ce grand drame, et, tout nouvellement, je l'avais étudié dans la relation très-détaillée et très-exacte du colonel Charras. Je connaissais par la carte les moindres déplis du terrain, si bien qu'en arrivant sur les lieux, je pouvais nommer jusqu'aux *moindres taupinées*. Mais il n'est pas de description qui vaille la vue des lieux, et voici quelles ont été en substance mes impressions :

Si le ciel, en ordonnant la défaite de Napoléon, a voulu compléter le châtiment par la mesquinerie du théâtre, il ne pouvait choisir un lieu plus approprié que l'emplacement même où s'est passé le combat, entre les deux villages de Plancenoit et Mont-Saint-Jean. Il n'y a pas de pays au monde moins pittoresque, plus trivial, plus vulgaire, plus dénué de tout ce que l'imagnation souhaite comme encadrement à une lutte héroïque. Un sol toujours et uniformément ondulé, sans accidents tranchés, sans caractère, sans rien qui fasse trait ou point de mire nulle part, comme le nez au milieu du visage, ni éminence prononcée, ni enfoncement un peu considérable ; partout un aspect tel que les géographes le racontent des immenses et invariables plaines de la Russie : voilà Mont-Saint-Jean. C'est à tel point que je n'ai nullement été surpris de ce que m'a dit un vieux paysan, originaire de Plancenoit même, et qui servait justement, en 1815, dans les rangs français : il ne savait pas, le bon homme, le jour de la bataille, qu'il était à deux pas de son village, tant l'uniformité du pays, joint au tourbillon des armées, l'avait désorienté. Ce ne fut qu'après deux jours de fuite du côté de France qu'il apprit enfin que la bataille avait été perdue entre Mont-Saint-Jean et Plancenoit, et qu'alors, se donnant à lui-même son congé, il se décida à retourner sur le lieu du désastre, qui était celui de ses pénates.

Mais l'œil de l'homme de guerre aperçoit, il le faut croire, dans un pays des choses que n'y voit pas du tout l'artiste. Plusieurs semaines avant la bataille, Wellington, qui s'attendait à une invasion de la Belgique de la part de l'Empereur, avait parcouru la route de Bruxelles jusqu'à Charleroi ; il avait noté la position de Mont-Saint-Jean, et, sans en faire part a personne, il s'était dit que là il arrêterait l'armée française. Tout ceci est maintenant devenu historique ; et quand on suit en détail, sur le terrain, le plan de Wellington, on trouve bien misérables les critiques que Napoléon, vaincu, en a faites. Le pauvre Empereur a été pris dans un vrai traquenard, si bien pris, que jusqu'à la mort il ne paraît pas avoir clairement compris les causes de sa défaite.

Je ne vous ferai pas à mon tour la description de la bataille : il faudrait au moins cinquante pages ; mais j'ai vu les pièces ; j'ai consulté les documents officiels, et j'ai pu noter les distances et les heures. Quant aux manœuvres, outre qu'il n'y en a presque pas eu, c'est chose dont les soldats font beaucoup trop de bruit, et qui, à mon avis, ne prouve pas plus de génie chez nos hommes que l'habileté aux dominos ou aux échecs. J'ai voulu me rendre compte de cette *tactique*, et je ne crains pas de formuler ainsi mon opinion :

Eh bien, mon cher ami, autant le retour de l'île d'Elbe dénote peu de sens moral chez l'Empereur, autant son entreprise de 1815 montre peu de prudence et de discernement. Toute cette stratégie, à l'analyse, est scandaleuse et fait pitié.

Qu'est-ce donc qu'il y a, me direz-vous, sur ce fatal plateau, qui ait pu procurer à Bonaparte un pareil désastre ? Des riens : une grosse ferme sur la route, appelée la Haie-Sainte, avec murs de clôture, et verger entouré d'une haie ; à gauche, à 1,500 mètres, une autre ferme, de même espèce, avec des restes de vieux château ; en face, au haut de la pente très-douce qui monte pendant 2,200 mètres de la Haie-Sainte vers Mont-Saint-Jean, un chemin qui coupe la route perpendiculairement, encaissé à gauche, bordé de haies à droite.

Figurez-vous l'armée anglaise sur cette *croisée*, les
batteries dans le chemin creux, les soldats derrière,
cachés par le repli du terrain; puis, des détachements
qui garnissent les deux fermes dont je vous ai parlé.
Voilà les obstacles qu'il s'agissait de forcer pour arriver à Bruxelles. A un kilomètre de distance, rien de
tout cela ne se voit. La *Haie-Sainte*, petite comme une
baraque, la ferme et les ruines du château de *Hougoumont* se laissent voir à peine dans un bouquet de bois;
le chemin de traverse ne se voit pas du tout. C'était
peut-être le métier de l'Empereur de découvrir et d'apprécier toutes ces choses : le fait est qu'il ne devina
rien, ne sut rien, ne comprit rien. La bataille a duré
depuis onze heures et demie du matin jusqu'à neuf
heures et demie du soir ; pendant tout ce temps, la
ferme de la Haie-Sainte, placée sur la route même, a
été prise, perdue, reprise, je ne sais combien de fois ;
l'autre ferme, à gauche, prise, perdue, reprise, re-
perdue tant et si bien qu'il a été tué sur un ou deux
points peut-être 20,000 hommes, sans que rien fût décidé.

Pourquoi, direz-vous, ne passait-on pas entre ces
deux fermes, pour arriver droit au chemin de croise-
ment, et enlever la position? Pourquoi aussi ne tour-
nait-on pas par la droite?...

C'est en effet ce que tenta Napoléon. Après avoir
bien canonné l'armée anglaise (les boulets passaient par-
dessus le chemin), Napoléon ordonna à Ney de faire
charger par la cavalerie, en passant à gauche de la
route, entre *La Haye* et *Hougoumont*. C'est ainsi que
se firent ces douze ou quinze charges épouvantables,
où la moitié de la cavalerie française fût tuée, où tant
d'Anglais trouvèrent la mort ; il y eut des batteries

écrasées, des carrés anéantis; mais Wellington faisait avancer au fur et à mesure ses réserves ; les vivants remplaçaient les morts, tant et si bien que les nôtres durent renoncer à leur entreprise. A droite, les mêmes tentatives furent répétées, avec encore moins de succès. Je vous demande quel génie il y a à jeter ainsi des masses d'hommes les unes sur les autres, de manière que le poids le plus lourd, ou la matière la plus résistante, finisse par briser l'autre? Il n'y eut pas autre chose à Waterloo, ou pour mieux dire, à Mont-Saint-Jean, puisque Waterloo est à trois kilomètres plus loin. Napoléon agissait ici comme marteau, Wellington était l'enclume : toute la question était de savoir lequel des deux serait le premier usé.

Il y avait cinq heures que durait cet exercice, quand un premier corps de Prussiens déboucha à droite de Napoléon, sur le village de Plancenoit. Vous concevez l'effet de cette diversion. Il en résulta que les charges de Ney ne purent être appuyées par l'infanterie, occupée ailleurs ; — deux heures plus tard, arrive un deuxième corps de Prussiens, qui fit rétrograder toute l'aile droite de l'armée française, laquelle se trouva ainsi prise en tête et en flanc. Alors Napoléon fit avancer la garde : elle n'eut guère que la peine de mourir. Depuis le matin, elle attendait sur la chaussée, un peu en arrière du champ de carnage, vers un cabaret qu'on appelle la *Belle-Alliance* : c'est là que Prussiens et Anglais vinrent se rencontrer, après avoir écrasé, massacré, mis en compote tout ce qui était entre eux.

La perte des alliés monta à 22,000 hommes, celle des Français à 35,000 hommes, total 57,000.

Ajoutez que tout fut pris : parcs, fourgons, bagages, etc., et que la dissolution de l'armée française fut complète, absolue.

De tout cela on a fait en France une légende superbe, qui fait pleurer les niais. — Ah! si les Prussiens n'étaient pas arrivés!... Sans doute! mais les Prussiens *devaient* arriver; Wellington les attendait trois heures plus tôt qu'ils ne parurent; les deux généraux étaient convenus, la veille, de cette jonction; les mauvais chemins empêchèrent seuls Blücher d'arriver à l'heure dite Il n'y eut que Napoléon qui ne les attendît pas : il croyait les avoir anéantis à Ligny!...

Si du moins Grouchy était venu!... Sans doute encore : malheureusement, Napoléon lui-même avait ordonné, la veille, à Grouchy, de poursuivre les *restes* de l'armée prussienne, pendant que lui expédierait Wellington; et Grouchy, au moment où commença la bataille, le 18 juin, vers midi, se trouvait à sept lieues de Mont-Saint-Jean. Il n'aurait pu arriver par des chemins de traverse, défoncés, qu'en neuf ou dix heures de marche, juste à temps pour être enveloppé dans la déroute.

Tout cela est maintenant expliqué, éclairci : rien ne manque à la certitude. Les militaires, tels que Jomini, le colonel Charras, font à l'Empereur des critiques de détail. Il aurait dû livrer bataille quatre heures plus tôt, attaquer les fermes avec des obus, non avec des fusiliers; faire avancer les bataillons en *échelons*, etc. — Ce sont là des misères. La vérité est que Napoléon, mis au ban de l'Europe, ayant la coalition des peuples contre lui, s'était engagé dans la Belgique véritablement *à tâtons;* qu'il ne connut ni ne soupçonna la force de ses ennemis; qu'il ne devina rien de leur plan; que, plein de mépris pour les deux généraux anglais et prussien, il ne fit aucun état de leurs combinaisons ; tandis que ce qu'il qualifiait faute de métier était chez eux le résultat d'un calcul profond. Ainsi, à midi, en donnant le signal du combat, il disait : *Nous avons neuf chances sur dix.* ·Le malheureux !... Wellington et Blücher de leur côté disaient : *Nous le tenons !* Et quand on lit l'histoire avec un peu d'attention, on est de leur avis.

En 1815, au commencement de juin, 750,000 hommes de troupes alliées marchaient sur la France, ou plutôt sur l'Empire ; elles avaient pour elles, il faut le dire, le droit, le vœu des populations, celui même de la majorité de la France, en un mot, toutes les forces morales que les matérialistes, comme Napoléon, comptent pour rien, et qui, en dernière analyse, sont tout.

En Belgique, où il entrait avec 124,000 hommes, Napoléon allait rencontrer devant lui les deux armées anglaise et prussienne, formant ensemble 219,000 hommes, presque le double.

Naturellement, il chercha à les séparer, afin de les battre en détail ; mais il n'y réussit pas. D'abord il arrive trop tard ; puis à Quatre-Bras, il est repoussé ; à Ligny, il n'ose, le soir de la bataille, se mettre à la poursuite des Prussiens, qui se retirent en bon ordre, et se retrouvent le surlendemain à Waterloo en nombre de 90,000 hommes.

Que sert d'ailleurs de supputer les fautes et les déceptions de l'Empereur ? Wellington et Blücher aussi firent des fautes ; ils eurent plus d'un mécompte : à la guerre, comme au jeu, on fait toujours des fautes, et l'on a des mécomptes. Balancez donc les fautes de l'un par celles de l'autre, et vous arrivez à ce résultat, peu glorieux : que la victoire (le talent étant à peu près égal entre les joueurs), est restée en définitive aux plus gros bataillons.

En ce moment, l'aspect du champ de bataille n'est plus tout à fait le même qu'en 1815 ; il y a eu des coupes de bois ; on a ramassé les terres à l'endroit où se faisaient les charges de Ney, et qui formaient comme un petit mamelon ; et l'on en a bâti un monticule conique de 150 pieds de haut, portant un énorme lion de fonte, avec l'inscription : 18 *juin* 1815. C'est le lion hollandais, la patte posée sur un globe, la face du côté de la France, qu'il semble menacer encore. J'ai ramassé auprès de lui une touffe de serpolet dont je vous envoie un brin : c'est la seule relique que je me sois soucié de rapporter de Mont-Saint-Jean.

Tous les ans, une masse d'Anglais vont faire ce pèlerinage ; il y a, m'a-t-on dit, une fabrique de ferrailles qu'on leur vend pour des débris de la bataille de Mont-Saint-Jean ; on raconte l'histoire *d'un crâne d'officier prussien* qui fut vendu fort cher à un amateur berlinois, et qui avait été offert tour à tour à d'autres amateurs pour un crâne d'officier anglais et un crâne d'officier français. L'opéra-bouffe s'est emparé de cette ridicule montre de reliques pour en égayer la populace : c'est tout le souvenir qu'a conservé ici le peuple de la bataille dite de Waterloo.

En France, c'est autre chose : personne n'a vu le Mont-Saint-Jean ; plus d'un réfugié se ferait même conscience de le visiter ; ils pleurent comme des veaux à ce souvenir. On compare Napoléon à Roland, tué à Roncevaux ; le Mont-Saint-Jean, pays découvert, s'il en fut, aux Thermopyles ; on accuse la fatalité, la trahison ; on chante le mot de Cambronne ; et il ne manque pas de gens qui rêvent une revanche de cette

triste journée, qui ne fut, après tout, pour l'Empereur, pour ses enragés soldats, pour la France même,
qu'un juste châtiment. Certes, nous eûmes grandement
à souffrir de la seconde invasion ; mais je la regarde
comme un moindre mal que n'eût été le raffermisse-
ment de l'Empire ; et si je regrette quelque chose aujourd'hui, c'est qu'après avoir payé de la vie de
50,000 Français la chute de cet Empire, nous ayons
été exposes à le voir ressusciter trente-sept ans après,
comme si rien n'avait été fait. Il faut donc autre
chose que de la mitraille pour exterminer de pareils
monstres !

En passant dans le chemin creux, derrière la ferme
de Hougoumont, j'ai trouvé une récolte superbe de
mûres, dont je me suis régalé comme je faisais à douze
ans. Si la métempsycose est vraie, je dois avoir dans
les veines des atomes de plus d'un soldat français :
sans doute c'est leur âme dégrisée qui vous parle en ce
moment par ma plume véridique.

Adieu, cher ami, et moquons-nous des chauvins.

Tout à vous.

P.-J. PROUDHON.

Bruxelles, 11 septembre 1858.

A M. MAURICE

Mon cher Maurice, je suis bien en retard avec vous ;
et mes tribulations, tant ordinaires qu'extraordinaires,
ne sont pas une excuse suffisante; je le sais bien, je
m'en confesse, et vous prie de m'en accorder généralement le pardon.

Me voici à Bruxelles : dans quelques mois, j'aurai
réuni ma famille, et je recommencerai sur nouveaux
frais comme si de rien n'était. Mathey, à qui vous
remettrez cette lettre, vous donnera quelques détails
tant sur ma position judiciaire que sur la perspective
qui s'ouvre devant moi. Mon livre devait m'affranchir
d'emblée, comme je vous le disais : c'est un coup
manqué et une opération à refaire. Heureusement, il m
reste de quoi dans mon bissac.

Mais j'ai hâte d'en venir à l'essentiel de votre dernière
lettre, 17 *juillet*.

Voici donc que je me trouve votre débiteur, pour
compte de mon frère, de 326 à 336 francs (vous ne me
dites pas si c'est 30 ou 40 francs que vous lui avez
avancés).

Il me semble qu'à cette heure mon frère pourrait bien

s'abstenir de tirer sur moi, jusqu'à ce que j'aie liquidé
ce compte. En dehors des sommes dont vous me donnez
le détail, il a reçu, par l'entremise de Mathey,
200 francs dont j'ai payé la traite, et ses lettres sont de
plus en plus lamentables. Quelle plaie!...

Si j'ai quelque chance en Belgique, je continuerai à
lui envoyer quelques secours, mais *après que vous aurez
été payé;* c'est pourquoi je vous prie d'arrêter là le
compte ouvert et de ne fournir plus rien.

Si quelque malheur m'arrivait encore, par suite de la
pression qu'exerce le gouvernement français sur le
gouvernement belge, je devrais renoncer à toute espèce
de subvention à ce malheureux, dont je ne m'explique
point du tout la position.

Dans un mois, je commencerai à voir un peu clair
dans ma position nouvelle : je vous informerai de l'état
de choses.

A travers les ennuis de mon procès, la cervelle
abattue, occupé de la rédaction de mon Mémoire et des
préparatifs de mon voyage, j'ai négligé, dans les derniers temps, votre affaire avec M. Milpert.

Si vous avez besoin d'un représentant pour cette
affaire, vous pouvez vous adresser à un de mes amis
les plus intimes, un brave Franc-Comtois, ancien
commis à Gray, M. Gouvernet, rue de l'Aiguillerie, 8,
à Paris. Il fera volontiers votre commission. Je prierai
ma femme de lui remettre vos lettres, et il comprendra
mieux où vous en êtes.

Je ne connais pas le livre de *Rogacci* dont vous m'envoyez la note, encore moins le traducteur. A quel
propos Bulle me fait-il adresser par vous cette question?

Pardonnez-moi de vous recommander l'incluse, et

de vous prier en même temps de causer avec Mathey de quelque chose du contenu. Il s'agit justement de Bulle.

J'ai appris la mort de ce pauvre Lolot : j'en ai été vivement affecté, quoique je m'y attendisse depuis longtemps. Avertissement pour nous. Je gage que Plumey se porte comme le pont de la Madeleine !...

Mes hommages bien respectueux à votre bonne Laure, à qui je recommande de soigner sa poitrine.

Et vous, mon cher Maurice, quand je suis en faute avec vous, plaignez-moi, car je suis à plaindre; ne m'accusez pas.

L'irritation causée par mon livre n'a fait que s'accroître depuis cinq mois; elle va être portée au comble par mon *Mémoire*. Mais, si je ne me trompe, tout ceci tire à sa fin.

Avant-hier, les journaux de Belgique parlaient d'un nouvel attentat contre la vie de l'Empereur : le savez-vous?

Bonjour et santé.

P.-J. PROUDHON.

P.-S. Vous adresserez, jusqu'à nouvel ordre, à *M. Durfort, rue du Chemin-de-Fer*, 26, *Bruxelles.*

Bruxelles, 12 septembre 1853.

A MM. MATHEY ET GUILLEMIN

Mes chers amis, j'ai reçu vos deux lettres du 5 courant. Jusqu'à nouvel ordre vous pouvez m'écrire à la même adresse.

J'étais décidé à plaider à Paris, jusqu'en cassation inclusivement, et, par conséquent, à me constituer prisonnier, si j'avais pu obtenir pour ma défense écrite ce que la loi du 17 mai 1819 me garantit : pleine publicité et pleine liberté, *sans poursuites aucunes*. Cela n'ayant pu se faire à Paris, j'ai dû prendre le parti de venir en Belgique faire imprimer mon Mémoire, qui est imprimé à cette heure, et que je vais envoyer au ministère de l'intérieur pour savoir quelles sont ses intentions. En même temps, opposition a été faite à l'arrêt de la Cour.

S'il autorise l'introduction en France et la vente (ce qu'il ne peut me refuser que par un *acte de bon plaisir*), j'en pousse à Paris vingt mille : ce sera le commencement du retour à la liberté de la presse pour tout de bon, je vous en réponds. Cela fait, je ne crois pas qu'il y ait Cour au monde qui me condamne.

Mais je ne crois point que le ministre laisse passer

ma pacotille; alors, j'aurai contre lui et contre la justice impériale le droit d'argumenter à l'infini, d'attaquer, reprocher, dénoncer, etc. Mon Mémoire, écrit en vue de toutes les éventualités, servira de première escarmouche. Nous verrons après.

Ma position judiciaire est excellente : je ne suis pas fugitif; je suis un inculpé qu'on refuse d'entendre et qu'on veut juger à huis-clos. Je me refuse à cette justice, voilà tout; ma condamnation est invalidée par ma protestation, entachée de violence, etc. Je vous répète que j'ai dû tout faire pour me ménager une situation pareille, dont les conséquences iront plus loin que vous ne pensez.

Vous recevrez mon Mémoire probablement dans le courant de la quinzaine, nonobstant l'interdiction. Vous me direz s'il valait la peine d'être fait, et s'il ne gagne pas énormément à ne pas venir comme moutarde après dîner. Nos amis de Paris ne comprennent généralement rien à cette conduite, dont le sens apparaîtra plus tard, quand j'aurai reçu la réponse du ministre et que je commencerai de nouveau l'attaque à la justice de l'Empire et à sa politique.

Je prépare en même temps une deuxième édition de mon livre. Je sais qu'en France les exemplaires commencent à s'user; en Allemagne, la traduction allemande complètement imprimée reste invendue par suite des persécutions de la presse et du gouvernement de Hambourg; enfin, le Piémont, la Suisse, n'ont pas été servis comme il fallait. Le produit de mon Mémoire, celui de ma deuxième édition, quoique bien plus faibles qu'il n'eussent été à Paris, me donneront toujours, j'espère, de quoi vivre au moins une année.

Maintenant, je vais commencer une autre série de

publications et sur un autre modèle. Au lieu de livres, je vais faire des brochures courtes, qui se vendront en plus grand nombre, circuleront mieux, et donneront plus de profit. Mon plan est fait; le public circum-français est bon; il n'y a qu'à marcher.

Je tâche en même temps d'organiser le service à Paris.

A ce propos, ne pourriez-vous savoir si le libraire Bulle se chargerait : 1º de cinquante ou cent Mémoires de défense; 2º de quelques douzaines de mon livre, nouvelle édition? Le tout lui parviendrait, et il nous rembourserait le prix comptant, comme cela se pratique en pareille occasion.

(M. Maurice, pour qui je joins une lettre à la présente, connaît, je crois, ledit Bulle et pourrait lui parler de la chose.)

Le moment est excellent pour commencer ces sortes d'opérations : à Paris; dans l'Ouest, que parcourt un ami, je suis sûr d'un placement assez considérable.

Une fois ces deux opérations lancées, je ferai venir ma famille. J'eusse bien mieux aimé m'établir à Genève, dont le climat me conviendrait beaucoup plus : les exigences du travail m'obligeront, je crois, à rester à Bruxelles. Au total, et sauf la perte considérable que me fait éprouver le procès par la suppression de mon livre et les frais de déplacement, je compte que ma vie se trouvera la même qu'auparavant. Le plus pénible, après l'éloignement des amis, est la privation de vin, ou du moins la nécessité d'en réduire considérablement l'usage!

J'ai été fort affecté de la mort de Micaud, bien que je m'y attendisse depuis longtemps. C'est un avertissement dont je n'avais d'ailleurs pas besoin : la tête, qui me fait toujours souffrir, ne me le dit que trop.

Je vois par les journaux que le gouvernement impérial songe toujours à ses projets de libre-échange ; de mon côté, je songe à revenir sur cette question. Ne serait-il pas possible, à ce sujet, de me ménager quelques relations avec quelques hommes de la compagnie des forges de Franche-Comté, lesquels me pourvoiraient de tous renseignements ? Messieurs les forgerons devraient voir avec plaisir un théoricien, quelque peu homme de pratique, prendre spontanément la défense de leurs intérêts. Je suis placé de façon à faire bien les choses : affranchi de toute obséquiosité vis-à-vis du gouvernement, parlant en mon propre nom, sans intérêt personnel ; mes arguments produiraient bien plus d'effet que s'ils venaient d'un avocat de la Compagnie. Puis, je rattacherais cela au système de réaction du pouvoir, ce que la Compagnie n'oserait jamais faire. En un mot, tandis que les intéressés sollicitent, moi j'accuse.

Si vous trouvez moyen de me faire avoir un dossier, après examen de Guillemin, vous ferez, je crois, une bonne œuvre.

En relisant la lettre de Guillemin, je remarque qu'il me dit que je me suis *désisté de mon appel*. C'est une erreur : opposition a été faite en mon nom par Crémieux, qui s'attend à plaider en novembre prochain, époque à laquelle la cause sera de nouveau appelée. Je suis donc en instance, et, comme je vous le dis plus haut, j'irai, mais accompagné de mon Mémoire et escorté de 100,000 lecteurs ; SINON, NON.

Serrez la main à tous nos amis. Faites part du contenu à M. Maurice, à qui je ne puis pas écrire aussi longuement, ayant d'ailleurs à l'entretenir d'autres choses. Si Bulle est un garçon intelligent, il peut, avec mon livre et mon Mémoire, gagner encore quelques centaines de francs : ce sera une première opération qui en amènerait d'autres.

Adieu; soyez circonspect dans vos lettres : parlez-moi *affaires*, forges, etc. Si vous avez quelque chose de grave, adressez à Cretin, qui devra dans ce cas remettre les lettres à ma femme, laquelle a une *voie sûre*.

Je vous embrasse tous, et Mme Guillemin par-dessus le marché.

P.-J. Proudhon.

Bruxelles, 13 décembre 1858.

A M. LE DOCTEUR CRETIN

Mon cher ami, j'ai reçu en son temps votre lettre du 21 août. L'affection dont elle déborde pour moi et ma petite famille m'a touché comme si je n'étais pas accoutumé à de semblables témoignages de votre part. Peut-être l'éloignement m'a-t-il rendu encore plus sensible à l'amitié. Quoi qu'il en soit, cher ami, je vous remercie de ces marques d'attachement. C'est pour moi, vous le savez, le remède souverain à toutes les maladies ; cela sera désormais mon baume contre l'*exil*...

Puisque le mot est prononcé, que je vous dise quelques mots de ma situation présente et de la perspective qui s'offre à moi.

Depuis bientôt deux mois, je n'ai guère fait autre chose que soigner l'impression de mon Mémoire ; c'est une affaire finie (environ 200 pages in-8°), on imprime aujourd'hui les couvertures.

Maintenant il faut du nouveau, et, sans pouvoir prendre de relâche, songer au pain quotidien.

Je crois que le public qui m'est laissé en Belgique, Suisse, Piémont, etc., tout ce qui est Europe, lit le français et m'accueille ; je crois, dis-je, que ce public suffit à l'occupation de ma plume, ce qui veut dire à la dépense de mon ménage. Cela ne sera pas brillant, mais on joindra les deux bouts ; et puisqu'il n'était plus possible à moi d'écrire en France, je me résignerai à cette publicité cosmopolite. Mieux vaudra encore cette modeste existence que l'inutilité de la prison. Je n'ai pas été, du reste, pris au dépourvu : j'étais préparé à une situation nouvelle.

Je connais comme vous, cher ami, la somnolence de notre triste nature. Je suis loin de croire que je puisse la secouer et provoquer son réveil ; je vais même jusqu'à penser qu'une des conditions auxquelles le pays pourra sortir de sa léthargie est peut-être l'annulation complète de tous ceux qu'il n'a cessé d'accuser, depuis le 25 février 1848 jusqu'au 2 décembre 1851, c'est-à-dire de moi et de nos pareils.

Ceci posé, je ne partage pas tout à fait votre opinion, ou pour mieux dire votre désespoir sur le compte dudit pays. On ne dort pas, en réalité ; on se tait. On n'est pas du tout changé ; on attend. Que des hommes d'une autre couleur que la nôtre donnent le signal de la résistance, et vous verrez.... Nous sommes condamnés, condamnés par notre propre parti, qui ne veut rien rabattre de ses préjugés, rien diminuer de ses rancunes, et qui préfère Napoléon III à une République, à une monarchie constitutionnelle, même dans laquelle on devrait nous laisser la parole.

Voilà la vérité : et cela sera jusqu'à ce que, par le cours du temps et la succession des générations, nous ayons conquis, à la pointe de la raison, tout le terrain que la masse des préjugés nous a fait perdre ; cela durera peut-être encore trente ans, à moins d'événements imprévus et de force majeure.

Voilà pourquoi on ne parle pas de mon livre, et pourquoi, au bout de quinze jours, on ne parlera plus de mon Mémoire. Est-ce le monde du *Siècle*, des *Debats*, de feu le *National*, de la *Gazette*, de l'*Univers*, qui en parlerait? Est-ce le monde des jésuites et de l'Empire?... Ne voyez-vous pas que mon procès a été une bonne fortune pour ce monde, en ce qu'il l'a dispensé de parler?...

Mais si l'on ne parle pas, on lit, les volumes s'usent; et nous allons ici faire une *seconde édition*.

Si l'on ne parle pas, je parlerai, moi, et ma voix portera assez loin autour de la France pour que la controverse s'établisse et retentisse à la fin jusqu'au cœur de l'Empire. Puis, toujours quelque chose de ce débat, malgré la police impériale parviendra à la France révolutionnaire. Ce quelque chose ne sera pas sans action; et à moins que S. M. Napoléon III impose à la Belgique, comme condition de paix, de faire taire chez elle la presse philosophique et libre, ce sera assez pour alimenter le feu sacré, assez peut-être pour provoquer, chez les malveillants, l'explosion.

On ne nous veut pas, c'est connu, convenu; n'allez pas au delà. Eh bien! soit, je renonce au présent; j'accepte l'ajournement du triomphe révolutionnaire à quinze, vingt, trente ans, s'il faut, et je me contente de le préparer; cela suffit à ma subsistance et à ma gloire. Un homme qui sait ainsi prendre son parti et agir en conséquence, ne vous semble-t-il pas plus fort que toute cette France malveillante?...

Mon cher ami, il n'y a rien de fort parmi les hommes que la justice; il n'y a de durable que le droit; il n'y a d'inviolable que la vérité; et montrer l'iniquité de l'ordre de choses, dévoiler son hypocrisie, ses mensonges, c'est le démolir, c'est le tuer. Cela a-t-il été fait jusqu'ici ? Non ; on a crié, injurié, maudit ; on n'a pas parlé encore ; on a craint, si l'on parlait, que l'Empire ne sautât, et que la République ne reparût : c'est pour cela qu'on a fait semblant de dormir. Que voulez-vous donc qu'on fasse ?...

Je n'ai pas encore vu M. Mourmans ; mais je tiens votre lettre en réserve, et je vous prie de remercier pour moi M. Pétroz de sa bonne recommandation. J'ai besoin d'air, de promenade, de bon régime ; j'aurais besoin de l'ami Maguet, ou seulement de Gouvernet, pour marcher, causer, déjeuner au frais : cela me remettrait plus vite que tous les médicaments. La famille, que je compte faire venir vers la fin de l'automne, suppléera à tout cela.

Ah! si M. Thiers avait fait mon livre! si c'était lui qu'on poursuivît? si mon Mémoire portait sa signature!... L'effet serait pareil à celui de cent bombes Orsini, je vous en réponds. Mais un socialiste! *La Propriété c'est le vol !*... jamais! Je suis bien vraiment le diable, comme disait Donoso Cortès, l'éternel, l'irréconciliable maudit!...

Adieu, cher ami ; écrivez-moi quand vous n'aurez rien à faire, et remettez vos lettres à ma femme.

Je vous serre les mains.

P.-J. PROUDHON.

Bruxelles, 13 septembre 1858.

A M. CHARLES BESLAY

Mon cher ami, j'ai appris, par le libraire Lebègue, que ma femme et mes enfants ont dîné avec vous mercredi dernier. Je vous remercie pour elles de cette gracieuseté. Vous avez voulu récompenser Cathe de ses trois prix et tenir vis-à-vis d'elle la place de papa; encore une fois merci; mais il ne faut pas abuser des récompenses, je crois que cela ferait plus mal encore que d'abuser des châtiments.

Mon Mémoire est fini et tiré; aujourd'hui, on va imprimer la couverture et demain on brochera.

J'ai parlé à Buriguier, qui a revu votre homme; mais celui-ci est, je crois, allé faire une course à Mons et doit revenir après-demain. Sitôt que je le verrai, je traiterai.

Mon livre va aussi être remis sous presse : deuxième édition. Si l'homme en question peut se charger de ceci comme de cela, nous pourrons en placer un bon nombre, et cela m'aidera à écrire cette première année. Je vous ferai part à ce sujet de mes projets ultérieurs.

Les journaux belges ont répandu le bruit d'un nouvel attentat contre la vie de l'Empereur; l'avez-vous su?

Je remarque aussi un mouvement de hausse assez prononcé à la Bourse de Paris, tandis que le dernier

compte-rendu de la Banque est assez défavorable.
A quoi tient cette hausse? Quelles manœuvres y a-t-il
là-dessous? Serait-ce l'effet des dernières concessions
du gouvernement aux Compagnies de chemin de fer? Ce
régime nous dévore; le revenu de trois années du pays
est sacrifié d'avance.

On parle aussi du projet de l'Empereur de réduire de
plus en plus les tarifs de douane. Vous savez que si là
comme partout il y a des priviléges, il est absurde de
vouloir les sabrer comme le proposent les libres-échan-
gistes. Aussi suis-je toujours disposé à prendre la défense de l'industrie nationale (je parle de celle qui en a
besoin) contre les essais économiques du gouvernement. Ne pourriez-vous donc me mettre en rapport avec
les industriels contraires à la mesure, me procurer
leurs prix de revient, etc., etc., etc.? Il y aurait là à
l'occasion un moyen puissant de résistance et même
d'attaque au gouvernement. Bien entendu que je ne
me fais pas d'ailleurs l'avocat des intérêts privés, mais
des principes.

Je continue à faire ici de bonnes, honorables et utiles
connaissances. Autant la plupart de nos exilés ont
blessé la susceptibilité belge par leur *pose*, leurs airs de
supériorité, leur charlatanerie quelquefois, autant je
m'applique à conquérir la bienveillance du public par la
modestie et la simplicité.

Bonjour, cher ami, et merci pour ma femme et mes
enfants.

Tout à vous de cœur, d'âme, d'esprit, d'intelligence,
toto corde, tota animâ, tota mente, comme dit l'Évangile
en parlant de l'amour de Dieu.

P.-J. PROUDHON.

Bruxelles, 13 septembre 1858.

A. M. CHARLES EDMOND

Mon cher Edmond, j'ai reçu en son temps votre lettre du 28 août comme toutes celles que vous m'écrivez : elle est pleine d'affection et pleine d'esprit. Je vous laisse l'esprit, je garde l'affection, et je vous serre la main avec toute ma cordialité gauloise.

Me voici en Belgique, comptant peu sur le retour en France, ayant fait déjà mes plans et organisé mes batteries pour un long séjour à l'étranger. Une fois que ma femme sera venue faire ma soupe, je me retrouverai, à très-peu près, le même qu'à Paris où je vivais, après tout, aussi étranger au monde que si j'eusse été à Bruxelles. J'ai jeté les yeux sur la portion de public qui m'est laissée, et je crois qu'elle peut suffire à l'occupation de ma plume, ce qui veut dire à l'entretien de mon ménage. Cela ne sera pas brillant ; mais, après avoir passé trente ans à joindre les deux bouts, pourquoi me plaindrais-je de continuer pendant vingt ans encore ? C'est beaucoup de ne pas empirer en vieillissant.

Je vous remercie, cher ami, de la peine que vous

vous êtes donnée pour moi. Désormais, l'Empire est engrené dans un système, ou, pour mieux dire, dans une conspiration absolutiste, boursicotière et cléricale ; il faut qu'il aille jusqu'à ce qu'il tombe. L'Empire, c'est la *contre-révolution*, acharnée, mais cauteleuse, hypocrite, feroce quand on ne la voit pas, et qui serait perdue si on la forçait de s'avouer. J'y mettrai tous mes soins...

Dans quelques jours, j'espère pouvoir vous envoyer mon Mémoire ; vous comprendrez, en le lisant, les motifs de ma conduite. Je serais allé en prison, si, du moins, après avoir subi les gênes de l'audience, j'avais pu compter sur les priviléges que la loi de 1819 accorde à la défense écrite : la terreur qui règne sur les imprimeries m'a fait voir que nous en étions à la procédure secrète. Dès lors, je me suis révolté ; je suis venu à Bruxelles ; j'aurai du moins la satisfaction, si je suis condamné à Paris, d'avoir plaidé ma cause devant l'Europe.

La Révolution, c'est le monde moral nouveau, qui travaille à se substituer au monde de l'Église, au monde moral ancien. Napoléon n'a rien compris, ou bien on ne lui aura rien dit : il ne s'est trouvé personne pour le renseigner comme il devrait l'être. Tout est matérialisé autour de lui. Girardin donne ses préférences au catholicisme ; Yvan a laissé tomber ce mot après m'avoir lu : *Je comprends maintenant les lettres de cachet...*

Bref, tous les yeux fermés, les intelligences closes : allez chez les prêtres, ils vous diront que je suis un *blasphémateur*. rien de plus ; à la Bourse, au Palais, à la Cour, on me traite de *pamphlétaire* en trois volumes. Serait-ce le *Siècle*, ou les *Débats*, ou la *Gazette de France*, ou feu le *National*, qui prendrait ma défense ? Qui ne voit que ma condamnation est venue les servir à point, en les dispensant de s'occuper de mon œuvre ?

Oh ! cher ami, s'il est une chose claire, c'est que le monde, le monde officiel, bien entendu, le monde qui possède, qui commande, qui juge et qui jouit, ce monde-là me repousse, ce monde me hait. Depuis la légitimité jusqu'à la république inclusivement, tout proteste contre le sens et la portée que je donne à la Révolution. Il n'y a que Veuillot qui convienne de la justesse de mes propositions ; mais on regarde ce jugement de Veuillot comme une calomnie de plus.

Ne suis-je pas, dès ma naissance, disgracié de la nature et de l'humanité ? Et cependant mon père était un brave homme, ma mère. une digne femme, mes aïeux d'honnêtes paysans ; quant à moi, je n'ai jamais trompé un enfant, fait tort à une jeune fille, manqué à un vieillard, ni calomnié un adversaire. J'ai bien travaillé, je me suis sacrifié, j'ai étudié tant que j'ai pu, et tout cela pour recueillir ce triste jugement : *Bon garçon au fond, mais fou d'orgueil,* et dangereux ; gibier de Cayenne...

Tout cela me dégoûte, m'exaspère, au point que s'il ne m'en coûtait qu'une déclaration par-devant le juge de Belgique, j'irais demain me faire naturaliser belge. Je voudrais voir si, en changeant de patrie, je ne changerais pas par hasard de fortune.

Trois ans de prison pour avoir écrit un livre sur la *Justice !...*

Ces idées me grisent, me font bouillonner, me confondent. Si je n'en deviens stupide, il faudra croire que j'ai décidément la tête forte.

Adieu, cher ami. Donnez-moi de temps en temps de vos nouvelles et de celles du pays, où vous parviendrez

mieux que moi à vous tenir. Cela me servira de cal-
mant.

Amitiés à votre petite Marie.

Tout vôtre.

P.-J. Proudhon.

Bruxelles, 17 septembre 1858

A M. CHARLES BESLAY

Mon cher ami, j'ai reçu en temps voulu la vôtre du 14.

Celle-ci sera portée à Paris par *M. de Molinari*, un économiste distingué, très-connu à Paris, et qui, malgré les batailles que je livre à son école, m'a fait ici le meilleur accueil. On ne peut pas, comme je le lui ai dit, être un *malthusien* plus hospitalier.

Si M. de Molinari ne peut aller jusque chez ma femme, il jettera les deux lettres à la boîte sous un pli à votre adresse ; de sorte que vous ne serez pas étonné de trouver la vôtre fermée et celle de ma femme tout ouverte.

Merci toujours, et mille fois merci de vos nouvelles et de vos bons offices.

A côté de l'*on-dit* des 22 et des 80 millions d'avance à la liste civile, notre ami de la rue Laffitte, qui vient de m'écrire, ajoute le fait, officiel, de l'emprunt à la Banque de 100 millions écus contre titres de 3 % à 75, ce qui détermine la hausse factice du moment, pour laquelle il y a coalition entre la *Banque de France*, le

Crédit mobilier, tous les banquiers de Paris et *Mirès*.
Et pas un journal pour signaler tous les mic-macs !...
Où es-tu, P.-J. ?...

Vous savez que je ne suis pas du tout *libre-échangiste*,
si ce n'est à des conditions que les soi-disant *libéraux*
de l'échange repoussent de toutes leurs forces, à savoir :
l'égalité des moyens de production. Or, comme je vous
l'ai dit, je prévois de ce côté une brèche à faire
dans l'opinion et un nouveau moyen d'attaquer le
système; c'est pourquoi je vous ai dit : Procurez-moi
des documents ; au besoin, mettez-moi en rapport avec
les industriels qui ont encore besoin de protection, et
j'en fais mon affaire.

Voilà qu'on va faire jouir l'Algérie des bienfaits de
cet échange libre; c'est-à-dire que, sous prétexte de
procurer les marchandises à meilleur marché aux
colons, on fera bénéficier l'étranger de tout le capital
que la France écoule sur la colonie; car enfin, n'est-il
pas vrai que, bon an mal an, depuis trente ans bientôt,
l'Algérie coûte au pays 80 à 100 millions ? La prétendue
colonie subsiste-t-elle d'autre chose que de ce subside
annuel fourni par l'Impôt ? Donc il est juste que l'argent que l'Algérie reçoit de la France revienne aux
producteurs français, qu'en dites-vous ?... De ce côté
encore, tenez-vous au courant, et mandez-moi, envoyez-moi au besoin ce que vous aurez et saurez.

Envoyez-moi aussi le Mémoire *Pereire*.

Quant à mon *Mémoire*, à moi, il est fini, et je suppose
que l'intention de Lebègue est de le mettre en vente
lundi.

De mon côté, je vais expédier un ballot de vingt-cinq
à l'adresse de Garnier frères, avec une lettre au ministre
Delangle et une aussi au chef de la librairie, M. Salles.

Je saurai donc bientôt ce que ces messieurs décideront et sur quel pied ils entendent danser avec moi.

Bonjour, cher ami, et pardonnez-moi d'en user avec ce sans-façon ; je serais moins indiscret si je ne croyais, quand je fais appel à votre obligeance, que je travaille pour notre sainte cause.

Je vous embrasse.

P.-J. PROUDHON.

Bruxellés, 22 septembre 1858.

À M. LE MINISTRE DE L'INTÉRIEUR, A PARIS

Monsieur le Ministre, j'ai l'honneur de vous informer que je viens d'expédier, de Bruxelles à Paris, par la douane, à l'adresse de MM. Garnier frères, libraires, rue de Lille, 6, vingt-cinq exemplaires d'un Mémoire que je viens de publier pour ma défense dans le procès qui m'a été intenté par le Ministère au sujet de mon livre de *la Justice dans la Révolution et dans l'Église.*

De ces vingt-cinq exemplaires, le premier est pour vous, monsieur le Ministre ; le deuxième, pour le chef de la direction de la librairie, votre subordonné, M. Salles ; les vingt-trois autres sont destinés, partie aux membres de la Cour et du parquet, partie aux avocats qui doivent parler dans ma cause ou que je me propose de consulter encore.

Il est entendu, du reste, et vous le comprenez, monsieur le Ministre, qu'en raison des circonstances, l'introduction libre de ce Mémoire comporte avec elle la liberté de publication et de distribution, en tel nombre qu'il me plaira, sauf le droit de la Cour, qui, mais seulement après les délais, peut ordonner la saisie et la suppression.

J'ajouterais volontiers que, selon mon opinion, la liberté d'introduction et de publication d'un pareil Mémoire et dans une pareille affaire emporté, sinon tout à fait de droit, au moins de fait, le gain de mon procès; mais je ne me permets pas d'aller avec vous, monsieur le Ministre, jusque là. La raison des hommes est faillible, et j'admets que la Cour confirme le jugement du tribunal; du moins, j'aurais eu l'avantage de faire consacrer par un précédent le droit de la défense écrite; le sens de l'article 23 de la loi du 17 mai 1819 serait nié; un premier pas, déjà considérable, aurait été fait par le gouvernement de l'Empereur vers le rétablissement des libertés publiques; un énergique appel aurait été adressé à l'opinion; tout cela me semble mériter que je me présente de nouveau devant la justice et que je m'expose à la triste chance d'un emprisonnement de trois années.

Si vous en jugez autrement, monsieur le Ministre, si vous ne pensiez pas pouvoir accorder le laissez-passer à mon *factum*, je vous le dis avec douleur, je me verrais dans la nécessité de rester où je suis et de renoncer à la patrie. Je n'ai jamais cherché le martyre : il me déplaît, et je le juge surtout inutile.

Dans tous les cas, monsieur le Ministre, la cause devant être appelée au mois de novembre, j'attends de votre bonté une prompte réponse.

Je suis, etc.

P.-J. PROUDHON.

Comblain-au-Pont (en Ardenne), 26 septembre 1858.

A. M. GOUVERNET

Mon cher Gouvernet, si vous voulez savoir à peu près où je suis, allez prendre l'Atlas qui est sur ou sous mon grand bureau et déployez-le à la carte de la Belgique et Hollande.

En partant de la ville de Liége, placée sur la Meuse, vous remonterez le fleuve jusqu'à une très-petite distance, c'est-à-dire au confluent d'une petite rivière qu'on nomme l'Ourthe, et qui, sous l'Empire premier, donnait son nom à un département; suivez ensuite cette rivière en la remontant toujours, et vous apercevrez le nom d'une petite ville célèbre par ses eaux minérales, ses jeux et ses promenades : c'est Spa, où j'ai couché deux nuits. De Spa, prenez une ouverture de compas de 25 à 30 kilomètres, et vous tracerez une enceinte autour de cette localité; c'est à peu près la route que je suis en train de suivre pour le moment. C'est le pays qu'on appelle ici l'Ardenne, très-accidenté, très-montagneux, tortueux, plein de paysages, de fraîcheur, d'eau limpide; fécond en excellent beurre et en goîtres, comme les montagnes du Valais, etc. Nous remontons tantôt le cours de l'*Ourthe*, tantôt la *Vesdre*, tantôt l'Amblede; demain, nous passerons au pied d'un escarpement où s'est donné un combat fameux entre les républicains de 93 et les Autrichiens : c'est le combat de la *Heid des Gattes*. Tout au travers du pays on voit des restes de vieux châteaux que la tradition dû pays attribue aux quatre fils Aymon; ce qui veut dire que ce pays de vautours féodaux a été le foyer de l'insurrection des seigneurs contre la centralisation monarchique des Carlovingiens.

Dans quelques jours, poursuivant une pointe un peu en hélice autour de Spa et élargissant le cercle, j'arriverai à Maestricht, sur la Meuse, plus bas que Liége. *Maestricht* est un mot formé du latin *Mosae trajectum*, qui veut dire passage de la Meuse ou pont à Meuse, comme nous disons *Pont-à-Mousson*.

De Maestricht, je vous écrirai probablement, ainsi qu'à ma femme, que j'ai déjà prévenue de la possibilité ou de la nécessité où je pourrais être de me refugier à Maestricht.

Au total, le pays de l'Ardenne rappelle, mais sur une échelle beaucoup moins élevée, nos montagnes dû Jura, du côté de Morteau, Pontarlier, le Socle, etc.

Je suis en compagnie de deux vrais amis : l'un, Belge riche, homme de lettres; l'autre, exilé. Nous sommes partis pour huit jours, en blouse, le sac sur le dos, portant ce qu'il nous faut de linge et d'effets.

J'ai écrit, il y a bientôt huit jours, au ministre Delangle, ainsi qu'à son subordonné, M. Salles, rue Bellechasse, 66, pour demander la libre introduction de mon *Mémoire*.

Comme il faut tout prévoir et savoir, obligez-moi de

passer chez Garnier frères, rue de Lille, 6, où j'ai adressé
le premier ballot d'exemplaires. Ils vous diront si ce
ballot a été remis. De plus, comme j'ai donné au ministre mon adresse à la rue d'*Enfer*, 83, la réponse
affirmative ou négative doit y arriver un de ces jours;
vous me l'enverrez ou m'en ferez part. Adressez le tout
à M. Lebègue, rue des Jardins-d'Italie, 1, directement
par la poste. Je sais comment me faire parvenir les lettres qui m'intéressent.

Je viens de publier, dans un petit journal hebdomadaire de Bruxelles, un long article sur le Congrès qui
s'assemble aujourd'hui pour la *propriété artistique et
littéraire*. Cet article est une pile nouvelle administrée
aux économistes, etc., de nature à disloquer le Congrès
et causer un grand scandale parmi la bohême littéraire.

J'attends un excellent effet de ce voyage pour ma
santé. Aujourd'hui, nous faisons séjour pour pêcher
aux goujons, ce qui ne manquera pas de faire rire ma
femme.

A *Spa*, j'ai été voir la maison de jeu. C'est ignoble et
atroce. J'y ai été tout de suite reconnu et signalé.

Si ma femme voit MM. Boutteville, Langlois et Duchêne, qu'elle les remercie de ma part et leur dise que
je leur écrirai le plus tôt que je pourrai.

Je crois qu'il vaudrait mieux publier ici l'opuscule
de Duchêne qu'en France; les éditeurs sont tout prêts
et ne demandent pas mieux.

Notre ami de la rue Saint-Sébastien a-t-il des nouvelles de l'envoi dont il a reçu avis?

Bonjour, cher ami; embrassez pour moi mes filles et
dites à ma femme de se résigner. Aujourd'hui, elle est

veuve de son mari; bientôt, je crois, elle le sera de Paris et de toutes ses connaissances.

Ainsi va la vie d'un prêcheur de morale au dix-neuvième siècle.

A vous de cœur.

P.-J. PROUDHON.

Spa, 1er octobre 1858.

A M. CHARLES BESLAY

Mon cher ami, je suppose que vous êtes de retour du petit voyage en Suisse que m'annonçait votre dernière, et je vous adresse celle-ci tout à la fois comme réponse et comme avis.

Depuis huit jours, je parcours en touriste, à pied, le sac sur le dos, le pays montagneux de Liége, autrement dit l'Ardenne. J'ai côtoyé tour à tour la Vesdre, l'Ourthe, l'Amblède, etc. Hier, quoique sans passeport, j'ai piqué une tête en Prusse, dans la petite ville de Malmédy, à trois lieues de Spa; ce soir, je quitterai de nouveau Spa pour visiter Verviers. De là, je pousserai une pointe à la descente de la Meuse, jusqu'à Maestricht, et lundi soir 4 octobre je serai de retour à Bruxelles.

Cette excursion prolongée me rend des forces, adoucit l'excitation de mon cerveau, et, je l'espère, me permettra de reprendre le travail. Trois mois de ce régime m'auraient guéri radicalement.

Bien des fois, pendant cette tournée de Bohémien, j'ai pensé que ce que je faisais en apparence comme partie de plaisir n'était au fond qu'une triste réalité. Bien des fois je me suis vu, en idée, accompagné de ma femme et de mes deux filles, traînant ma misère en des pays inconnus, sans savoir où fixer mon domicile et reposer ma tête...

Aujourd'hui seulement, 1er octobre, en entrant à Spa après huit jours de pérégrinations, j'apprends qu'on a *lu* dans les journaux que mon dernier écrit (mon Mémoire) était *exclu de France*.

Ainsi, tout est consommé; l'expulsion de mon Mémoire équivaut à l'expulsion de ma personne, à moins que je ne me décide à entrer pour trois ans en prison. En un mot, c'est le *bannissement*.

Que faire à présent? Voilà le moment venu d'y songer pour tout de bon; mais nous en parlerons une autre fois.

Vous est-il parvenu des exemplaires de mon Mémoire?

Les vingt-cinq que j'avais adressés à Garnier frères, par la douane, leur ont-ils été remis?

Le ministre et son subordonné M. Salles ont-ils répondu à mes lettres?...

Je ne sais rien encore de toutes ces choses, et je compte sur vous, cher ami, pour obtenir quelque renseignement...

Aussitôt rentré, je m'occuperai probablement de l'impression du Mémoire de Duchêne sur les chemins de fer et les nouvelles concessions du gouvernement; puis je recueillerai des notes sur l'affaire du libre-échange, etc.

Les projets d'étude, les matériaux, rien ne me manque. Mais j'ai perdu la majeure partie de mon public; et avec les sentiments que je connais aux démocrates, je n'ai pas à compter que le zèle de ceux qui furent si longtemps mes adversaires politiques me soutienne à l'étranger. Ceux qui restent sont trop heureux de prendre la place de ceux qui partent pour en recommander les publications, alors surtout qu'il faudrait se donner un peu de peine pour encourager et soutenir une circulation prohibée. De quelque côté que je regarde, c'est sur l'*étranger* que je dois aujourd'hui faire fonds; ce qui veut dire que pour trouver des moyens d'existence, il faut que je commence par me *dénationaliser*. La belle perspective!...

Écrivez-moi dorénavant par la voie que je vous ai donnée; mon domicile à Bruxelles et mon nom d'emprunt sont trop connus désormais pour que j'ose m'y fier. Bientôt du reste, je dois m'y attendre, je serai tout à fait sur le pied d'une *hostilité* déclarée; dès lors la France se fermera de plus en plus sur moi et peut-être la Belgique...

Allons, j'ai encore trois jours à marcher; à mardi prochain les réflexions sérieuses.

Je crois avoir fait mon devoir d'écrivain et de citoyen en publiant à la suite de mon livre le Mémoire de défense qui le complète; que cette idée au moins me console.

Je vous serre la main, cher ami, et vous prie de présenter mes compliments à ceux qui vous témoigneront quelque sympathie pour ma personne.

    Tout à vous.

P.-J. PROUDHON.

Bruxelles, 5 octobre 1853.

A M. CHARLÉS BESLAY

Mon cher ami, hier soir lundi 4 courant, en rentrant à Bruxelles, j'ai trouvé vos deux bonnes lettres, du 27 septembre et du 3 octobre.

J'arrive tout de suite au point important.

Présentez-vous au bureau de la douane, l'incluse à la main (si on veut la garder, prenez-en vous-même copie au préalable); puis, sur le refus réitéré et constaté de l'administration, vous chercherez un huissier qui, en mon nom et à ma requête, *sommera* le chef de bureau, soit en sa personne l'administration des douanes, de livrer le ballot.

Je vous enverrai moi-même les considérants et *attendus* de cette sommation; mais j'ai besoin auparavant de savoir par vous ce qui sera répondu à la douane.

Naturellement, la sommation restera sans effet. Alors nous la ferons suivre d'une *assignation* par devant le tribunal civil, et nous commencerons ainsi un nouveau procès pour la *livraison* du Mémoire, c'est-à-dire du premier ballot de vingt-cinq exemplaires.

Si ces vingt-cinq exemplaires sont enfin remis, ils

nous serviront de moyen pour intenter un troisième
procès, soit devant la Cour même, soit devant le Tribunal civil, sur le principe de la *distribution ad libitum*
et de *l'introduction* du Mémoire en France, ce qui veut
dire sur le principe de la *liberté de la défense écrite*,
laissée entière par le décret de février 1852.

Comprenez-vous ? Autre est la question de la remise
du premier ballot, et autre la question de la *liberté* et
de la *publicité de la défense écrite*, qui suivra la première.

Pendant ce temps-là, la cause principale sera appelée devant la Cour; alors nous demanderons nouvel
ajournement jusqu'à ce qu'il ait été statué définitivement sur le procès relatif soit à la *remise* du ballot,
soit à la *publication* du Mémoire, et ce procès ou ces
procès devront être poussés jusqu'en cassation.

Les premiers frais ne seront pas grand'chose, et
l'affaire une fois engagée, rien n'empêche d'aller jusque
devant la Cour suprême.

Les principaux moyens d'action dans ce double incident sont indiqués dans le Mémoire même : les avocats
n'auront qu'à les développer.

Il est possible, et il faut prévoir que le chef de bureau de la douane, cité par moi pour la livraison du
ballot, ne comparaisse pas, et qu'il soit opposé par l'administration une exception pour cause d'incompétence;
ce qui veut dire que le *conflit* serait élevé par le procureur impérial. Soit : je laisserai élever le conflit, et j'irai,
s'il faut, devant le tribunal administratif. Toutes les
juridictions me sont égales, pourvu que la chose soit
jugée publiquement, à la face de l'Europe.

De mon côté, vous pensez bien que je ne resterai pas
inactif. Toutes les pièces de ce nouveau débat passe-

ront dans les journaux belges ; tous les incidents se
ront rapportés, commentés, etc. Les réflexions sur
M. Delangle et sa politique seront assaisonnées : finalement, et quand j'aurai été repoussé de partout par la
complaisance des Tribunaux et des Cours, je termi-
nerai par une pièce de haut goût, une *dénonciation* en
forme, et vigoureusement motivée, de tout cet arbitraire
juridique et ministériel A L'EMPEREUR. Là, je le rendrai, conformément à la Constitution, *personnellement*
responsable des faits ; je lui en montrerai la portée, etc.,
etc. Et vous verrez que la peur, la honte, finiront par
pénétrer en haut lieu et que nous tiendrons enfin le
taureau par les narines. Le despotisme vit de silence ;
il ne saurait résister à de pareilles secousses.

Je ne doute pas que Crémieux ne consente à suivre
cette tactique, qui lui fournira les plus beaux textes de
plaidoirie. J'espère aussi que nous trouverons des avocats qui consentiront à signer une consultation conforme à mon plan ; s'il vous était possible de voir, à
cette fin, M. Duboy, rue Ollivier, 2, avocat au Conseil
d'État et à la Cour de cassation, il vous aiderait peut-
être pour la marche à suivre. C'est un homme très-fort
sur ces questions de conflit, de procédure, etc.

Consultez aussi, si vous le pouvez, Didier ; enfin
tous ceux qui voudront prêter leur concours à la chose.
Car je vous le dis, cher ami, si cette affaire était bien
conduite, elle aboutirait forcément à faire lâcher prise
au despotisme et à rétablir les libertés publiques ; ou
bien elle entraînerait le pouvoir dans une série d'actes
arbitraires et d'affirmations de son bon plaisir tellement odieuses, qu'il ne pourrait bientôt plus soutenir le
regard de l'opinion de l'Europe.

C'est un malheur, je le sais, qu'une pareille affaire

soit entreprise et dirigée par moi, et en apparence pour moi seul : la démocratie rouge et modérée n'appuiera point, en haine de l'homme. Elle me laissera faire seul, se contentant de profiter de l'odieux qui en rejaillira sur l'Empire, et de l'insuccès qui me reviendra. Double avantage pour elle de voir le despote et le socialiste démolis l'un par l'autre.

Mais la vieille démocratie pourrait bien faire un mauvais calcul; si elle se comporte de la sorte, je suis décidé de mon côté à l'interpeller et à recommencer contre elle, et avec un redoublement d'énergie, la polémique de 1848; cette fois, je puis le dire, l'opinion au dedans et au dehors serait toute de mon côté.... Au surplus, ne préjugeons rien. Je ne demande pas mieux que de faire du *ralliement;* tout ce que je veux dire pour le quart d'heure, c'est que le moment approche où les anciens partis, rendus solidaires du système impérial, solidaires de l'Église et de la haute pègre boursière, succomberaient avec l'Empire, l'Église, la Banque, etc., devant l'idée de plus en plus éclatante de la Révolution.

J'ai une lettre de Duchêne du 24 septembre. Ce jour-là il attendait réponse de M. Bourdillat, directeur de la Librairie nouvelle, pour l'impression de sa brochure. Si vous savez quelque chose de cette affaire, vous me le direz par votre prochaine.

Vous avez dû voir ces jours-ci Lebègue, qui a fait un second voyage à Paris pour sa petite fille malade, et que l'on attend ici ce matin mardi. Vous aurez pu vous entendre avec lui sur le transport et la réception de nos articles.

M. Lebègue vous aura parlé aussi sans doute du *Congrès pour la propriété artistique et littéraire*, qui s'est tenu récemment à Bruxelles, et à l'occasion duquel j'ai publié un long article dans l'*Office de publicité* (journal hebdomadaire de Lebègue). A ce congrès, on a vu M. Jules Simon venir faire de l'éloquence à l'instigation de *Hachette* et consorts, grands faiseurs en librairie; plaider une mauvaise cause et la perdre. Le principe proposé par les libraires parisiens, et soutenu par Simon, a été battu à une grande majorité; Lebègue a pu vous dire que mon article n'avait pas été sans influence sur le résultat. Le *Journal de la Meuse* dit formellement que c'est ce qui a été dit et écrit de mieux sur la question. Faut-il être ensorcelé pour s'en venir, après tant de contradictions et de fautes commises depuis dix ans, demander, au nom du *progrès*, la *perpétuité* de l'appropriation littéraire, c'est-à-dire le *monopole des idées*, de tout ce qu'il y a de plus sacré, de plus anti-mercantile parmi les hommes !...

Jules Simon, non moins que Wolowski, son antagoniste, m'a donné là une singulière idée de son intelligence.

Pardonnez-moi, cher ami, si j'ai parfois des moments de tristesse et des inquiétudes d'esprit. Le chagrin pour moi n'est que trop légitime. Il me faudrait n'avoir que trente ans pour soutenir cette lutte, et j'en aurai bientôt cinquante. Je sens déjà les atteintes de l'âge et de la fatigue, et après tant d'efforts je me vois réduit à gagner péniblement, douteusement, mon pain quotidien et celui de ma famille à l'étranger. Certainement je trouverai ici des ressources; mais il faudra redoubler de prudence et de travail. A mon âge, on ne change pas aisément de milieu; c'est bien pis quand il s'agit d'un homme de lettres.

Mais mon sacrifice est fait : j'irai jusqu'au bout de

mes forces; tout ce que je souhaite est de ne pas languir longtemps lorsque je ne pourrai plus travailler. Mourir vite, dès que je ne pourrai plus agir, est mon vœu. Ma personne supprimée, justice sera peut-être rendue à ma mémoire; cette justice sera l'héritage de mes enfants. Je crois être de ceux qui, n'ayant pas reçu de leur vivant le salaire qu'ils ont gagné, ont le droit de dire en mourant, et par forme de testament : *je récommande ma famille à ma patrie.*

À vous tout entier, cher ami; prenez, pour la question du *ballot,* de la *sommation,* etc., conseil de quelqu'un des vôtres qui s'y entende, et marchons. Je crois que ceci pourrait être le *grelot.*

Je vous serre les mains.

P.-J. PROUDHON.

Bruxelles, 5 octobre 1858.

A M. TRUCHE

Mon cher monsieur Truche, voici un mort qui vient vous parler de l'autre monde.

Il vous sera peut-être adressé de la Chaux-de-Fonds un paquet d'imprimés introduits en France contre les lois de la douane. Le nom de l'auteur de ces imprimés vous indiquera suffisamment ce que je viens solliciter en ce moment de votre obligeance ; c'est de les recevoir, de les mettre en lieu sûr, et si vous n'en avez pas le placement, de les expédier à l'adresse qui vous sera ultérieurement désignée.

Notre ami M***, qui vous remettra la présente, s'entendra avec vous pour cela.

Mon frère m'a écrit pour que je l'autorise à toucher chez vous la petite somme dont vous êtes mon débiteur, pour les quelques exemplaires que vous avez reçus de mon livre. Faites ce qu'il vous demandera, après avoir retenu cependant ce que mon frère peut vous avoir emprunté ; et si vous placez des exemplaires de mon Mémoire, ce dont je vous serai reconnaissant, je vous autorise encore à remettre à ce malheureux homme les fonds qui vous rentreraient.

C'est bien du tracas que je vous donne, bien des services que je vous demande ; mais, vous le savez, ce
n'est pas tout à fait pour ma gloire que je combats,
c'est aussi un peu pour la bonne cause. Et il importe
que ma défense arrive jusqu'aux oreilles du cardinal.

Je vous serre la main, cher ami et frère.

Pourriez-vous me donner des nouvelles du cousin
Proudhon, de Saint-Jean ?

Répondez-moi par l'entremise de l'ami M***.

Tout vôtre.

P.-J. PROUDHON.

Bruxelles, 7 octobre 1858.

A M. CHARLES BESLAŸ

Mon cher ami, votre lettre d'hier, 6, m'est parvenue à onze heures ; c'est-à-dire qu'il a fallu le temps au destinaire de me la faire tenir par un exprès.

Voici une modification à mes instructions d'hier, trop développées et trop compliquées, quant à ce qui est du *procès* à intenter à l'administration.

Il faut réduire l'affaire à une seule question.

Le ballot de vingt-cinq exemplaires que vous avez à réclamer n'est à autre fin que de fournir aux *avocats* et *magistrats* le moyen de plaider et juger la question de l'entrée libre et de la libre vente du Mémoire; donc, alors même que ce ballot serait délivré, il n'y aurait pas moins lieu d'assigner le Ministre.

Par conséquent : 1° si ce premier ballot est refusé, nous assignons de suite et sans sommation préalable ; 2° si ce même ballot est livré, et si le Ministre n'explique pas que cette livraison comporte celle de tous les exemplaires que je pourrais introduire, s'il prétend arrêter la distribution à l'intérieur à ces vingt-cinq exemplaires, je fais expédier un second ballot de cinquante exemplaires, qu'il faudra aussitôt réclamer; après quoi, sur le refus, nous assignerons.

Du reste, l'*avant-propos* de mon Mémoire et la lettre que j'ai écrite à M. Delangle en l'avisant de mon premier envoi sont formels. *Je veux, pour ma défense écrite, pleine liberté et pleine publicité :* SINON, NON. = *Il est entendu que la libre introduction du Mémoire emporte la renonciation à toute poursuite de la part du ministère public,* etc., etc.

Donc, aussitôt après refus, soit du premier, soit du deuxième ballot, *assignation par devant le tribunal civil de première instance.*

Cette assignation sera faite aux termes de l'article 49 du Code de procédure civile, § 5°, ainsi conçu : « Sont dispensés du préliminaire de la conciliation... 5° les demandes en main-levée de saisie ou opposition... »

Elle sera adressée à l'*administration de la douane*, en la personne du directeur, chef de division ou de bureau, soit M. Salles, soit tout autre ; je ne puis pas d'ici vous dire lequel. Au besoin, l'administration de la police pourra être également assignée ; peut-être faudra-t-il commencer par une assignation collective ; vous verrez.

L'assignation aura pour objet d'obtenir main-levée de la saisie des exemplaires retenus, plus le laisser-passer de tous ceux qui seront expédiés par l'auteur.

Les motifs, indiqués sommairement dans l'assignation, seront déduits de l'article 28 de la loi du 17 mai 1819. (Voir mon Mémoire, *avant-propos*, page 3 et pages 147 et suivantes.)

La faculté laissée à l'administration de la police d'arrêter toutes les brochures de moins de dix feuilles qui lui semblent dangereuses tombe devant le droit de la défense, qui doit être *publique* et *libre*.

Cette question de la *défense écrite*, telle que je l'ai

posée dans mon Mémoire, est une des plus belles questions du moment ; elle entraîne toute la doctrine contenue dans mon ouvrage, et elle arrête court le gouvernement dans sa voie de despotisme, Il faut qu'il rende un nouveau décret pour se débarrasser de ce traquenard.

Puisque vous possédez un exemplaire, et que vous pouvez trouver un ami dans le barreau qui vous aide, je crois inutile d'insister davantage sur les *considérants* de l'assignation, qui, du reste doit les relater d'une façon sommaire et concise.

Voilà, mon cher ami, la besogne dont je vous charge. Commission difficile, ennuyeuse, mais qui, je crois, ne déplaira pas trop à votre civisme et à votre courage.

Pendant que vous manœuvrerez là-bas, je ne resterai pas inactif. Je vous l'ai dit déjà, j'occuperai le public d'Europe de cet étrange procès ; de plus, je vais publier une seconde brochure relative aux nouveaux traités des Compagnies de chemin de fer. C'est le manuscrit de Duchêne définitivement refusé par la librairie et la presse parisienne.

Ce manuscrit est un *extrait* fort bien fait d'un travail considérable, exécuté par Duchêne sur les notes que je lui avais fournies pour un second tome du *Manuel*. J'y mettrai quelque petite chose ; j'arrangerai le tout à mon point de vue ; je le ferai cadrer avec ma position présente et je signerai. Cette publication doit produire un effet épouvantable, par la révélation subite, complète, du gâchis financier, et de nouveau je demanderai l'introduction, qui de nouveau sera refusée. Alors le scandale sera au comble...

Je suis bien aise que vous ayez été satisfait de mon

article sur la *propriété littéraire*. Il a produit à Bruxelles un très bon effet, surtout pour l'auteur. Maintenant, et sauf l'animadversion du gouvernement belge, que je ne prévois pas encore et que je m'efforcerai d'esquiver, l'horizon semble de nouveau s'éclaircir pour moi Notre libraire est content de moi ; il voulait hier me donner pour mon article 100 francs que j'ai refusés, bien entendu, n'ayant fait la chose que pour lui être agréable.

Ce matin, une autre personne est venue me proposer d'écrire dans un journal, qui se fonderait exprès. — Enfin, offres de service et encouragements ne me manquent pas.

Mais je suis loin de vous tous, chers amis et ennemis, je suis loin du grand champ de bataille, et ce qui est pis je sens qu'il faut absolument que je me modère, que je me repose, quand il faudrait travailler comme quatre et faire feu des quatre membres. Le soin de ma santé m'occupe autant que le reste ; cela me désole.

Pardonnez-moi encore ce petit mot pour ma femme, qui ne me dit pas si son panari est guéri. Il ne lui manquerait plus que de se faire abattre un doigt ! .

Adieu, cher ami, croyez bien que je ne manque pas de confiance, surtout envers mes amis ; mais je m'épouvante de tomber dans l'impuissance.

A vous tout entier.

P.-J. PROUDHON.

Bruxelles, 9 octobre 1858.

A M. CHARLES BESLAY

Mon cher ami, j'ai la vôtre d'avant hier, 7.

Nous nous entendons suffisamment à cette heure : écrivez-moi dorénavant, sous mon vrai nom, et *hors le cas de nécessité*, à l'adresse ordinaire, rue du Chemin-de-Fer, 26.

Je m'attendais à cette réponse, de même que je m'attendais, il y a trois mois, à la saisie ; il y a six semaines à la condamnation. Quelque désagréable que me soit cette péripétie, je l'ai prévue, acceptée, je m'y résigne ; ce qui ne doit pas, selon moi, m'empêcher de continuer la lutte.

Je vous confirme donc en tous points ma dernière, relativement à l'assignation. Nous ne devons faire qu'une seule action du tout ; seulement, prévenir Crémieux dès qu'il sera rentré, et préparer une vigoureuse consultation.

Avant de lancer l'assignation, il serait bien de m'en communiquer le brouillon, afin que je la modifie ou complète, s'il y a lieu. Nous avons le temps.

Je connais depuis longtemps toutes les rengaines de M. Salles et les prétextes du ministre; il n'y a rien dans mon Mémoire de ce qu'ils lui reprochent, ni contre la morale, ni contre la Justice, ni contre l'Empereur. La vérité est que la Cour ne veut pas déjuger le tribunal, ni le parquet se dédire, ni le Pouvoir revenir, ni la police laisser lire le parallèle que j'ai fait entre le testament du duc d'Orléans et le discours de Persigny, ni l'Église permettre qu'on tire au clair sa position légale et juridique, ni enfin la magistrature souffrir qu'on redresse ses pitoyables sentences.

Mais ce qu'ils ne veulent pas qu'on sache à Paris, je le crierai à Bruxelles sur tous les toits; petit à petit, le scandale s'infiltrera partout. Mon Mémoire circule en Belgique, en Suisse, en Piémont, en Italie, et par toute l'Allemagne; chaque voyageur qui part pour la France en emporte un : la belle avance que l'interdiction de M. Delangle !...

Soyez tranquille, cher ami, six mois de ce régime les lasseront; il leur sera plus cruel encore de se voir incendiés du dehors, avec l'odieux de la compression au dedans, que de supporter une critique libre, mais décente et après tout nullement insurrectionnelle. Après mon *Mémoire*, voici une brochure sur les chemins de fer; après cette brochure, autre chose; il n'y aura pas de cesse, pas de repos. Que ma pauvre tête se calme, et je les garantis, avant deux ans, brûlés !

Si vous voyez Massol en passant, pressez-lui la main pour moi. J'ai reçu, hier seulement, la lettre qu'il m'a envoyée par un jeune homme, il y a plus d'un mois; dites-lui que je possède le livre de Mlle la Messine, et que je me montrerai galant chevalier.

Rien d'autre à vous écrire : envoyez-moi, comme je vous le demande plus haut, le *projet d'assignation*, ou la copie si elle est déjà lancée, et marchons.

N'oubliez pas surtout que l'assignation doit contenir ce principe, que je réclame le droit de distribuer et vendre *en aussi grand nombre que je voudrai* mon Mémoire de défense ; aucun nombre ne peut être fixé de même qu'aucune interdiction ne peut être prononcée : c'est entre ces deux termes que je les tiens.

A vous de cœur.

P.-J. PROUDHON.

Bruxelles, 12 octobre 1858.

A M. CHARLES BESLAY

Mon cher ami, j'ai votre lettre d'hier, 11, et celle du 8, venue dans le gros paquet.

Je suis trop occupé en ce moment pour pouvoir rédiger les considérants que vous me demandez ; vous les avez sommairement dans ma dernière; la seule chose qui vous manque, c'est le Mémoire.

Dimanche ou lundi je vous expédierai tout cela.

La douane est d'une rigueur extrême envers ma brochure. Cela devient absurde, c'est fou. J'ai toujours pensé, vous ne l'ignorez pas, que l'Empereur n'était pas le système ; je le pense plus que jamais aujourd'hui. Les vrais motifs de l'interdiction de mon Mémoire sont l'abîme profond qu'il découvre entre la société moderne et l'Église, et la situation juridique faite à celle-ci ; la critique que j'ai faite du mauvais esprit qui règne dans la magistrature et le parquet, je dirai même la démonstration de leur ignorance; enfin, les considérations politiques placées au commencement et à la fin de mon travail. On en est venu à ne pouvoir souffrir un mot de vérité, une pensée originale ou spirituelle. Tout fait peur à ce monde dérouté ; car on ne peut pas me reprocher la moindre véhémence à l'adresse de personne. J'ai poussé si loin la modération, tant à l'égard de la magistrature et de l'Église qu'à l'égard du gouvernement, que mes bons amis les rouges ont découvert que je négociais ma réconciliation. Mais ce monde ne compte plus, si ce n'est peut-être parmi les bêtes.

Je viens de lire dans le *Moniteur belge* le compte rendu officiel des séances du Congrès. Cela a été aussi confus et aussi pauvre que je l'avais annoncé dans mon article que les journaux belges eux-mêmes disent avoir été la pièce la plus instructive du Congrès. Il y a cependant eu de bonnes choses dites, mais sans principe et sans méthode, et le résultat a été une bonne défaite pour les partisans de la propriété perpétuelle.

J'écris un deuxième article, dans lequel je prendrai corps à corps M. Jules Simon, dont le discours, plein d'esprit, manque totalement de raison. Décidément l'Empire lui est funeste; il s'ossifie, et il ne paraît pas que les gens de mérite qui peuplent son salon le soutiennent.

Merci, du reste, des petits renseignements que vous me donnez : tout servira. Les gros seigneurs des chemins de fer seront rudement traités, et malheur, malheur au gouvernement s'il s'obstine dans son système d'interdiction de la pensée libre et s'il applique à ma nouvelle brochure la mesure prise contre mon Mémoire! Je ne puis que gagner à ce jeu et lui n'a qu'à perdre.

A bientôt donc, cher ami, ne faites rien sans mon avis.

Tout vôtre.

P.-J. PROUDHON.

Bruxelles, 20 octobre 1858.

A M. RÉMY VALADE

Mon cher et honoré voisin, puisqu'enfin je ne suis pas encore banni, puisque ma condamnation n'est pas devenue définitive, que je plaide toujours et que mon domicile légal est au-dessous du vôtre, — si ma femme vous a donné à entendre qu'une lettre de vous me serait on ne peut plus agréable, elle n'a certes pas agi par mon ordre, mais elle n'en a pas moins eu une excellente idée. Il n'y a que les femmes pour deviner ces sortes de choses. Oui, cher voisin, je regrette comme vous nos causeries par la fenêtre, au coin du jardin ; je regrette cet échange de sympathies et d'idées que rien ne remplace pour moi ; car quelque hospitaliers que soient les Belges, de quelque faveur que je me voie déjà entouré, je n'en suis pas moins pour eux un citoyen d'une autre patrie ; nous ne souffrons pas des mêmes douleurs, nous ne tressaillons pas des mêmes espérances. J'aime la Belgique, je ne m'y déplais nullement, je crois pouvoir y conquérir l'attention et l'estime ; je n'oublierai jamais l'accueil que j'ai commencé d'y recevoir. Mais, à part la prison, à laquelle dans la situation qui nous est faite il ne m'est pas permis de consentir, je souhaite de combattre encore et de mourir pour la liberté et pour le droit en France.

Que vous avez eu tort de ne pouvoir filer ces vacances jusqu'à Bruxelles! Que nous eussions dit de choses encore en attendant l'heure du retour! Et quelles espérances, quelles certitudes pour l'avenir vous aurait données un simple coup-d'œil jeté sur cette modeste Belgique! Ah! que la politique enragée des despotes nous laisse quelques années encore, et les principes de notre Révolution, si peu compris en 89, auront commencé à prendre racine dans ce pays, et nulle puissance au monde ne les arrachera.

Je regrette fort de n'avoir pu vous procurer mon Mémoire; notre ami M. Beslay me le réclame à cor et à cri; il n'a même pu en obtenir un du ministre pour mon avocat.

C'est un travail assez considérable, qu'on dit fort intéressant, dans lequel j'ai voulu, quant à moi, dévoiler la situation juridique faite à l'Église par la Révolution, et prouver que la légalité existante dans toutes ses parties, cette légalité, en vertu de laquelle on a cru pouvoir me condamner sans difficulté, est au contraire tout entière pour moi.

C'est une leçon de *Droit* en même temps que d'histoire et de morale donnée à mes juges, leçon terrible (je parle du fonds, non de la forme qui est fort modérée) que l'on veut empêcher à tout prix d'arriver au public, parce que si elle arrivait, la condamnation de l'auteur serait impossible et l'Église pourrait se dire perdue.

Voilà où nous en sommes! Pour condamner un écrivain, pour soutenir son jésuitisme, son despotisme, le gouvernement en est réduit à faire sentinelle aux frontières, à repousser les Mémoires, à menacer de

Cayenne les contrebandiers qui se chargeraient du passage, à juger dans le silence de la presse, de l'accusé, de la loi même, puisque cette loi, telle quelle, on l'étouffe, on en interdit l'explication. Pauvres gens ! qui se croient bien cachés, bien déguisés, parce qu'ils se mettent un masque sur les yeux tandis que le monde les regarde !...

Je n'ai reçu qu'hier votre lettre avec une autre de M. Duchêne, mon collaborateur au *Manuel*. J'ignore par quelle voie ce paquet m'est parvenu. Il faut croire cependant que votre lettre était écrite depuis quelque temps lorsque le paquet a été fermé, puisque vous ne me dites rien d'une proposition pleine d'obligeance que, selon mon correspondant, vous auriez faite à ma femme. Il s'agit de la reprise de mon appartement dont vous auriez besoin pour M. Roger, et que vous me rendriez au cas où il me serait permis de rentrer en France. On ajoute que vous vous accommoderiez même du mobilier.

Vous sentez, monsieur et cher voisin, que je ne pourrais qu'être satisfait d'un semblable arrangement qui nous mettrait tout à fait à l'aise pour le déménagement. Je ne courrais pas le risque de payer à la fois deux loyers, un à Paris et l'autre à Bruxelles, et la question du transport des meubles ou de leur vente serait d'emblée résolue. C'est une affaire que je laisse à ma femme le soin de régler avec vous. Quant à moi, je vais dores et déjà m'occuper de chercher une installation, et si vous êtes aussi satisfait de cet accord que je le serai moi-même, il ne nous restera guère à désirer.

Je crois peu à la longue vie de l'Empire, je ne désespère donc pas de retourner à notre bonne et pacifique rue d'Enfer planter des potirons, des pavots, des soleils et autres grossièretés rurales et potagères, mais je crois que l'abcès n'est pas mûr et que quelques années pourraient bien se passer encore avant qu'on pratiquât l'opération.

Quoi qu'il en soit, cher et honoré voisin, au revoir et à bientôt.

Mes compliments, s'il vous plaît, à la bonne Mme Rémy ainsi qu'à votre jeune Gabriel.

Je vous serre les mains,

P.-J. PROUDHON.

Bruxelles, 24 octobre 1858.

A M. CHARLES BESLAY

Mon cher ami, j'ai reçu votre dernier billet daté du *Cercle*, 19 octobre.

Si depuis quelque temps j'ai été si peu exact à vous écrire, c'est que vous m'avez mandé qu'il n'y avait pas un avocat à Paris, et qu'en leur absence il n'y avait pour vous rien à faire; c'est ensuite que je savais que vous deviez prochainement recevoir mon Mémoire... l'avez-vous, enfin? — et qu'il fallait que vous en prissiez connaissance; — c'est enfin que d'autre part j'ai été écrasé de besogne.

Je viens d'écrire pour Lebègue un deuxième article *de dix-sept colonnes et demie!*... Puis j'ai commencé le remaniement du manuscrit de Duchêne qui me coûtera encore plus de peine; ce sera une brochure de cent vingt pages... Vous recevrez tout cela.

Aujourd'hui je respire un instant; c'est pour vous écrire.

Lebègue a reçu de vous une lettre qu'il trouve am-

biguë : expliquez-moi plus clairement ce que vous avez
voulu lui dire. Avez-vous reçu quelque chose ou rien?
Votre lettre laisse le fait douteux ; 500 sont en route,
rien ne serait plus aisé que d'arriver sous Paris et à
bon marché ; le difficile est la barrière. Or, j'ai besoin
de 1,000 qui n'ont que faire d'entrer à Paris, et qu'il
faudrait réexpédier pour d'autres destinations ; ne serait-il donc pas possible de trouver un dépositaire ? Je
vous indiquerai, si vous le désirez, quelqu'un à qui le
métier conviendrait peut-être et en qui l'on pourrait se
fier.

Maintenant que vous avez entre les mains ma défense, il faut songer sans tarder davantage à assigner
l'administration. Je vous donne d'autre part le croquis
de l'assignation, que révisera et complétera le conseil
que vous aurez choisi après lecture du Mémoire. Ce
serait un grand coup d'entamer ce procès, et je serais
bien aise de fournir cette occasion de plaider à notre
ancien collègue Crémieux. Ne négligeons donc rien, s'il
vous plaît.

Rien à vous dire, du reste, sinon que je rencontre ici
des sympathies sérieuses et que l'opinion, autant que
j'en puis juger, m'est assez favorable. Je n'y ménage
rien, d'ailleurs. Je tiens à plaire aux Belges, et je crois
que j'y réussirai. Je dîne ce soir avec l'un des hommes
les plus savants et les plus considérés de la Belgique,
M. de Potter. M. de Potter a commencé, il y a trente
ou quarante ans, contre l'Église la guerre que je fais
aujourd'hui : c'est mon ancien.

Il y a huit jours, j'ai dîné chez M. le docteur Mourmans, le chef de l'homéopathie belge, un homme rare.
J'ai dîné deux fois aussi chez M. de Molinari, professeur d'économie politique. Dans la tournée que j'ai

faite en Ardenne, j'avais pour compagnon M. Delhasse un homme de lettres fort distingué et riche bourgeois de Bruxelles, tout ce qu'il y a de plus homme de bien. Je passe sur d'autres connaissances moins notables. Grâce à ces amis, je fais partie de deux cercles : le cercle artistique et le cercle du commerce.

La presse belge, revues et journaux, me traite aussi fort bien. Vous savez que mon article sur la propriété littéraire a obtenu un grand succès. Mon Mémoire a fait aussi une sensation profonde.

Enfin, nos exilés se rapprochent de moi : Madier-Montjau développe les principes de mon ouvrage dans le cours de littérature qu'il fait à Anvers; mercredi soir, Deschanel m'a fait les honneurs de sa première leçon à Bruxelles.

Vous voyez que je n'ai pas lieu de me plaindre. Mais, cher ami, je sens que je deviens vieux pour les nouvelles affections et je ne puis oublier les anciennes. J'ai peur que vous ne soyez décidément le dernier bon ami que j'aurai fait; voilà dix ans que cela dure, vous n'avez point laissé de place pour d'autres. Au surplus, que faut-il à l'âge où nous sommes pour payer la bienveillance qui nous arrive et répondre à l'amitié qu'on nous témoigne? De l'affabilité, de l'empressement, de l'esprit de justice, et ce sentiment de sociabilité générale qu'un honnête homme ne doit jamais perdre. Je regarde la misanthropie comme une faiblesse et le signe d'un mauvais cœur. Ce n'est pas vous qui m'en donnerez l'exemple, vous si plein de charité et d'obligeance.

Merci toujours, pour mes filles et ma femme, de vos visites. Mais vous ne me dites rien de votre fils. Gar-

dez-vous pour vous seul vos jouissances paternelles?
Ce serait mal entendu.

    A vous de cœur.

                P.-J. PROUDHON.

    P.-S. Que pensez-vous de la condamnation de
Prost? Cet homme doit savoir bien des secrets. Si
j'étais là-bas, je l'irais voir.

Bruxelles, 26 octobre 1853.

A M. GUSTAVE CHAUDEY

Mon cher ami, avez-vous des nouvelles de mon *Mémoire?* Non, vous ne l'avez pas reçu, vous ne l'avez pas lu, vous ne savez pas ce qu'il advient de tout ceci, pas plus que de ma personne; et vous vous demandez tout naturellement : comment peut-il me laisser si long-temps sans nouvelles?

La raison, mon cher ami, la grande raison est que je me fais vieux, et que je ne suis plus capable de penser à deux choses à la fois. Or, voici le bulletin résumé de ce qui m'est arrivé depuis votre dernière lettre, qui est, je crois, du 4 septembre, datée de Paris, veille de votre départ :

1. J'ai achevé le travail de rédaction et publication dudit Mémoire. Expédition de vingt-cinq exemplaires par la douane : saisie-arrêt au ministère; refus de livraison; consigne à la frontière, etc.

C'est dommage : l'effet est magnifique, et les connaisseurs demandent à propos de la consultation : Qu'est-ce que M. Chaudey? C'est un grand jurisconsulte. Comme Lafontaine disant : Avez-vous lu Baruch? C'était un grand génie. L'histoire du *Testament* a parfaitement réussi : c'est le *bouquet.*

2. Puis est venu le *Congrès pour la propriété artis-tique et littéraire*. Je n'ai pu refuser à mon éditeur bruxellois de lui fournir deux articles sur la question, formant ensemble *trente colonnes!*... Succès complet! Enfoncé la propriété littéraire; le Congrès a voté dans le sens des deux articles. Je vous ferai tenir cette bluette. Il y a une question du plus haut intérêt, que j'ai posée le premier, qui consiste non-pas à refuser toute espèce d'indemnité ou rémunération à l'écrivain, mais à savoir si les choses de l'ordre moral, auxquelles je joins celles de la littérature, de l'art, de la philoso-phie, de la science, peuvent, par elles-mêmes, devenir objet de commerce, entrer en comparaison avec celles de l'industrie. De cette discussion jaillit un jour tout nouveau sur la littérature. Encore une fois, vous verrez cela.

3. Puis, j'ai fait une tournée de quinze jours à tra-vers la Belgique, dans la partie qu'on nomme l'*Ar-denne* et qui ressemble assez, mais sur une échelle réduite, à nos montagnes du Jura, à leurs vallées et torrents. Chemin faisant, j'ai passé à Spa, Malmédy (Prusse), Verviers, Liége, et j'ai poussé jusqu'à Maës-tricht (Hollande). En cas de malheur, je me suis fixé cette dernière ville pour refuge, car il faut tout prévoir.

4. Maintenant, je suis occupé de la réimpression de mon livre et d'une publication nouvelle sur les *Compa-gnies de chemins de fer*. Tout cela s'enchaîne dans mon plan; ce sont des déductions ou applications, soit de mon livre, soit de ma défense; bref, je recommence l'attaque contre le vieux monde, sur tous les points.

Entre temps, je plaide.

Le ministre refusant de laisser passer mon Mémoire,

jé viens de le faire assigner aux fins de le faire condamner à lever l'interdit, etc. J'ai fait la minute de l'assignation; si mes ordres sont suivis, ce sera épicé. Voyez-vous le gouvernement plaidant pour empêcher un Mémoire de défense, les tribunaux jugeant et condamnant, sans avoir vu la pièce? Car il n'y a pas production de pièces, connaissance prise des faits, etc., sans *publication*. Donc, voilà la justice changée en police secrète... C'est dans ce procès, si on peut l'engager, que Crémieux plaidera. En votre absence, j'ai fait prier M. Didier de voir l'assignation et de lire le Mémoire, le seul exemplaire qu'ait encore pu se procurer M. Beslay.

Cette question du droit de *défense écrite* me semble très-belle et très-forte; je l'ai résumée brièvement, mais tout y est indiqué. Du point de vue des *principes de* 89, qui jouent un si grand rôle dans toute l'affaire, elle n'est pas douteuse. On peut d'ailleurs y faire rentrer tout le procès.

Quand vous serez de retour à Paris, que de mon côté je serai installé et consolidé en Belgique, nous reprendrons, si cela vous est agréable, nos confabulations épistolaires. Nous ferons quelque chose, n'en doutez pas. Mais, je vous le répète, je ne vais plus que pas à pas.

Ma femme et mes filles se disposent à me venir joindre et préparent leurs malles.

Mille baisers à Georges; mille amitiés respectueuses à Mme Chaudey. Si ma lettre vous parvient à Vesoul, hommage à M. Chaudey, votre père, et bonjour à Samyon.

Tout vôtre.

P.-J. PROUDHON.

Bruxelles, 26 octobre 1858.

A M. CHARLES BESLAY

Mon cher ami, je possède votre lettre d'hier 25.

Inclus une lettre pour Crémieux, dont veuillez prendre lecture avant de la remettre au destinataire.

Vous comprendrez j'espère, et M. Crémieux et M. Didier avec nous, ce que j'entends faire. Il y a ici un droit à faire consacrer avant de passer outre à ma condamnation : c'est le *droit de la défense écrite*. Si ce principe est admis, je vous le répète, le grelot est attaché, nous pouvons étrangler l'Empire dans une série de Mémoires judiciaires. S'il est écarté ou méconnu, ce principe, nous étouffons l'Empire dans son absolutisme même. Plus de justice!...

Ne vous rendez pas trop aisément aux objections de l'huissier; j'ai parfaitement le droit, alors même que je me tromperais, d'accuser dans mon assignation le ministre d'*abus de pouvoir*, *entrave à la justice*, etc., etc.

C'est là-dessus précisément que je veux attaquer ; c'est le *fond* de la plainte, la partie vitale du procès.

Si c'est le ministre qui doit être assigné, je ne demande pas mieux : je laisse cela à la décision de M. Leclerc. Assignez le ministre.

Puisque vous avez donné communication du Mémoire à M. Didier, il pourrait aider lui-même, par quelques mots, à la chose; renseignez sur les faits M. Crémieux mieux que je ne puis faire; et si j'étais assez heureux pour qu'il se réunît à mon sentiment et à celui de Chaudey, qui est d'accord avec moi, nous préparerions une belle et bonne consultation à faire tressaillir le public et pâlir l'arbitraire.

Avez-vous reçu enfin les images?

Le dernier numéro de l'*Office de publicité* vous est-il parvenu? Lebègue vous l'a envoyé ainsi qu'à Wolowski. Encore une question formidable, la VÉNALITÉ LITTÉRAIRE!.....

Je prétends qu'en principe les choses de l'*ordre moral*, parmi lesquelles je range les lettres et les arts, ne peuvent devenir objet de *commerce;* que la rémunération des écrivains doit se déduire d'un autre principe; que hors de là point de salut pour l'esprit humain, pour la philosophie et les lettres.

Science, lettres, arts, justice, voilà la religion de l'avenir. Si cette religion devient métier et marchandise, si elle a son tarif, sa cote, sa Bourse, je vous le répète, tout est perdu...

Lebègue se propose de faire un tirage à part de mes articles. Je redirai cela avec un surcroît d'énergie, ce sera ma déclaration de guerre aux prostitués.

Bonjour, cher ami, et merci de votre zèle. Non, je ne vous remercie plus, je vous applaudis et vous encourage. Vous voilà devenu mon collaborateur, mon compagnon d'armes. Je sais combien vous êtes brave; vous sentir près de moi, votre cœur à côté du mien, ce me sera un gage que je ne peux plus faiblir, un talisman contre toutes les défaillances.

Dites donc à ma femme, à première occasion, de laisser là ses meubles ; qu'avec 150 francs nous aurons presque de quoi les remplacer ; que tout ce qu'elle doit emporter se composant de linge, vêtements, livres, vin en bouteilles et autres menus objets, doit tenir dans des caisses ou malles, et que ce sont là des articles qui ne coûtent pas cher.

Quant au chemin de fer, les prix sont connus : 8 à 10 centimes, 12 centimes au plus par 1000 kilog et kilomètre, *petite vitesse*. C'est-à-dire que le mobilier à transporter atteignit-il 1000 kilog. ne coûterait, par la petite vitesse, pas *cinquante francs*.

Que ma femme prenne son temps ; qu'elle achète des caisses, de la paille (il y a du papier à la mansarde pour emballer), et qu'elle fasse ses emballages elle-même.

Elle m'avait dit que M. Rémy offrait de reprendre le logement et les meubles, n'en est-il rien ?...

Pardon de vous entretenir de ces détails. Mais je vois que ma femme abuse de votre complaisance, et je ne l'entends pas ainsi.

Tout à vous.

P.-J. PROUDHON.

Brnxelles, 27 octobre 1858.

A M. LANGLOIS

Mon cher Langlois, votre lettre du 4 octobre m'a été on ne peut plus agréable, et vous m'obligerez singulièrement de m'en écrire, quand vous n'aurez rien à faire, de pareilles. Elles me tiennent au courant de la vie parisienne ; elles me rendent présentes votre personne et celle de nos amis ; enfin elles m'avisent, me renseignent, m'éclairent. Continuez donc, je vous en prie, et pardonnez-moi d'avance si je ne suis pas toujours exact à répondre. J'ai désormais trop de correspondances et trop d'occupations. Il me faudrait décidément un secrétaire.

Pour prendre votre lettre par la queue, vous savez que je suis en train de réviser et mettre au jour une brochure sur les Compagnies de chemins de fer. Le fond est de Duchêne, extrait du manuscrit qu'il avait préparé, sur ma demande, pour faire un tome II au *Manuel de la Bourse*. Ainsi votre vœu va être réalisé : celui de me voir revenir aux questions industrielles.

Duchêne dit là-dessus une très jolie chose : En matière de *religion*, les bourgeois ne sont pas pressés à *dix ans* près ; mais .s'il s'agit de leurs intérêts, ils seront tout chauds, tout bouillants. Donc, arrivons à la brochure.

Mon Mémoire a produit en Belgique une sensation profonde. La magistrature est d'avis que j'ai raison ; elle trouve cela invincible. On croyait, de très bonne foi, que j'avais été jugé selon la loi, et l'on disait, *dura lex, sed lex*. Maintenant l'opinion est changée ; on comprend que la Révolution de 89, dont le droit nous régit, a fait à l'Église, à la religion, une position nouvelle ; on voit l'abîme où elles vont s'engloutir, et l'on plaint le gouvernement impérial d'avoir laissé faire un pareil procès. Si je suis bien informé, on commencerait même à le regretter dans le monde politique et judiciaire. Cet opuscule est indispensable à ceux qui ont lu mon ouvrage ; sans cela ils ne peuvent se faire une idée de la nouvelle juridiction. Vous même, cher ami, ne devinez pas tout ce qu'il y a là au fond. Ce Mémoire devenant public en France, l'Église est perdue sans ressource.

Vous savez que le Ministre de l'intérieur a fait saisir mon premier envoi, et consigner mon *factum* à la frontière. De mon côté, je le fais assigner par-devant le tribunal de première instance, pour qu'il ait à ne pas entraver le cours de la justice et lever son interdit. Encore une question aussi inconnue des avocats que mon procès même : le droit de la *défense écrite*. J'espère que Crémieux plaidera au moins là-dessus. Voyez-vous le gouvernement empêchant la publication d'un Mémoire, la Cour refusant de le lire, le tribunal me défendant *sans l'avoir lu lui-même*, puisqu'il est saisi, de le répandre ?... Sans doute, le Ministre en donnera connaissance, en dehors de l'audience, aux juges : mais cette connaissance est non avenue ; voilà la justice changée en *police secrète!*...

Vous pouvez compter que je mènerai loin ce despotisme stupide ; il n'y tiendra pas dix-huit mois, je vous en préviens.

Ce mois-ci, j'ai publié dans un petit journal deux articles sur la *Propriété littéraire*, formant ensemble *trente colonnes!* On va en faire une publication séparée. Il y a là une question du plus haut intérêt que j'ai soulevée le premier, et que j'achèverai de mettre en relief dans la nouvelle publication. C'est la *non-vénalité* des choses de l'esprit et de la conscience. Sous ce rapport, le monde de l'*utile* et celui du vrai, du juste, du beau, forment deux mondes séparés. Les économistes ont tellement perdu le sens moral qu'ils ne comprennent pas cela. Ils ne voient pas que le-juste, le beau, le vrai, forment la *religion* de l'avenir ; que cette religion, aussi bien que le christianisme qu'elle remplace, est SACRÉE, et que si on accordait l'assimilation impliquée dans la thèse de la *Propriété littéraire*, tout serait perdu.

Ce serait la vénalité du droit, de la conscience, de l'âme, du moi, posée en principe. Mes deux articles ont obtenu en Belgique, dans ce pays où l'on tremble si fort pour la propriété, un succès décisif. Le Congrès, je puis le dire, a décidé sur mes conclusions. Lamartine ne s'était fait faute cependant de prémunir, par une lettre, le Congrès contre le sophiste qui avait dit : *La propriété, c'est le vol.* Et Jules Simon, mettant son éloquence normalienne au service d'une mauvaise cause, n'avait pas manqué de dire que la négation de la propriété littéraire induisait au communisme. Rien n'y a fait. Les Hollando-Belges ont voté en masse

contre les propriétaires. Je regarde ce résultat comme
notre première victoire parlementaire. Toute la presse
impérialiste avait donné, flanquée du *Siècle* et des
Débats. Déroute complète ; maintenant je fais faire la
poursuite des fuyards. Il ne faut pas qu'on revienne à
la charge.

La Belgique, mon ami, est un admirable champ de
bataille, aussi bien pour les idées que pour les armées.
J'ai été visiter *Mont-Saint-Jean*, le livre de Charras, et
les cartes à la main ; je puis dire, *de visu*, que le grand
empereur a été pris dans un vrai traquenard. Il est
mort sans avoir rien compris à la bataille, dont il qualifiait le résultat d'absurde. Eh bien ! je vais faire
comme Wellington et Blücher, je cherche la position
dans laquelle je veux écraser le monde catholico-bour-
sico-impérial. Nos amis de l'exil n'y ont rien compris ;
ils en sont encore à traiter les Belges de béotiens et à
maudire Napoléon III. Cependant, je commence à les
voir se rapprocher de moi ; ils soupçonnent, après ce
qu'ils viennent de voir, qu'il pourrait bien arriver
quelque grand coup. Pauvres gens ! ils rentreront en
France sans mieux savoir comment cela se sera passé
que lorsqu'ils en sont sortis.

Je crois, cher ami, que vous vous laissez trop im-
pressionner par l'attitude et les jugements du monde
que vous voyez. Souvenez-vous de la raison collective :
c'est elle qui mène quand tous les esprits sont indivi-
duellement fourvoyés. Le plus fort, en fin de compte,
est celui qui l'exprime le mieux. Je vais faire une
seconde édition de mon livre, soigneusement révisée ;
le placement est assuré. Je n'entends pas refaire mon
livre, il faut qu'il reste ce qu'il est ; mais je désire
l'expurger des *lapsus calami*, erreurs, méprises, etc.

Peut-être y ajouterai-je quelques notes. Allons, aidez-moi, que je puisse signer *Proudhon et C°*.

Je vous serre la main.

P.-J. PROUDHON.

P.-S. — Ne laissez pas partir ma femme sans lui remettre une lettre.

Bruxelles, 27 octobre 1858

A M. CHARLES BESLAY

Mon cher ami, les canards recommencent donc a courir sur mon compte! Tant mieux, *laissez faire, laissez passer*. Il y a six mois, j'étais bonapartiste; maintenant me voilà orléaniste, à moins que je ne sois tous les deux ensemble, ainsi que le prétend le *Bien-Être Social*, journal du père Joly et de notre ami Paron, qui l'imprime à Bruxelles.

Voici ce que j'ai dit à Corbon, à propos des bruits qui circulaient sur les inclinations supposées de Jules Simon vers le parti d'Orléans :

« Si M. Jules Simon croit, en son âme et conscience, « que la transition orléaniste soit praticable et utile, « eh bien! qu'il agisse; je déclare, quant à moi, que je « ne le lui reprocherai jamais, et même que, convaincu « de la pureté de ses intentions, je le soutiendrai « contre les calomniateurs !

« Mais, ajoutais-je, parlant à Corbon, je n'entends « pas qu'on prenne mes paroles pour une profession de « foi orléaniste, ni pour un ralliement. Devant l'inter-« vention de Jules Simon et de ses amis, je ne ferais « pas de protestation; je me rangerais simplement à la « queue de l'extrême gauche. »

Voilà tout. — C'est comme quand vous dites vous-mêmes : « Si Napoléon remplit le vœu de la Révolution, « je le préfère aux d'Orléans continuant la réaction « contre le socialisme, etc. »

En deux mots : La fidélité au principe, l'indifférence pour les hommes. Mais le patriotisme de nos amis n'en est pas là ; ils feraient noyer la patrie plutôt que de risquer en la sauvant de sauver avec elle une dynastie, ou de laisser croire qu'ils sont pour elle. Ce sont pourtant les mêmes hommes qui prétendent que la France a été vaincue à Waterloo, et qui écrivent des histoires comme celle de Vaulabelle, tandis qu'à Waterloo il n'y avait qu'un despote égoïste, avec une armée de conspirateurs insensés, et que la masse du pays était en dehors.

Encore une fois laissez dire : cela m'arrange. Je vais bientôt leur plâtrer la bouche si bien qu'ils ne bavarderont plus ; car à présent que je suis en Belgique, je veux suivre une autre marche et je veux que les oies fassent silence.

Certes, votre compatriote Simon, tout puritain qu'il soit, n'aurait pas le courage d'avouer ses sentiments intimes comme j'avoue les miens ; il ne me prendra pas au mot, malgré le désir qu'il en aurait et qui se traduit dans la réponse qu'il a faite à Corbon : *Tout plutôt que l'Empire.* Donc, concluez : *les d'Orléans plutôt que l'Empire ?*... à ce mot, il s'arrête ; il n'ose dire : Oui.— S'il ne fallait de sa part qu'une chiquenaude pour faire tomber l'Empire, il ne la donnerait pas. Son excuse, c'est qu'il est républicain. Arrangez cela : *Tout plutôt que l'Empire, mais crève la France avec l'Empire plutôt que moi républicain, je me prête à son salut, par un d'Orléans !*...

Oui, cher ami, ma proposition transmise par Corbon a été une mise en demeure à Simon de s'expliquer, et vous voyez la réponse. Elle n'est pas fière, pas philosophique, pas généreuse. Aussi ne vous étonnez pas que toutes ces coteries me détestent.

JE LE JURE SUR MON AME, et conservez mon serment, si je croyais pouvoir demain, par le secours de Napoléon III, faire faire un pas à la Révolution, je le ferais sans hésiter, dussé-je être condamné sans rémission par les rouges.

Mais je reviendrai là-dessus, et publiquement; encore une fois, silence.

Quant à mon Mémoire, quant au passage qui concerne le duc d'Orléans, vous avez la pièce entre les mains; lisez vous-même, consultez Didier et dites s'il est possible, en jetant ce bâton dans les jambes de l'Empereur, d'adresser plus clairement une interpellation au comte de Paris. Allons, sire; allons, monseigneur, prononcez-vous. Lequel de vous deux est le plus ami de la Révolution?...

Tant de bêtise m'indigne, me suffoque. Il faut en finir avec ce triste monde, et j'en finirai.

Parlons de mon affaire.

D'après l'art. 69, n° 3, du code de procédure, l'assignation doit être donnée à l'*administration des douanes*, au siége de cette administration, et en la présence du chef, attendu que c'est la douane qui refuse de livrer. La douane appellera en cause le ministre de l'intérieur, agissant comme chef de la police, et alors, on verra. — Demandez à M. Didier.

Il faudra, par le même acte, *constituer avoué*, à ce qu'il me semble; c'est ce dont je ne suis pas sûr.

D'après cela, la rédaction de l'assignation doit être

modifiée, puisque je ne puis dire à la douane ce que je
reproche au ministère de l'intérieur, qui, du reste, n'a
pas fait connaître ses motifs.

Ainsi, en assignant la douane, l'assignation étant
purgée des considérants un peu raides qui s'y trouvent,
il n'y aura plus rien qui arrête l'huissier, et la chose
ira toute seule. Nous assignerons simplement pour
obtenir livraison de nos exemplaires; le ministre fera
connaître ses intentions et on y répliquera.

J'étais allé un peu vite, mais j'avais hâte de vous indiquer la marche et le but du procès; j'oubliais que
l'assignation devant être donnée *à la douane* ne pouvait contenir aucune allusion aux motifs du ministre.

Voilà, cher ami, ma réponse à vos deux lettres.
Faites part de ceci aux conseils que vous avez sous la
main, et marchons.

Inclus, un mot pour ma femme en réponse aux
questions que vous m'adressez sur son déménagement.

A vous de cœur.

P.-J. PROUDHON.

Bruxelles, 27 octobre 1853.

A. M. BONNON

Mon cher monsieur Bonnon, j'ai reçu toutes vos lettres : 30 mars, 31 mai, 29 juillet et 15 septembre.

Je vous remercie des renseignements que vous me fournissez et vous prie de les continuer; seulement, vous ferez bien d'adresser vos lettres, sous double enveloppe, à mon ancien libraire Garnier, rue des Saints-Pères, 6, qui aura l'obligeance de me les faire parvenir.

Mon procès n'est pas terminé. Après un arrêt de la Cour impériale rendu par défaut, j'ai formé opposition afin d'avoir le temps d'imprimer un *Mémoire;* la cause va revenir courant novembre. Mais voilà que le ministre de l'intérieur défend d'introduire en France mon *Mémoire* (dont les imprimeurs de Paris n'ont pas voulu ou pas pu se charger), si bien que je suis forcé de commencer moi-même un nouveau procès pour forcer le ministre à me laisser entrer. Je ne gagnerai sans doute pas plus ce procès que l'autre, alors je serai condamné définitivement et tout sera dit.

Je ne suis pas mal en Belgique; j'ai même tout lieu d'espérer que j'y ferai comme auteur de meilleures affaires qu'à Paris. Mais la Belgique est un État faible; elle est sous la menace perpétuelle du gouvernement impérial; au premier signe de l'ambassadeur français, me voilà chassé du pays, obligé de chercher retraite ailleurs. J'ai dû prévoir le coup et m'arranger par avance pour un exil plus lointain.

Je trouverai moyen, mon cher monsieur Bonnon, de vous faire parvenir un exemplaire de mon livre, dont on va faire ici une seconde édition. Je tiens à ce que vous me lisiez; vous êtes un de mes lecteurs les plus intelligents et les plus dignes.

Au dehors, on s'étonne de la poursuite faite contre un ouvrage de cette nature, et, si je suis bien informé, on commence à le regretter au dedans. Mon Mémoire de défense, de deux cents pages, a produit un effet plus grand encore que le livre; il faudra que vous le lisiez aussi.

J'étais allé fin mai en Franche-Comté pour prendre un peu de repos. Je n'ai pu passer que cinq jours à Dampierre-sur-Sâlon; il m'a fallu revenir de suite à Paris pour me faire juger.

Faut-il que l'empereur soit mal conseillé pour jeter son gouvernement dans de pareils embarras? Mais le sort en est jeté : le voilà livré d'un côté aux jésuites, de l'autre aux juifs. Gens d'Église et gens de Bourse sont aujourd'hui les maîtres, et il n'y a personne que ces deux espèces haïssent plus cordialement que moi.

Adieu, cher et vieil ami, soyez sûr que malgré mes tribulations je ne vous perds pas de vue. J'ai appris à apprécier les hommes, et vous êtes haut placé dans mon affection et mon estime.

Tout à vous.

P.-J. PROUDHON.

P.-S. Ma femme et mes filles se préparent à venir me rejoindre.

Bruxelles, 27 octobre 1858.

A M. ET Mme NICOLLE

Monsieur et madame, que de fois depuis six mois ma femme m'a dit : Allez donc voir M. Nicolle! Écrivez donc à M. Nicolle! M. Nicolle, Mme Nicolle sont si bons pour nous et pour les enfants! De grâce, un mot pour M. et Mme Nicolle!...

Vraiment, cher monsieur Nicolle et chère madame, c'est à rendre jaloux toute la parenté, tous les amis, et jusqu'à votre serviteur : Mme Proudhon ne rêve que M. et Mme Nicolle.

Non, monsieur et madame, je ne suis ni oublieux ni ingrat, et vous le savez bien. J'ai voulu, moi aussi, bien des fois vous visiter dans mes courses, vous écrire depuis mon départ, et toujours les distractions, la fatigue m'en ont empêché. Un homme aussi occupé que M. Nicolle le comprendra comme moi; dans cette fournaise de l'existence, ce sont les choses de cœur qui ont la dernière place; elles devraient avoir la première.

J'avais à faire dans votre famille une connaissance nouvelle; je me l'étais promis; je m'en faisais une fête : c'était la connaissance de votre gendre, M. Roussel. Je

croyais surtout devoir ce témoignage à Mme Roussel,
que je n'ai connue jusqu'ici qu'en sa qualité de
Mlle Armande Nicolle. Je sais combien les jeunes
femmes sont orgueilleuses de leur choix, et je me réservais de féliciter Mlle Armande du sien. Mariée selon
son cœur, je lui aurais donné, en ma qualité de philosophe, l'approbation de la raison. Que M. Roussel ne
m'en veuille pas; la furie du travail dans les derniers
temps de la publication de mon livre, puis les procès,
puis mon voyage, et tant de projets gigantesques qui
roulent dans ma cervelle ne m'ont laissé, je ne dirai
pas le temps, mais la liberté de cœur nécessaire. D'ailleurs, à Paris, je disais toujours : j'irai; comme je ne
cesse de dire, depuis que je suis à Bruxelles : j'écrirai.

M. Nicolle, qui est un esprit positif et pratique,
m'interrompt là-dessus de son air normand et me dit :
Tout cela est bel et bon, monsieur le philosophe; mais
à présent que vous vous êtes mis dans la nécessité
de filer de peur de vous faire coffrer, que pensez-vous
devenir en Belgique? Vous permettrez bien à vos bons
amis de la rue Amelot de s'en inquiéter?...

Je me propose, cher ami, d'enseigner la *philosophie
pratique* suivant une méthode à moi qui n'a pas besoin
d'être brevetée, attendu que je défie qui que ce soit de
prendre ma marque et de copier mes candélabres. Je
puis à ce commerce gagner à peu près autant ici qu'à
Paris, si toutefois je puis en croire le succès de mes
débuts. Le marché n'est pas aussi considérable qu'en
France, mais l'entrepreneur est mieux posé qu'il ne fût
jamais, et l'article est demandé partout. Pas d'autre
mise de fonds à faire qu'un carré de papier, et pas de
faillites à craindre. J'aurai le plaisir de vous envoyer
des échantillons aussitôt que nous aurons obtenu de Sa

Majesté Impériale, qui est, assure-t-on, on ne peut mieux disposée, le décret d'abolition des douanes.

Voilà, cher ami, ce que j'ai l'espoir de faire. Connaissez-vous la *philosophie pratique?* Demandez à ma femme : c'est elle qui fait la cuisine...

Chers monsieur et madame, j'espère que ni le temps ni l'éloignement ne nous feront oublier les uns les autres ; nous nous sommes vus en de trop tristes circonstances pour cela. Depuis, vous m'avez donné trop de marques d'affection pour que ces sentiments réciproques puissent ainsi s'eteindre. Voici que Cathe commence à écrire ; elle me servira de secrétaire, ainsi qu'à sa mère ; j'apostillerai ses lettres.

Je charge ma femme de vous aller présenter, ainsi qu'à M. et Mme Roussel, tous mes sentiments avant son départ. Elle me rapportera de vos bonnes nouvelles.

A vous de cœur, monsieur et madame.

P.-J. PROUDHON.

Bruxelles, 27 octobre 1858.

A M. NEVEU

Mon cher Neveu, je suppose que depuis mon départ
de la capitale des Français vous avez passé plus d'une
fois rue d'Enfer, 83 ; que, frappant à la fenêtre, vous
avez demandé de mes nouvelles, et qu'on vous aura fait
part de mes salutations générales et spéciales à tous les
amis.

Vous aurez été de la sorte tenu au courant de ce
qui m'arrivait, de ce que je faisais, de la publication de
mon Mémoire, de mes autres travaux, tant de circon-
stance que de fond. Vous savez enfin que ma femme
se dispose, ainsi que mes filles, à me rejoindre, et que,
tandis que je cherche une maison, elles préparent leurs
malles.

La séparation va donc se consommer, mon cher ami,
et toute la question est de savoir désormais combien
elle durera. A cela je réponds, très-explicitement,
qu'elle durera autant que Sa Majesté Impériale et le
régime dont elle est le représentant et le soutien ; car
je ne rentrerais pas pour une simple amnistie en faveur
des délits de presse. Il me faut davantage : liberté de
la presse et de la tribune.

Combien donc durera le régime ? Pas cinq ans, c'est mon opinion, au moins dans les conditions du *statu quo* actuel. Avant cinq ans, l'Europe sera en plein gâchis, ou l'Empire aura pris fin. C'est bien hasardé ce que je dis là, n'est-il pas vrai, surtout si l'on considère la mollesse du public, l'ineptie des intelligences, surtout si l'on se souvient des illusions si absurdes des émigrés de 89 et des expulsés de 1852. Eh bien ! prenez note, et dormez comme tout le monde sur les deux oreilles.

Avez-vous entendu parler, dans ces derniers temps, de tentatives sur la personne de l'empereur. De temps en temps il nous arrive de ces nouvelles.

Il y a un mois, on a arrêté à Liége un individu accusé de complicité dans un envoi de bombes ; la semaine dernière, la police de Bruxelles était en mouvement. Des allées et venues étaient remarquées de la légation française au ministère de l'intérieur ; il y avait quelque chose en l'air, je n'ai pu savoir quoi. Mon Dieu ! quand donc est-ce qu'il plaira à tous ces conspirateurs de laisser le monde aller son train irrésistible et infaillible ? Comme si les événements avaient besoin pour s'accomplir de l'impulsion de ces mouches !... Mais quoi ! le Créateur qui a fait les mouches pour impatienter les chevaux les a faits aussi pour agacer les hommes d'État ; ils entrent dans le système des choses, que le diable les bénisse !

J'écris en même temps qu'à vous à Bourgès et à Boutteville. Serrez-vous tous la main en souvenir de l'exilé, et que personne ne démordre.

Amitié aux vôtres, à M. Labey et à sa jeune femme.

Tout à vous de cœur.

P.-J. PROUDHON.

P.-S. Savez-vous que V*** a été atteint d'une fièvre chaude et conduit dans une maison d'aliénés ? Il venait de monter à Londres une imprimerie. Dans ses transports, il m'appelle sans cesse, il ne veut que moi. C'est ce qu'a écrit un autre réfugié.

Bruxelles, 28 octobre 1858.

A M. BOUTTEVILLE

Mon cher Boutteville, votre lettre m'a bien fait regretter les petites conférences que nous avions quelquefois, et qui m'étaient, je vous le dis en toute sincérité, si profitables. Je sais mieux que personne ce qui me manque et combien je donne prise parfois aux esprits minutieux, portés par leur amour de l'exactitude à perdre de vue les choses essentielles, et vous m'eussiez été un vrai préservatif. Contre la critique des professeurs, académiciens, normaliens et autres gens d'érudition, en *us* et en *ès,* vous m'eussiez tenu en garde; grâce à vous, j'aurais pu dire : A savant, savant et demi. Vos notes vont être utilisées : dans quinze jours je commencerai la deuxième édition ; mes regrets vous témoignent de ma reconnaissance.

Je profiterai aussi des autres renseignements que vous m'avez transmis sur le haut monde de France : j'en ai justement l'emploi.

Depuis trois mois que je suis ici, en simple *tolérance,* je me suis appliqué à étudier le pays, les mœurs, les tendances, les préventions, enfin, pour ce qui me touche et ce qui intéresse mon œuvre, les *ressources.* J'ai

commencé par me faire de bonnes et honorables relations, conquérir des sympathies, ce qui n'a pas été
difficile. Le contraste de mes allures avec celles de
nos compatriotes a fait d'abord la moitié de la besogne.
Le ton de mes publications a fait le reste.

J'ai publié un Mémoire que j'espère bien vous faire
lire, et dont l'impression en Belgique a été profonde.
Ce que je voulais obtenir a été obtenu, de l'aveu de
toute la magistrature, c'est, ce à quoi l'on ne s'attendait
point, que ma condamnation, jugée malheureuse au
point de vue philanthropique, était diamétralement
contraire à la LOI, rendue en violation de tous nos principes,
cipes, de toutes nos Constitutions, y compris même
celle de l'Empire. En sorte que l'abîme creusé sous
l'Église apparaît aujourd'hui plus béant, plus effroyable
que jamais. Oui, j'avais le *droit* de dire tout ce que j'ai
dit, et comme je l'ai dit ; non-seulement il n'y a pas de
loi en France en vertu de laquelle on pût me poursuivre, mais tout ce qui s'est fait contre moi est abus
de pouvoir et violation des principes. Tel est l'état juridique fait à l'Église et à la religion depuis 1789, et
nonobstant tous les textes cités dans le jugement,
textes mal appliqués et incompris.

Tout cela a été démontré par moi avec aisance,
énergie, mais d'un ton parfaitement calme, qui ajoute
à l'effet. Mon Mémoire enfin, résumé de mon livre, plus
radical encore et plus fort, en raison de sa brièveté, que
le livre, en est devenu l'appendice obligé; c'est comme
une treizième étude sur les rapports *juridiques* créés
entre l'Église et l'État depuis 89, et en vertu du Concordat. Pas un mot de cela n'est soupçonné à Paris,
hormis de Chaudey, mon avocat, avec qui j'ai préparé
ma défense.

A la suite de ce Mémoire, j'ai publié dans un petit journal hebdomadaire deux articles fort longs, ensemble trente colonnes, sur la question de *Propriété littéraire*. Il faut vous dire que la librairie française avait envoyé ses avocats au Congrès qui s'est tenu ici le 27 septembre et jours suivants, pour soutenir le principe de la perpétuité du monopole des œuvres littéraires ; que M. de Lamartine avait écrit au Congrès une lettre pour donner son adhésion à ce principe, rappeler qu'il l'avait posé le premier en 1840 (?) devant la Chambre des députés, et mettre en garde les membres du Congrès contre les SOPHISTES qui prétendent que *la Propriété, c'est le vol !* Ajoutez à cela que M. J. Simon était venu de sa personne, avec son éloquence, pour démontrer que tout ce que l'on dirait contre la propriété littéraire s'appliquait à toute espèce de propriété, et qu'il y allait encore une fois ici du salut social, etc., etc.

J'étais suffisamment provoqué ; il n'y avait pas à reculer.

J'ai donc publié, la veille du Congrès, au moment où je partais pour aller faire une excursion en Ardenne, mon premier article. Le coup a été si rude, la question si bien prise, traitée si à point, que le vote a été emporté contre les *perpétuistes*, et Lamartine puni de ses recommandations discourtoises. Le 24 octobre a paru le deuxième article, dont toute la Belgique s'est réjouie comme du premier, sifflant les propriétaires et se moquant pas mal des communistes. En sorte que j'ai eu le principal honneur de cette victoire, car c'en est une, et dont l'effet se fera sentir, remportée sur le principe monopoleur et contre-révolutionnaire.

Ma thèse a été celle-ci : Qu'il n'y a nulle commune mesure, nulle assimilation possible entre les choses de la morale, de la philosophie, de la science, de la littérature et des arts, qui toutes par leur ensemble forment la religion du genre humain, et les choses de l'ordre industriel et mercantile, seules *vénales* par nature, par suite, pouvant donner lieu à une propriété *utile* et transmissible héréditairement. J'ai prouvé cela par la philosophie et l'ai démontré par la pratique, et tout a été dit. C'est neuf, intéressant, surtout décisif, et d'une portée immense. Quant à la rémunération des auteurs, je ne la refuse point ; je soutiens seulement qu'elle découle d'un autre principe, dont je montre l'économie, ajoutant au surplus que ce sont choses d'une délicatesse extrême.

Enfin, j'ai été compris, et j'ose dire que la question est tranchée : on n'y remordra plus.

Tout ceci m'a fixé sur ma situation et sur ma route. La Belgique est une terre préparée pour les batailles, aussi bien pour celles de la guerre que pour celles de l'intelligence. De ce foyer de libre pensée, je puis porter des coups effroyables, alors même que peu d'exemplaires de mes publications entreraient en France. L'Europe fait corps aujourd'hui : un État ne saurait subsister sous la réprobation des autres. Nos amis de l'exil n'y ont rien vu ; ils en sont encore à traiter les Belges de Béotiens et à maudire Napoléon III.

J'ai trouvé ici, chose précieuse, une élite d'hommes indépendants, fort instruits, et tout à fait dans nos principes. Dès les premiers jours, ces hommes, destinés à devenir l'honneur et la force de la Belgique, m'ont fait les honneurs du pays ; on a causé beaucoup, échangé des livres, des brochures ; on s'est promené, on a dîné, etc. Ma qualité d'étranger me commandant la réserve, vous concevez que je n'agisse pas comme

Belge ; mais la chose n'en ira que mieux. J'ai retrouvé ici mon traducteur allemand, Grün, qui dirige un important journal, celui de Trèves, et écrit beaucoup dans la grande publication de Brockhaus. Sans faire de bruit, nous formons ainsi l'alliance philosophique des nations ; elle produira plus de fruits, je vous en réponds, que le triumvirat de Mazzini, Kossuth et Ledru-Rollin. On s'en apercevra bientôt.

Je vais publier sous peu une brochure, dont l'ami Duchêne m'a envoyé le fond, extrait du travail qu'il préparait pour moi sur les Compagnies de chemins de fer. Grün la traduira en allemand d'abord, puis en anglais. On tâchera de vous la faire tenir...

De votre côté, gardez-moi vos renseignements les plus précieux, vos idées, enfin tout ce dont je puis avoir besoin pour bien mener la campagne. Si la chose n'était pas ridicule, je signerais *Proudhon et compagnie.* Mais on saura de reste que je ne suis pas seul.

Vous savez que je veux faire assigner le ministre Delangle pour le forcer à laisser passer mon Mémoire ; j'apprends à l'instant qu'on ne peut pas trouver d'huissier. Je vais aviser à un autre moyen.

Mes amitiés, s'il vous plaît, à Mlles Anna et Marie: j'espère qu'elles me regardent comme un ami. Mes respects à Mme Moulin.

Tout à vous, cher ami, et pardonnez-moi si je suis peu exact à répondre. Ma correspondance devient énorme.

P.-J. PROUDHON.

Bruxelles, 6 novembre 1858.

A M. CHARLES BESLAY

Mon cher ami, va donc pour la sommation et le Tribunal de commerce ; je m'en rapporte aux experts. Ce
qui importe ici, est que la chose soit examinée à fond et
qu'on sache si, oui ou non, un Mémoire de défense est
quelque chose. Le pouvoir dira ses raisons, les avocats
feront connaître les leurs, le tribunal tranchera la
question ou se déclarera incompétent : on verra. Peut-
être la Cour ne voudra-t-elle pas attendre que l'incident soit jugé, et confirmera-t-elle ma condamnation
sous prétexte que je la *blague* : nous verrons bien.

Je sais que la publication de mon Mémoire ne serait
pas gaie pour la magistrature et le gouvernement, mais
cela ne prouve nullement que l'on ait le droit de l'empêcher ni d'en limiter le nombre. Sur ces deux points,
je ne transige pas ; encore une fois, je m'en réfère à
mon Mémoire.

La lettre de Darimon me paraît écrite un peu sous
l'inspiration du Palais-Royal et de ceux qui le fré-
quentent, elle a pour objet de me recommander la modération et de mettre une sourdine. A cet égard, ma
résolution est prise. Point d'injures, point de violences

point de diatribes, d'accord, mais pas de réticences non
plus, et pleine liberté : voilà ma loi. Mes livres n'entre-
ront pas en France, je le sais, je l'accepte. Le public
français m'oubliera ; convenu ! Je travaille désormais
pour le public belge, suisse, piémontais, allemand, anglais, américain, etc., pour tout ce qui sur la face du
globe entend, ailleurs qu'en France, la langue française. A ce public se joindront quelques centaines de
Français à qui les barrières de la police n'empêcheront
pas ma pensée de parvenir ; je ne demande rien de plus.
Je serais une franche dupe si, pour l'appât d'une vente
forte, j'allais de nouveau mutiler ma pensée. Les cir-
conlocutions et réticences se pouvaient comprendre
quand j'étais à Paris ; maintenant que je suis en Belgique, elles ne se comprendraient plus.

Quant à la révision que Darimon dit avoir faite de
mes vieilles publications, je n'y crois pas. C'est une idée
que je lui ai suggérée jadis, alors que je songeais à une
réimpression générale pour laquelle je lui eusse demandé un discours préliminaire ; il m'en reparle pour
faire passer le reste.

En résumé, si vous le revoyez, dites-lui que vous
m'avez fait part de ses observations et que je l'en remercie. Dans quinze jours, ma nouvelle position sera
nettement dessinée ; il la connaîtra comme tout le
monde.

Je suis vraiment édifié sur vos amis et sur la manière
dont ils comprennent les choses. A la bonne heure !
Voilà des gens qui savent ce que parler veut dire.
Serrez-leur la main pour moi. Mais je suis encore plus
touché du dévouement de vos trois dames prenant la
peine de me copier ; je les embrasserais bien. Voyez-
vous ce que c'est que de parler en homme libre ! Et

Darimon se charge de m'offrir le lacet pour que je m'étrangle, afin, dit-il, qu'on ne *m'oublie pas!* Pauvre Darimon!...

Vous recevrez l'*Office de publicité* par ma femme, à qui j'en envoie un exemplaire avec trois exemplaires du Mémoire. Déjà, hier, elle a dû recevoir un premier exemplaire dudit *Office* par l'ami de la rue Laffite; demandez-le.

J'ai engagé Duchêne à vous aller voir pour vous entendre au sujet de la réception des envois. Je vous le répète, passer la frontière n'est rien; expédier par le chemin de fer est tout aussi facile : c'est l'entrée de Paris qui arrête tout.

Ne pourrait-on adresser EN GARE, à Saint-Denis, à l'adresse du premier venu qu'on chargerait de retirer ces caisses ou ballots?

A vous de cœur.

P.-J. PROUDHON.

Bruxelles, 6 novembre 1858.

A M. CHARLES BESLAY

Mon cher ami, je possède votre lettre n° 1, et celle du 3 courant qui l'avait précédée.

Maintenant, voici du nouveau.

Ce matin, Lebègue est venu m'apprendre ce que vous ne savez peut-être pas encore, ce que vous ne saviez pas du moins hier 5, quand vous m'écriviez, alors que le fait était déjà accompli : c'est que le ballot de vingt-cinq exemplaires retenu à la gare de Paris vient d'être retourné, et qu'on le tient à notre disposition à Bruxelles. Je le verrai ce ballot, probablement cette après-midi.

Vous comprenez ce que cela veut dire.

Le ballot étant retourné, ma sommation devient sans objet ; par suite, l'assignation tombe. On va presser l'appel de la cause, et je serai de nouveau condamné par défaut. On sera ainsi débarrassé, et de moi, et de mon livre, et de mon Mémoire, et de ce procès qui gênait le pouvoir comme une épine.

Vous voyez par tout cela si je touchais juste quand je sommais et parlais d'assigner l'administration.

Il faut donc, si nous ne voulons rester déconfits

comme des cuistres, procéder d'une autre façon. Voici ce que je me propose de faire, ce sera plus énergique et beaucoup plus facile.

Je vais adresser une *plainte* au Procureur impérial, contenant le récit des faits, tels que je les trouve dans vos lettres, et concluant à ce que lui-même, le Procureur impérial, poursuive *d'office*, et *dans l'intérêt de la justice* : 1° l'administration de la douane, coupable de détention d'un Mémoire judiciaire ; 2° s'il y a lieu, l'administration de la police, coupable elle-même d'avoir fait servir une administration de l'Etat à entraver l'action des tribunaux.

Il faudra bien que le parquet s'explique. Et comment s'expliquera-t-il ? Il n'a pas mon Mémoire, ni la police non plus, ni personne !... Du moins, en droit, il n'est pas censé l'avoir.

Si, malgre ma plainte, le ministère public passe outre sans me répondre et fait appeler la cause, je dépose une protestation entre les mains du Président, par laquelle je requiers la Cour d'ordonner la production du Mémoire, et faute de cette production déclare protester contre l'arrêt et tout ce qui se fera, rendant Cour et parquet responsables du déni de justice, et me réservant contre l'un et l'autre toute action en temps meilleur.

Ce sera une menace pour l'avenir, en même temps qu'une création de nullité pour tout ce qui sera fait. La Cour requise par moi ne peut pas refuser de répondre sur l'objet de la requête.

Et si la Cour à son tour passe outre et condamne par défaut sans avoir répondu à ma requête, j'aurai contre son arrêt un moyen de cassation ou retrait, contre lequel rien ne pourra prescrire ; je pourrai de

plus, le moment venu, prendre les magistrats eux-
mêmes à partie et leur intenter un procès criminel.

Vous voyez que la question a totalement changé de
face.

Faites part, d'abord, du contenu à l'un de nos amis
avocats, afin qu'on me redresse, s'il y a lieu, dans les
nouvelles démarches que je vais faire. On a cru éviter
le procès, on n'a fait que l'engager davantage.

Comme on aurait bientôt raison de l'arbitraire, si
chacun voulait, comme moi, le traîner au grand jour
et l'obliger à dire brutalement qu'il n'a rien pour lui
que la force !...

Écoutez diligemment les paroles de Darimon ; causez
un peu avec lui, donnez ouverture à ses confidences ;
au besoin, priez-le de continuer comme il a commencé, de vous écrire, car il est impossible que vous
ayez la tête à tant de choses. Je connais l'homme, il
se croit profond et ne prévoit rien. Je suppose qu'il
agit en tout ceci à la suggestion de quelqu'un, et cela
peut-être de la meilleure foi du monde. Tâchez, enfin,
de pénétrer ce qu'il y a là-dessous, car j'ai mon plan
que Darimon ni personne ne peut deviner, mais dont
l'exécution, pour peu que je reçoive d'aide, finirait par
créer au système un embarras inextricable et peut-être
mortel

J'ai écrit hier à l'un de nos amis pour ma femme. Je
lui envoie mes instructions pour son déménagement, je
n'y reviendrai plus. Qu'elle fasse ce que je dis.

Vous ne me dites pas clairement quel a été le motif
de l'émeute à la Halle ; est-ce la rareté des den-
rées ou un fait de coalition des maraîchers, ou une
mutinerie provoquée par la suppression du marché des
Innocents ?...

Si, en faisant vos courses, vous passez devant la rue Laffite, 6, où loge notre compagnon de voyage de juillet dernier, dites-lui donc que je lui ai adressé, par un ami de son frère, pour ma femme, *six lettres*, plus deux exemplaires de chacun de mes articles sur la Propriété littéraire. Demain j'irai demander le nom de ce commissionnaire officieux, mais peu fidèle, au frère de notre ami, lequel en ce moment est absent.

Cher ami, votre avant-dernière m'a causé une vive pitié pour vos jambes, car vous ne me permettez pas d'autre reconnaissance. Maintenant, voilà vos courses terminées ; plus besoin d'huissier à cette heure ; tout cela va se faire par acte sous seing privé de moi à la Cour et au Parquet. Je vous le répète : saisi directement de ma plainte l'un et l'autre, ils sont forcés, avant d'aborder la question de fond, de se prononcer sur la production du Mémoire, de dire si j'ai ou n'ai pas le droit de le présenter, etc.. etc., justement ce que je voulais faire décider par le tribunal de première instance.

Demain, je rédigerai ma plainte, que je ferai insérer immédiatement dans les journaux.

Tout à vous.

P.-J. PROUDHON.

P.-S. Savez-vous que le gouvernement de l'empereur vient d'annoncer que des mesures nouvelles allaient être prises contre l'introduction en France de toutes brochures politiques ? C'est *l'Indépendance* qui nous a appris cela. Avis à moi et à M. de Montalembert.

Bruxelles, 10 novembre 1858.

A MONSIEUR LE PROCUREUR IMPÉRIAL PRÈS LE TRIBUNAL DE POLICE CORRECTIONNELLE DE LA SEINE.

Monsieur, le soussigné Pierre-Joseph Proudhon, homme de lettres, domicilié à Paris, rue d'Enfer, 83, présentement en séjour à Saint-Josse-en-Noode, faubourg de Bruxelles, rue du Chemin de Fer, n° 26.

A l'honneur d'exposer les faits qui suivent :

Le soussigné est auteur d'un ouvrage ayant pour titre : *De la Justice dans la Révolution et dans l'Église,* publié à Paris, le 22 avril 1858, saisi le 27 du même mois, et condamné le 2 juin suivant par le tribunal de police correctionnelle de la Seine. Appel formé de ce jugement, la cause a été de nouveau appelée, à l'audience du 28 juillet, devant la Cour des appels de police correctionnelle, puis, après une confirmation du jugement prononcée par défaut, ajournée, avec l'agrément du ministère public, après les vacances.

Le motif de cet ajournement était un *Mémoire* que l'auteur du livre poursuivi se proposait de publier pour sa défense, et que sur le refus des imprimeurs français, il s'était vu dans la nécessité de faire imprimer à l'étranger.

Le 20 septembre, un premier ballot contenant vingt-cinq exemplaires de ce Mémoire, était adressé de Bruxelles, par l'entremise de la douane, à MM. Garnier frères, libraires à Paris, rue des Saints-Pères, n° 6. En même temps, avis de l'expédition était donné au ministre de l'intérieur, avec prière à ce haut fonctionnaire de vouloir bien donner des ordres pour que cet écrit, privilégié par la loi du 17 mai 1819, article 23, pût entrer librement en France, en tel nombre qu'il plairait à l'écrivain.

Le ministre de l'intérieur ne répondit pas : avertissement officieux fut seulement donné aux frères Garnier de s'abstenir de réclamer le ballot, parce que *s'ils le réclamaient, ils se compromettraient.*

C'était la continuation du système d'intimidation pratiqué par la police vis-à-vis des imprimeurs et libraires, dont le refus de concours avait obligé le soussigné à aller à Bruxelles.

C'était aussi la conséquence des mesures adoptées par le ministre de l'intérieur, contre l'auteur du livre *De la Justice*, dont une brochure philosophique, venant de Bruxelles, avait déjà été retenue à la douane, et qu'on avait même daigné prévenir qu'aucune publication sortie de sa plume ne serait désormais tolérée en France.

Informé de ce qui se passait à l'égard de son Mémoire, le soussigné chargea M. Charles Beslay, ancien représentant du peuple, son fondé de pouvoirs et son ami, de réclamer les vingt-cinq exemplaires à la douane.

Ici commence une série de faits sur lesquels le soussigné appelle toute l'attention de M. le Procureur impérial.

Le 5 octobre, réclamation par ledit sieur Beslay, au bureau de la douane, rue de Grenelle-Saint-Germain. Renvoi de la douane au ministère ; puis, renvoi du ministère à la direction de la librairie, rue Bellechasse, 66. — Ce jour-là, le chef de la direction, M. Salles, est invisible.

Le 7 octobre, nouvelle visite au directeur. Répondu par M. Salles, que « le Mémoire a été saisi *par ordre du « ministre de l'intérieur*, » comme contenant les passages incriminés du livre, et que la police n'en permettra pas la distribution.

« *Nous avons le Pouvoir*, ajouta énergiquement M. Salles, *nous en userons*. »

Ainsi d'après la déclaration du directeur de la librairie, c'est le ministre de l'intérieur qui s'est permis d'intercepter un Mémoire judiciaire ; c'est lui qui décide du droit d'un accusé, qui fixe les limites de la défense ; qui, interprétant à sa guise la loi du 17 mai 1819, arrête au passage un document essentiel et préjuge la décision de la Cour, seule compétente, après distribution, lecture et débats, pour statuer sur un Mémoire ; c'est le ministre qui, par cet acte de pur arbitraire, s'immisçant dans l'exercice des pouvoirs législatif et judiciaire, annule le droit des citoyens, empêche l'exécution de la loi et suspend le cours de la justice !

M. Beslay demandant qu'au moins un exemplaire du Mémoire lui fût délivré pour l'avocat chargé de la défense, cet exemplaire unique fut refusé péremptoirement.

Devant cet empêchement de l'autorité administrative, que devait faire le soussigné ? Assigner le ministre,

chef de l'administration douanière et dé la police, par-
devant le tribunal, pour avoir à répondre d'un refus de
livraison d'imprimés, confiés à son entremise.

C'est le parti qui fut adopté; des instructions furent
données en conséquence au fondé de pouvoirs du soussigné, M. Beslay.

Mais ici des difficultés d'une autre nature devaient
surgir; les huissiers déclarèrent qu'ils n'assigneraient
pas un ministre sans y être autorisés par le président
du tribunal.

Le 25 octobre, visite au président, M. Benoît-Champy,
afin d'obtenir pour l'huissier l'ordre d'assigner. M. le
président est absent de la capitale, jusqu'au 2 novembre.

Le 26, course chez M. de Charancey, président de
vacations, en l'absence de M. Benoît-Champy. Même
résultat que la veille : M. de Charancey, de même que
M. Benoît-Champy, est absent de la capitale.

Mais M. de Charancey a un suppléant, M. Sainte-
Beuve, chez qui se présente M. Beslay.

M. Sainte-Beuve prétend qu'il n'y a rien de pressé,
et engage le solliciteur à retourner auprès de M. de
Charancey.

Le 27 donc, à neuf heures et un quart du matin,
l'infatigable Beslay frappe à la porte de M. de Charancey. — M. le président ne reçoit plus, il est à déjeuner; et aussitôt après son déjeuner il se rendra au
Palais. Enfin, au Palais on parvint à aborder M. de
Charancey, qui répond *qu'il examinera*, qu'on revienne
le trouver le samedi suivant, 30; ajoutant toutefois que
l'huissier qui assignerait se *compromettrait*.

Ainsi, selon le président de vacations, M. de Charancey, il n'est pas permis à un huissier, malgré

l'article 69 du Code de procédure, d'assigner un ministre; ainsi, sous le régime de la Constitution de 1852, la justice s'incline devant l'administration, et le citoyen frustré dans ses droits civiques et politiques par le bon plaisir d'un ministre est sans recours devant les tribunaux. Il y avait des juges à Berlin, sous le règne de Frédéric II; il n'y en a pas à Paris sous l'empire de Napoléon III.

Instruit de tout ce tracas, et voulant en finir, le soussigné donne ordre à son fondé de pouvoirs, au lieu d'assigner le ministre, d'adresser une simple sommation à la douane, soit en la personne du chef de bureau, soit en celle du directeur de la librairie, M. Salles.

Mais, aux termes de l'article 69 du Code de procédure, pour que la sommation donnée à une administration publique soit valable, il faut qu'elle soit visée en original par celui à qui elle est adressée. M. Salles refuse son visa.

De rechef, on s'adresse au président, M. de Charancey, qui avait donné rendez-vous pour le samedi 30.

Mais le 30, veille de dimanche, à une heure et demie de relevée, il n'y avait plus personne au Palais.

Le 31, dimanche, jour de prière, chômage.

Le 1er novembre, Toussaint, jour de fête, chômage.

Le 2, jour des morts, encore chômage.

Le 3 novembre, au matin, instance de M. Beslay pour voir M. de Charancey. La porte est consignée, on n'entre pas.

On recourt à M. Legallois, vice-président, chargé des requêtes, à qui M. Beslay présente la sommation et explique l'affaire. Qu'avait à répondre ce magistrat? Une chose bien simple : « Si l'administration refuse son visa, faites viser par le procureur impérial (art. 1039 du Code de procédure) et poursuivez. » — Au lieu de cela : « Envoyez-moi l'huissier, » dit M. Legallois.

On était au 3 novembre. L'huissier se présentant aussitôt, le vice-président l'invite à repasser le lendemain, 4.

Le 4, M. Legallois renvoie l'huissier à M. Benoît-Champy, qui de nouveau refuse de signer l'ordre d'agir et demande à voir M. Beslay.

Le 5, visite de M. Beslay à M. Benoît-Champy, qui le renvoie au lendemain, 6, à deux heures. N'est-ce pas une dérision que tous ces renvois du jour au lendemain, du président au vice-président, de celui-ci au président, pendant *treize jours* consécutifs, du 21 octobre au 6 novembre ?

Enfin, réponse de l'honorable président.

« Je n'ai pas, dit M. Benoît-Champy, à commettre l'huissier. L'affaire est toute administrative, et nous n'avons pas le droit de changer les juridictions. Que M. Proudhon écrive au directeur de la douane, celui-ci dira ce qu'il a fait de l'envoi, et vous suivrez. Mais je crois savoir que le ballot a été renvoyé à la frontière. »

En effet, ce même jour, le ballot revenait à Bruxelles et était remis à l'expéditeur.

Ainsi, pour se dispenser de signer un ordre qui ne compromettait que le ministre, M. Benoît-Champy considère comme *chose administrative* la réclamation d'un ballot de livres indûment retenu par la douane.

Il appelle chose administrative l'empêchement apporté par le chef de la police à la production d'un Mémoire judiciaire.

Puis il se trahit en avouant que le ballot n'est plus au ministère, qu'il est parti pour Bruxelles !

N'est-il pas clair que le juge et le ministre se sont

entendus, et que toutes ces lenteurs n'ont eu d'autre but que d'aviser à un moyen d'esquiver l'assignation?

Ce n'est pas tout.

Sur l'observation faite par M. Beslay que l'affaire est grave, qu'il s'agit d'un Mémoire de défense privilégié par la loi, M. Benoît-Champy s'aventure jusqu'à dire : « Que M. Proudhon s'adresse au président de la Cour, « sans doute celui-ci permettra qu'il soit distribué un « *exemplaire à chaque conseiller*. — Mais, M. le Prési- « dent, réduire la faculté de produire un Mémoire au « nombre des magistrats qui composent la Cour, c'est « étrangler la défense et méconnaître la loi de 1819? — « Je ne sais pas, répond M. Benoît-Champy, cela ne « me regarde pas.»

Ainsi le ministre, assisté du bon vouloir des magis- trats, était parvenu à ses fins. Le corps de délit n'exis- tant pas, l'assignation devenait sans objet.

Encore un peu, et la cause appelée devant la Cour serait expédiée sans rémission, et si M. Proudhon, allé- gant le refus des ministres d'autoriser l'introduction de son Mémoire, ne se présentait pas, la Cour pronon- cerait le défaut et confirmerait la condamnation. S'il se présentait sans son Mémoire, la Cour passerait aux débats, circonscrivant la défense comme avait fait le tribunal de police correctionnelle, et, fondée sur les mêmes considérants, maintiendrait le jugement. Si M. Proudhon se plaignait et réclamait un nouvel ajour- nement, on l'accuserait, sur le témoignage de la police, d'avoir, par sa propre faute, aggravé sa position et rendu l'introduction de son Mémoire impossible. Et que con- tiendrait d'ailleurs ce Mémoire, que le défenseur ne sût dire mieux que l'accusé, s'il était permis de le dire, et que la Cour, sans autre publication, ne fût capable de comprendre?

De toute façon, on serait débarrassé et du Mémoire, et du procès, et de l'homme. On serait dispensé de vider un dangereux incident en se prononçant sur la portée de l'article 23 de la loi du 17 mai 1819, qu'on voudrait faire passer pour une simple tolérance !...

Mais il est aussi difficile de faire échec à la justice qu'à la raison, et plus le pouvoir, honteux de son despotisme, s'enveloppe de ruses, plus il met à nu son iniquité.

Menacé dans sa liberté et dans ses intérêts par cette espèce de complot organisé pour la proscription de sa pensée et de sa personne, mais fort de son droit et certain de la vérité des faits qu'il dénonce, le soussigné conclut et requiert:

Attendu que par la saisie du ballot de Mémoire expédié à Bruxelles, le 20 septembre dernier, à l'adresse de Garnier frères, libraires à Paris, et, plus tard, par la réexpédition de ce ballot, le ministre de l'intérieur ou l'un de ses subordonnés se serait rendu coupable d'un acte arbitraire attentatoire au droit de légitime défense et compromettant la liberté d'un citoyen (crime prévu par les articles 114 et 115 du Code pénal.

Attendu que par cette saisie et par le refus réitéré de livraison desdits Mémoires, le ministre ou son subordonné, agissant soit comme représentant de l'administration des douanes, soit comme officier de police judiciaire, se serait en outre immiscé, d'un côté, dans l'exercice du pouvoir législatif, en interprétant arbitrairement l'article 23 de la loi du 17 mai 1819, l'abrogeant autant qu'il était en lui, et en empêchant l'exécution; d'autre part, dans l'exercice du pouvoir judi-

ciaire, en s'ingérant de connaître d'un droit qui est
exclusivement du ressort des tribunaux (crime et délit
prévus par les articles 137 et 131 du Code pénal).

Attendu que des faits relatés dans la présente plainte,
il résulte qu'il y aurait eu connivence entre MM. le
président et vice-président, Benoît-Champy, de Charancey; Sainte-Beuve et Legallois; le ministre de l'intérieur, Delangle; son subordonné le sieur Salles, ou
tout autre, à l'effet d'empêcher la production d'un Mémoire judiciaire, écrit et publié sous bénéfice de la loi
du 17 mai 1819, par suite de fausser la justice et de la
rendre impossible (délit prévu par l'article 123 du Code
pénal).

Il plaise à M. le Procureur impérial,

Informer contre les sieurs Delangle, ministre de l'intérieur; Salles, directeur de la librairie; Benoît-
Champy, président de première instance; de Charancey,
président de vacations; Sainte-Beuve, suppléant, et
Legallois, vice-président.

Inviter, aux termes de l'article 115 du Code pénal, le
ministre Delangle, et, subsidiairement, le directeur de
la librairie, Salles, à cesser leur opposition à l'introduction du Mémoire publié par le soussigné, par Salles et
Delangle ainsi que leurs complices, sinon et faute de
quoi les y contraindre selon la rigueur des lois.

Le soussigné déclarant, au surplus, dans l'intention
de se porter partie civile du procès et poser tels dommages-intérêts qu'il jugera.

Sous toutes réserves.

P.-J. PROUDHON.

Bruxelles, 10 novembre 1858.

A M. CHARLES BESLAY

Mon cher ami, je n'ai rien reçu de vous depuis votre numéro 2, qui m'a été remis, ainsi que le numéro 1, en temps voulu et en bon état.

Je ne vous ai rien écrit non plus depuis vendredi dernier, 5, occupé que j'étais de ce que je m'en vais vous dire.

Voici d'abord, incluse, une lettre au Procureur impérial : je l'ai rédigée, d'après vos lettres, ainsi que vous m'y avez autorisé. Lisez-là, et si vous n'y voyez pas pour vous de danger, faites-la porter, si mieux n'aimez la porter vous-même au Parquet.

Je ne sais si j'ai écrit correctement les noms : vous corrigerez, s'il y a lieu.

Vous n'êtes pas censé connaître le contenu de cette plainte, que vous déposerez cachetée. Si on vous interroge, vous répondrez simplement que vous m'avez rendu compte de vos démarches, sans prévoir l'usage que j'en ferais, et sans même soupçonner que les faits fussent aussi graves ; enfin vous donnerez telles explications que vous voudrez, pourvu que les faits relatés dans la plainte soient maintenus.

Vous observerez du reste que l'accusation n'est pas lancée d'une manière *positive*, mais seulement conditionnelle (voir la plainte, page 6, aux attendu); et que je ne requiers la poursuite qu'après *invitation* au ministre; en sorte que, jusqu'à cette invitation, vous pouvez considérer la plainte comme une simple remontrance.

Aussitôt que la pièce sera déposée, faites-m'en part, et je la fais insérer dans les journaux belges, qui iront apprendre à toute l'Europe que le citoyen Proudhon ne se mouche pas du pied.

Je n'entends pas dire quand mon affaire sera appelée; mais ici encore, nous aurons à prendre une légère précaution.

Avant l'appel de la cause, avant même la fixation du jour d'audience, s'il est possible, une signification ou requête sera faite au président de la Cour, contenant le résumé très-succinct de la plainte, et pour conclusion, ma protestation contre tout ce qui sera fait en mon absence, et que je déclarerai en vertu des articles 480, 505 et 506 du Code de procédure, entaché de nullité.

Sans *mémoire*, pas de jugement, pas d'arrêt : voilà à quoi je m'arrête.

Demain, je vous enverrai :

1º Une procuration sous seing privé, avec légalisation de ma signature, pour suivre tout ceci;

2º Une autorisation, également légalisée, pour ma femme;

3º Si j'ai le temps de la faire, la minute de la signification à adresser au président de la Cour.

Et puis, tout sera fini : si la Cour, si le Parquet, si le Gouvernement croient pouvoir passer outre, je les laisserai aller. Mais, vienne un revirement, et la *requête civile* me sera ouverte ; j'aurai de quoi faire annuler les condamnations et poursuivre mes juges eux-mêmes

Eh bien ! cher ami, vous qui me reprochez, dans une de vos dernières, de manquer de confiance à l'amitié, que dites-vous de toute cette besogne que je vous ai fait faire ? avouez que vous eussiez mieux aimé me prêter un sac de mille francs que de courir comme vous avez fait pendant plus d'un mois. Maintenant, je vous le répète, vous touchez à la fin de vos maux. Plus rien à faire que de remettre deux pièces, et tout est dit.

Si vous désirez, avant que de déposer la plainte, la faire lire à quelque ami, faites-le : je vous recommande seulement de ne pas attendre que mon procès soit de nouveau appelé. Il faut que ma dénonciation arrive au Parquet pour motiver ensuite la signification que je ferai à la Cour.

Autre observation : peut-être sera-t-il à propos d'obtenir reçu de la plainte ; c'est un point que j'ignore, mais dont je vous saurai gré de vous informer auparavant.

Ma plainte à écrire, la loi à étudier, les démarches à faire à la commune du lieu que j'habite, et puis à la légation, tout cela m'a pris du temps, et vous explique pourquoi j'ai attendu si longtemps de vous répondre. A présent tout est terminé, et à demain.

Bonjour et amitié.

P.-J. Proudhon.

P.-S. M. Chaudey est de retour. Si vous le pouvez, faites-lui lire ma plainte, rue de Verneuil, 52. Et conservez l'enveloppe.

Bruxelles, 12 novembre 1858.

M. CHARLES BESLAY

Mon cher ami, je reçois à l'instant votre numéro 3, daté d'abord du 10 au soir; puis, du lendemain, 11, sans autre indication.

Or, hier 11, vous avez dû recevoir, à l'adresse que vous savez, un paquet de moi, contenant une plainte au Procureur impérial, avec quelques instructions. — Peut-être n'étiez-vous pas chez vous quand ce paquet vous est arrivé; je crois voir en effet que la seconde partie de votre lettre a été écrite d'une autre encre que la première. Mandez-moi donc, s. v. p., si mon paquet vous est parvenu, et ce que vous pensez en faire : il importe que je le sache.

Hier 11, j'ai aussi mis à la boîte, à l'adresse de Saint-Sébastien, 52, un pli contenant ma procuration pour vous, et l'autorisation que réclame ma femme : deux pièces en ordre et bonne forme.

J'y ai joint un brouillon de requête au président de la Cour, que vous aurez à faire faire par huissier, et dont vous m'enverrez copie sur papier libre.

Mandez-moi aussi si vous avez reçu toutes ces pièces.

Je n'ai rien reçu de Crémieux.

Ne vous embarrassez pas de ce que disent les avocats ; ils ne peuvent juger de mon plan, ni des motifs qui me dirigent. On ne plaide pas toujours pour gagner un procès ; on plaide quelquefois aussi pour le perdre.

On vous a expédié à plusieurs reprises, par la poste et sous bande, et par d'autres voies, des exemplaires du Mémoire et des numéros de l'*Office de publicité.* Rien n'arrive. — On en a expédié à ma femme et à M. Chaudey ; rien n'est parvenu non plus. Je crois même que votre J***, qui s'est chargé de vous faire parvenir une cinquantaine de ces articles, les livre à la police, ce qui lui fait double bénéfice.

Ce qui me contrarie le plus est que Chaudey n'en ait pas encore ; mais, de gré ou de force, je lui en ferai tenir un ; dites-lui cela.

Le *non-lieu* rendu en faveur de Montalembert ne me surprend pas. J'avais dit déjà ici que s'il était condamné il en aurait pour *six semaines :* un triomphe ! On lui ôte le triomphe, voilà tout.

Bonjour, cher ami.

P.-J. PROUDHON.

Bruxelles, 14 novembre 1858.

A M. CHARLES BESLAY.

Mon cher ami, je réponds à votre numéro 5.

On peut adresser requête à un président, ce me semble, sans ministère d'huissier. Je l'ai fait cent fois à Lyon, pour le tribunal de Commerce; il suffit de l'écrire sur papier timbré.

Je vous en donne ci-contre la minute : vous n'aurez qu'à la faire copier sur une feuille de 35 centimes. Je n'ai pas ici de papier timbré français.

Si vous trouvez quelque chose à corriger, faites, cela va sans dire, et finissons-en. Ces deux pièces déposées, je laisserai faire; tout au plus en enverrai-je avis, soit au ministre de la justice, soit à l'empereur : je prétends seulement m'en prévaloir en temps utile. J'ai voulu, comme je vous l'ai dit, créer une nullité dans l'arrêt qui sera rendu par la Cour : voilà tout. Vienne ensuite Chambord, le comte de Paris ou la République, j'entamerai de nouveau l'affaire, tant sur le fonds qu'au point de vue du *Mémoire* et du droit qui en résulte, et je ferai condamner l'Église elle-même, si par hasard on la laisse vivre.

Puis, d'ici là, j'aurai eu l'avantage de donner publicité à la chose, et de donner l'éveil à l'opinion sur l'arbitraire, qui règne encore dans les tribunaux. Toutes ces considérations m'ont paru mériter ce que nous avons fait.

Inclus un billet que vous remettrez ce soir à ma femme, puisqu'elle doit venir dîner avec vous.

Je vous serre la main.

P.-J. PROUDHON.

P.-S. Il faut vous informer si la procuration ne doit pas être annexée à la requête. Je le crois.

Bruxelles, 15 novembre 1858.

A M. CHARLES BESLAY

Cher ami, je possède votre numéro 4, dont la lecture m'a été on ne peut plus agréable. Tout va bien.

Votre fils a raison : les derniers mots de la signification sont de trop. Point de menace, puisqu'il me reste contre la Cour la prise à partie et même la requête civile. Il faut épuiser toutes les rubriques, et arriver de degré en degré jusqu'à l'empereur, dont je vais mettre la responsabilité en jeu, de manière à lui faire peur pour tout de bon.

Quant à la plainte, il serait bien qu'elle fût déposée, et la requête ensuite, avant la fixation de l'audience où mon affaire sera appelée. Il n'y a donc pas de temps à perdre : seulement je désire que vous ne fassiez rien sans conseil ; et je vous recommande notamment l'avis de M. Chaudey.

Je crois, je vous le répète, qu'il n'est pas besoin d'huissier pour déposer cette plainte.

Je crois encore plus que la signification au président n'a rien qui doive effrayer l'huissier : cette pièce ne contenant qu'un rappel de faits avec une demande de sursis.

Donc, en avant. — Et cela fait, j'attendrai quelques jours l'effet de mes deux actes, pour savoir quel ton je dois donner à la publication.

Ah! çà, vous voulez donc fêter l'univers à mon intention. Qu'est-ce que cela signifie?... Tandis que vous buvez là-bas le vin dans de grands verres, je ne le bois, moi, que dans des calices grands comme des têtes de pavots. Toutefois, je n'ai pas été jusqu'ici trop malheureux, et plus d'une fois je me suis dit *in petto*. Non, nous ne périrons pas tant que nous pourrons goûter de cette Hippocrène.

Puis, oubli complet de la multitude, des travailleurs, du prolétariat. On n'avoue pas la pensée d'oligarchie, mais on la met en pratique. Il est temps que je redresse tout cela.

A vous de cœur.

P.-J. PROUDHON.

Bruxelles, 15 novembre 1858.

A MONSIEUR LE PRÉSIDENT DE LA COUR D'APPEL DE POLICE CORRECTIONNELLE DE LA SEINE

Monsieur le Président, le soussigné Pierre-Joseph Proudhon, homme de lettres, domicilié à Paris, rue d'Enfer, 83, présentement en séjour à Saint-Josse-ten-Noode, faubourg de Bruxelles, rue du Chemin-de-Fer, n° 26, appelant d'un jugement du tribunal de police correctionnelle de la Seine, rendu le 2 juin 1858, et qui le condamne, pour la publication d'un livre sur la *Justice*, à trois années d'emprisonnement,

A l'honneur de vous exposer ce qui suit :

Qu'en vue de son appel et se prévalant de l'article 23 de la loi du 17 mai 1819, le soussigné avait rédigé pour sa défense un Mémoire ;

Que ce Mémoire, d'un grand intérêt, tant pour la morale publique qu'on accuse le sieur Proudhon d'avoir attaquée, et que lui-même reproche à l'Église de méconnaître, que pour la détermination des rapports encore peu compris entre l'Église et l'État, l'auteur n'a pu le faire imprimer à Paris; et que sur le refus des imprimeurs français, qu'intimidait la police, il s'est vu dans la nécessité de le porter à Bruxelles;

Que dans l'attente de cette publication, et après une première confirmation du jugement de police correctionnelle, prononcé par défaut, le ministère public a reçu opposition de l'appelant, et consenti à renvoyer l'affaire après les vacances;

Mais que, l'impression terminée, le Mémoire, sur lequel le soussigné fonde tout l'espoir de son acquittement, n'a pu pénétrer en France, par suite de l'intervention arbitraire du ministre de l'intérieur, qui, de sa propre autorité, et nonobstant le privilége créé par la loi de 1819 en faveur de toute publication ou production judiciaire, a fait saisir, puis réexpédier, après quarante-quatre jours de séquestre, les exemplaires envoyés par l'auteur pour être distribués à la Cour, au parquet, aux membres du barreau, aux amis de l'appelant et au public;

Le soussigné croit devoir ajouter, monsieur le Président, que de plus, sur l'intention par lui manifestée de dans poursuivre le ministre, celui-ci a été favorisé et aidé cette immixtion coupable par les magistrats à qui il appartenait de signer l'ordre aux huissiers d'agir, et qui tous ont refusé de le faire;

Qu'à raison de ces faits une dénonciation a été faite par le soussigné et une plainte portée entre les mains de M. le Procureur impérial.

Peut-être le ministre, et en son nom le ministère public, se prévaudra-t-il de la loi du 5 février 1810, qui porte:

Article 36. « *Qu'aucun livre imprimé ou réimprimé hors de France ne pourra être introduit en France, sans une permission du directeur de la librairie, annonçant le bureau de douane par lequel il entrera.* »

Une semblable allégation, prouverait, ce qu'à Dieu ne plaise, que sous le régime de la Constitution de 1852, la justice est subordonnée à l'administration, et la notion du droit à la raison d'État.

La loi de 1810 regarde les *livres ;* elle ne peut avoir trait à une production judiciaire.

Elle a été rendue à une époque où la liberté de la presse n'existait pas en France, où par conséquent les livres venus de l'étranger, de même que ceux imprimés en France, ne paraissaient qu'avec permission du gouvernement. Après 1814, mais surtout après 1830 et 1848, elle n'a plus conservé qu'une signification fiscale et conservatoire des droits des écrivains et libraires nationaux ; et le décret du 17 février 1852 ne lui a point rendu sa portée primitive.

Dans tous les cas, en présence du droit sacré de la défense, et de la haute prérogative de la justice, il y avait matière à discussion ; il n'appartenait pas à un chef d'administration de trancher une question aussi grave, et les magistrats qui ont refusé l'autorisation d'agir contre lui sont répréhensibles.

En conséquence, le soussigné demande et requiert :

Attendu que la faculté de produire le Mémoire appartient à la défense ;

Que le Mémoire justificatif, comme tout ce qui se fait en justice, est essentiellement public ;

Qu'aux termes de la loi du 17 mai 1819, article 23, le Mémoire ne tombe sous aucune autre juridiction que celle de la Cour, qui seule, après publication, lecture et débats, peut le *supprimer* s'il y a lieu, et en cas de diffamation, décerner des dommages-intérêts ;

Attendu que, dans l'espèce, la production du Mé-moire est empêchée par le fait du gouvernement;

Qu'ainsi, à Paris, c'est l'imprimerie qui se refuse par le fait de la police ; à la frontière, c'est la douane qui se refuse par le fait de l'administration;

Qu'en admettant, ce que nie le soussigné, l'exception tirée de la loi du 5 février 1810, la convenance administrative ne peut prévaloir sur la prérogative judiciaire et infirmer la liberté de la défense ;

Que tout ce qu'on pourrait conclure de la loi précitée serait de surseoir à l'appel de la cause jusqu'au moment où le pouvoir administratif n'y verrait plus pour lui d'inconvénient ;

Que, dans le cas particulier, l'intervention administrative est d'autant moins admissible qu'elle aurait pour résultat de faire prédominer un système de rapports entre l'Église et l'État subversif de la Constitution, et de servir une politique machiavélique et rétrograde ;

Par tous ces motifs, il vous plaise, Monsieur le président,

Surseoir à l'appel de la cause dans laquelle le soussigné P.-J. Proudhon doit comparaître, jusqu'à ce qu'il ait obtenu satisfaction sur les faits de son Mémoire ;

Ledit soussigné, protestant contre tout ce qui pourrait être fait en son absence par la Cour, le déclarant nul de droit et non-avenu et se réservant d'en demander ultérieurement, par toutes les voies légales, la réparation solennelle.

Le soussigné est avec le plus profond respect, monsieur le Président, etc.

P.-J. PROUDHON.

Bruxelles, 18 novembre 1858.

A M. GUSTAVE CHAUDEY

Cher ami, je n'ai reçu qu'hier soir 17, à neuf heures, votre lettre datée du 16 : c'est pourquoi je n'ai pu y répondre que ce matin.

Je viens droit à l'objet principal.

Je connaissais la loi de 1810, que vous me citez ; mais j'avoue que je ne l'avais pas comprise comme vous et qu'elle n'avait pas autant attiré mon attention. Cette loi, telle que la rapporte le Recueil de Royer-Collard, que je possède, me semble principalement *fiscale*, et de plus *conservatoire* des intérêts d'auteurs français, que la contrefaçon, l'imitation ou la concurrence pouvait dépouiller ; sans doute que le gouvernement s'y réserve aussi le droit de veiller à ce qu'aucun ouvrage *subversif* ne soit introduit en France ; mais je crois que ce n'est là qu'un en-cas, un supplément de moyens, qui ne constitue pas la pensée fondamentale de la loi, puisque le législateur s'est réservé, par d'autres moyens, la poursuite des délits commis par la voie de la presse.

Mais comment expliquer cette loi de 1810 à l'exclusion d'un *Mémoire judiciaire ?*...

Je vous avoue que, bien loin de voir dans les articles 36 et 37 un moyen de justification pour le ministre, j'y trouve une aggravation d'arbitraire, et pour le prouver, je n'ai besoin que de copier vos propres paroles :

C'est par le *fait* du gouvernement que je n'ai pu imprimer en France mon Mémoire ;

C'est par son fait encore, c'est-à-dire par une application arbitraire de la loi de 1810, que je ne puis l'introduire ;

En sorte que la législation se trouverait ici tournée contre le droit antérieur et supérieur, écrit et formel des citoyens ;

Que l'administration primerait les tribunaux ;

Que la raison d'État annulerait la justice, etc., etc.

Interpréter de la sorte la législation, c'est se jouer des lois ; en combiner ainsi les articles, c'est prendre le code des droits pour le code de l'arbitraire.

Vous voyez où tout cela porte !... Vous avez levé là un lièvre plus gros encore que celui que je chasse : ce n'est rien en effet qu'une mauvaise loi, ce n'est pas grand'chose qu'un acte d'arbitraire; ce qui est plus grave, c'est une combinaison législative, constitutionnelle ou juridique, de laquelle résulterait que le droit affirmé dans un article est retiré dans un autre, et que de ces deux textes contradictoires, c'est le second, le texte *négatif*, qui doit prévaloir !... Il y aurait là quelque chose de si monstrueusement machiavélique, que si j'étais membre d'un jury révolutionnaire je n'hésiterais pas à déclarer digne de mort celui qui serait convaincu de s'être ainsi joué de la raison et de la loi.

Quoi qu'il en soit de cette thèse, qui ne sera pas

perdue, je vais faire ma demande au président, d'après vos observations. Je prévoierai, dans cette demande, le motif d'excuse du ministre, et maintiendrai mon droit, par conséquent ma plainte que j'aurais rendue plus vive et plus énergique encore, si j'avais pu penser qu'un ministre osât se prévaloir contre un *Mémoire*, des articles que vous me citez.

Rappelez-vous que le beau côté de ma thèse, tant dans l'*avant-propos* de mon Mémoire que dans le corps de la discussion, c'est justement ce que je dis de l'arbitraire des lois et de l'art de les éluder. Or, en bonne jurisprudence n'est-il pas de principe que les lois, comme les conventions, doivent être interprétées de manière à sauvegarder tous les droits, non à les faire péricliter ? Je ne vous pose que cette question qui ruine par avance toute l'argumentation du ministre, et la rend odieuse.

Une inflammation des paupières ne me permet pas, mon cher ami, de causer longuement avec vous. Avez-vous un exemplaire *à vous* de mon Mémoire? Vous ne sauriez croire la peine que nous avons à en faire passer, tant on fait bonne garde. Cependant, je ferai tant que, par une occasion, je vous en ferai tenir un.

Pénétrez-vous, je vous en supplie, du sens de mes articles sur la *Propriété littéraire*. Cela tire à conséquence : il n'y va de rien de moins que de la conscience humaine, de la religion, de l'avenir, de tout ce que nous devons tenir pour sacré et inviolable. Si *l'utilitarisme*, qui combat encore ici pour le principe de la réalité de l'esprit, de la poésie de la science et de l'art, si ce principe pouvait triompher, tout serait perdu.

Je me propose de refondre ces deux articles, d'en éloigner les hors-d'œuvre, et d'en faire une monographie digne du sujet, et que je raccorderai avec la philosophie générale.

Merci de ce que vous me dites de ma famille.

Amitié dévouée, autant que respectueuse, à Mme Chaudey, et cent baisers à Georges.

Ce que vous me dites de votre père m'a tout attendri; dites-lui que je ne veux pas qu'il meure avant que je le voie.

Je vous embrasse, mon cher jurisconsulte.

P.-J. PROUDHON.

Bruxelles, 18 novembre 1858.

A M. CHARLES BESLAY

Mon cher ami, je possède votre numéro 8 m'annon-çant une lettre de Chaudey, laquelle ne m'est arrivée qu'hier soir à neuf heures, ce qui fait que je n'ai pu vous répondre plus tôt.

Les observations de mon compatriote sont judi-cieuses et fondées. Je connaissais la loi de 1810 sur les ouvrages étrangers, mais mon attention ne s'y était pas arrêtée : sans cela j'aurais ajouté quelque chose à ma plainte, qui n'en aurait été que plus véhémente et plus forte. Ainsi, de ce côté le mal n'est pas grand.

Quant à la demande au président, je ne demande pas mieux que de la faire moi-même, et d'en modifier les considérants sur les observations de Chaudey. Je vous l'expédierai demain ; car je crains, pour aujourd'hui, de ne pouvoir la mettre au net, à cause d'une inflam-mation d'yeux qui m'a pris depuis trois jours.

Cette pièce déposée, tout sera fini entre l'Empire et moi, au point de vue de l'état civil et politique, et je commencerai la campagne.

Lebègue a reçu nouvelle que cinq exemplaires qu'il vous avait adressés par une occasion vous ont été remis : en avez-vous livré un à l'ami Chaudey? Ou bien celui qu'il a n'est-il qu'un exemplaire prêté ?

— Je regrette d'avoir été *ingrat* envers Hugo : mais, mon cher ami, je suis bien excusable; je ne connais pas le passage où Duchêne prétend que j'ai été bien traité par lui ; et je suis si outré de la corruption littéraire contemporaine, des mœurs bohèmes de tout ce monde; je sens si profondément le besoin de relever la République par un peu de sévérité, qu'après avoir hésité longtemps je me suis laissé allé à écrire ce mot de critique, qui, après tout, ne porte que sur une inadvertance.

Non, cher ami, nous ne pouvons pas vivre sur l'ancien pied : ces mœurs-là ne sont pas celles de la République, et il est temps que ceux qui préconisent Robespierre l'imitent dans son austérité.

Je vous demande pardon, cher ami, de mon impertinent sermon. Vous savez que je suis indulgent pour les fautes des autres, d'autant plus que j'ai aussi besoin d'indulgence. Mais, enfin, il est temps ou jamais d'être de vrais républicains, c'est-à-dire de pratiquer la vertu, sinon je ne comprends pas pourquoi nous ne nous rallierions pas à l'Empire.

Je vous serre la main.

P.-J. PROUDHON.

Bruxelles, 19 novembre 1858.

A M. CHARLES BESLAY

Mon cher ami, inclus ma nouvelle demande au Président, modifiée sur les observations de Chaudey. Prenez-en lecture, et dites s'il vous semble qu'on y puisse répondre quelque chose, si, sans même entrer dans la discussion des lois, la vérité n'est pas là tout entière, et s'il est possible d'y opposer autre chose que les chicanes de l'arbitraire et de la mauvaise foi.

S'il vous reste du temps, faites-la porter à Chaudey, qu'on trouve toujours chez lui le matin, et déposez-la ensuite. J'aviserai si je dois envoyer une copie au Procureur impérial, comme document à l'appui de ma plainte.

N'est-il pas vrai que plus le despotisme discute, plus il devient odieux; et que chaque fois qu'il s'arme d'une loi, il l'outrage par son machiavélisme? Ah! cher ami, combien la démocratie serait forte si elle faisait une explosion de réclamations juridiques, si elle *savait le droit!*

Aujourd'hui, sans faute, j'arrête mon logement;

Demain, j'achète des meubles et j'écris à ma femme;

Dimanche ou lundi, je lui manderai de se mettre en route ;

Et une fois que je l'aurai installée, je commencerai la campagne pour ne plus me reposer que lorsque je serai rentré triomphant à Paris, ou que le diable m'ait étranglé.

A vous tout entier.

P.-J. PROUDHON.

Bruxelles, 26 novembre 1858.

A M. CHARLES BESLAY

Cher ami, reçu votre numéro 11.

Dites ou faites dire à ma femme qu'il sera bien qu'elle parte dimanche soir, à onze heures, et même, si elle se trouve trop fatiguée, lundi, après s'être reposée un jour de plus, si elle le juge utile.

Ce à quoi je tiens, c'est d'être avisé de son arrivée.— En m'écrivant par le courrier de cinq heures, la lettre m'arrive le matin à neuf heures; deux heures après, je serai à la station pour la recevoir.

Je suis maintenant en mesure.

Si ma femme a suivi mes instructions, elle aura réservé avec elle, pour être transporté comme bagages : 1º sa malle, contenant des effets de vêtement et linge pour elle et ses enfants; 2º une seconde malle, contenant deux paires de draps et quelques objets de ménage de première nécessité; 3º un paquet, enveloppé dans une toile d'emballage, contenant matelas et couvertures, de manière à ce que les lits soient faits en arrivant.

La raison de cet arrangement est que la petite vitesse n'est pas régulière et pourrait nous faire attendre cinq ou six jours, et cinq ou six jours à l'hôtel nous mettraient en grande dépense.

De mon côté, j'ai fait le nécessaire, et, je crois, à la satisfaction de ma femme : deux lits fort jolis et bons, tables et chaises communes pour la cuisine et le travail, un bon poêle avec tous ses agrès, une provision de houille et bon feu en arrivant.

Au surplus, je crois que M. Delhasse, l'ami belge avec qui j'ai fait ma tournée, tient à héberger les premiers jours ma femme et mes filles, en sorte que tout ira bien.

Que ne vous dois-je pas, cher ami, pour tous vos soins! Vous m'avez remplacé auprès de ma petite famille, vous avez aidé ma femme dans ses tracas; chez elle le courage est grand et le cœur très-bon, mais elle a besoin d'un train ordinaire et calme pour être heureuse. Je l'ai plainte d'ici bien des fois, en la voyant s'escrimer avec sa douleur de sein, ses jambes souffrantes, etc. Ah! si Malthus s'était borné à dire qu'une femme en cet état a le droit de ne plus devenir mère, et que le devoir d'un mari est de la respecter, je n'aurais eu pour lui que des applaudissements.

Encore une fois, cher ami, merci pour ma pauvre femme, qui ne sait pas elle-même ce qu'elle vaut.

Montalembert a été frappé plus sévèrement que je ne m'y attendais : six mois et 3,000 francs.

Mais quelle différence avec moi! Je n'ai pas attaqué l'empereur et son gouvernement, je n'ai pas fait de parallèle injurieux entre ce gouvernement et celui de l'Angleterre, entre l'état du peuple anglais et le nôtre, je n'ai attaqué qu'un système de théologie, et j'ai *trois ans!*

Tâchez donc de savoir si mon affaire arrive ou non ;

j'attends cette confirmation pour publier mes deux pièces. — Si on laisse l'affaire de côté, je renouvellerai ma requête d'une autre manière pour qu'on en finisse.

A présent, cher ami, que je n'aurai plus à vous occuper de mes affaires personnelles, notre correspondance prendra un caractère plus général. A Dieu ne plaise que l'éloignement interrompe nos relations ! Vous êtes de notre famille, ou pour mieux dire nous sommes un peu devenus la vôtre. J'ai eu beau m'accoutumer insensiblement, à votre exemple et sur vos invitations, à vous traiter comme vous me traitez depuis si longtemps, *d'ami*, vous avez eu toujours à mes yeux quelque chose du caractère et de l'autorité d'un père. Aussi, je vous le dis franchement : je ne pourrais plus supporter votre improbation, et votre mépris me tuerait.

Pour les gravures, il y aurait une combinaison facile dont je vous parlerai une autre fois.

Adieu, cher ami, nous ne vous quittons pas, car les cœurs vous restent.

P.-J. PROUDHON.

P.-S. J'ai recommandé à ma femme de garder une couverture pour les enfants. Dites-lui encore d'avoir un demi-litre de vin sucré, dont elles boiront de temps en temps une gorgée après avoir mangé. Douze heures et demie de chemin de fer, c'est long.

Je n'ai pas le livret sous les yeux.

Avant-hier j'ai été à l'entrepôt de la douane pour les dispositions que j'ai à faire ; j'ai cru que les employés allaient me sauter au cou tant j'ai trouvé en eux de sympathie et de témoignages d'affection. Ils me connaissent tous, ils m'ont tous lu.

Bruxelles, 27 novembre 1858.

A M. CHARLES BESLAY

Cher ami, encore une lettre pour ma femme qui, je crois, perche en ce moment avec ses filles, rue de l'Estrapade, vis-à-vis le Panthéon, dans une maison qui fait, je crois, angle avec la rue d'Ulm, mais dont je ne sais pas le numéro. — Le propriétaire, neveu de ma femme par alliance, est M. Wohlgemuth ; il habite la maison. — C'est chez lui que ma femme loge.

D'après les derniers renseignements que ma femme me fait transmettre, tout son bagage, 16 colis (1,650 kilogrammes), a été rendu à la gare du Nord le 24 au soir. Le tout doit être en route. De mon côté, j'ai fait le nécessaire.

Rien n'empêche donc ma femme de partir lundi soir à onze heures, et j'espère qu'elle le fera.

Toutefois, j'attends de vous ou d'elle un dernier avis à ce sujet.

On dit que le *Times* fulmine à propos du procès Montalembert. Chaudey, qui assistait aux débats, me raconte que M. le comte a été aussi malmené que moi, et l'avocat Berryer aussi malmené que lui, Chaudey. N'est-ce pas bien fait ?

Maintenant, on sait ce que veut l'Empire : sa politique est aux jésuites et personne n'a plus le droit de
souffler. De son côté, il est décidé à frapper du bec et
des ongles.

Ainsi, voilà tous les partis ralliés dans une commune
impatience; partant, la guerre déclarée entre le pays et
le gouvernement.

Nous verrons bientôt.

Je vous serre la main.

P.-J. Proudhon.

Rue du Conseil, 8, à Ixelles (faubourg de Bruxelles),
à partir de mardi prochain, 30.

Bruxelles, 28 novembre 1858.

A M. LE DOCTEUR MAGUET

Mon cher Maguet, il faut enfin vous dire où j'en suis.

Je vous ai quitté le 28 mai au soir, nous sommes le 28 novembre, il y a donc tout juste six mois. Vous avez fait depuis mon départ la fauchaison, la moisson, la vendange et les semailles ; vous avez commencé sans doute la saison des boudins qui ne finira qu'en avril ; vous savez quelle qualité aura le vin de la deuxième comète, dont vous vouliez m'expédier une barrique à quinze centimes le litre pris sur pied. Je suppose que pour tout le reste vous n'avez fait que prospérer en santé et en appétit. *Amen.*

Quant à moi, les fastes du semestre n'ont pas été brillantes.

Le 2 juin, condamnation à trois ans de prison, 4,000 francs d'amende.

Le 10, appel du jugement ; visite à Crémieux qui se réjouit de plaider et ne plaidera pas. — Le même jour, saisie à la douane de soixante-quinze exemplaires d'un opuscule de *métaphysique* que j'ai publié en 1853 à Bruxelles, et déclaration officielle faite à ma personne que tout ce qui sortira de ma plume désormais sera saisi ; que mes idées font un chemin d'enfer, qu'on a beaucoup d'estime pour ma personne, mais qu'on ne peut vivre avec l'écrivain, etc.

Le 17 j'arrête mon compte avec Garnier frères : balance faite du doit et de l'avoir, il me revient pour mon dernier livre, par à moitié de bénéfice, 8,568 fr., amendes déduites, sur quoi j'ai reçu depuis deux ans environ 6,000 francs en compte courant. Reste par conséquent une somme d'environ 2,000 francs pour trois années de prison. Et vous savez que j'ai deux ménages ; l'autre est celui de mon frère.

Jusqu'au 17 juillet, malgré mon affection cérébrale, je prépare mon Mémoire de défense dont pas un imprimeur n'ose entreprendre l'impression.

Refus du procureur général Chaix d'Est-Ange d'en autoriser l'impression.

Malgré *la loi du* 17 *mai* 1819, article 23, *Chaix d'Est-Ange sera pincé dans le Mémoire.*

Le 17 juillet, départ pour Bruxelles pour procéder à l'impression.

J'écris au président de la Cour pour réclamer un sursis.

Le 28 juillet, appel de ma cause et confirmation par défaut. Je forme opposition : l'affaire est renvoyée, du consentement du procureur impérial, après les vacances. Par provision et pour ne pas perdre les 4,000 francs d'amende auxquels j'avais été condamné, on élève l'amende de Garnier de 1,000 à 4,000 francs.

20 septembre. Publication à Bruxelles de mon Mémoire, cent quatre-vingt-douze pages in-octavo. Je le crois plus intéressant dix fois que la réponse de Rousseau à l'archevêque de Paris, et c'est aussi le sentiment

de ceux qui l'ont lu ; mais je suis du parti qu'on hait et qu'on écrase ; il ne circulera qu'à l'étranger.

22 septembre. Expédition par la douane avec avis au ministre Delangle. Pour toute réponse, on saisit mon ballot, et des ordres sont donnés à la frontière pour empêcher le passage.

Avis officieux à Garnier de ne plus se mêler de ce qui me regarde, que cela le compromettrait.

Le 5 octobre, je fais réclamer le ballot par un tiers, fondé de pouvoirs, M. Beslay, et sur le refus de la douane, je donne ordre d'assigner le ministre. Les huissiers refusent.

Pendant quinze jours, visites et instances auprès du président, du vice-président, etc., pour obtenir un ordre à l'huissier d'agir : refus des magistrats.

De guerre lasse, le ministre, pour se soustraire à la poursuite que je lui prépare, me fait réexpédier mon ballot de Mémoires : plus de corps de délit, pense-t-il, l'assignation tombe.

On n'avait pas plus envie de plaider sur cet incident que sur le fond. Le 5 novembre, je reçois mon ballot.

Aussitôt je dresse plainte de tout ce qui s'est passé et je l'adresse au procureur impérial de la Seine ; tout cela parfaitement en règle, et aux termes des Codes de *procédure*, d'instruction criminelle et pénal. En même temps, requête au président de la Cour, fortement et juridiquement motivée, déclarant que je tiens pour non avenu tout ce qui se fera en mon absence, et demandant sursis jusqu'à ce que j'aie obtenu satisfaction pour mon Mémoire.

La chose en est là. On n'a pas encore appelé la cause ; aussitôt que la Cour aura passé outre, si elle passe outre, je publie mes pièces et je commence à faire feu d'une autre batterie.

Entre temps, j'ai fait connaissance avec la Belgique que j'ai un peu visitée; j'ai formé quelques relations, j'ai préparé quelques travaux; je crois qu'avec le public extra-français, je pourrai subsister de ma plume ; en tout cas, j'ai trouvé ici un libraire qui consent, comme faisait Garnier, à m'ouvrir un compte courant de 200 francs par mois. — J'attends ma femme et mes enfants après-demain; nous avons vendu le mobilier de la rue d'Enfer et remis l'appartement, et nous allons faire peau neuve sur terre libre.

Outre mon Mémoire, j'ai publié dans un journal belge deux longs articles sur la *Propriété littéraire*, et n'ai pas peu contribué à la décision prise par le Congrès, contrairement à ce que demandaient Lamartine, Jules Simon, etc. Ces articles m'ont conquis ici beaucoup de sympathies, malheureusement la police française n'en permet pas l'introduction.

Qu'est-ce que la Belgique, me direz vous?

Un petit État monarchique constitutionnel, divisé en bourgeoisie et plèbe ouvrière, avec quelques restes de noblesse et un clergé remuant, à peu près comme la France était sous Charles X et Louis-Philippe.

Deux différences à noter seulement au point de vue politique : 1º Sa Majesté Léopold comprend beaucoup mieux son métier que n'ont fait nos rois; il a rendu des services au pays, et, en général, il est bien vu; 2º ce néanmoins, le zèle monarchique est très-faible en Belgique, où les institutions communales sont plus developpées et plus enracinées qu'en France.

A cela près, les choses vont exactement le même train qu'elles allaient chez nous; le Parlement est di-

visé en deux grandes fractions : catholiques-conser-
vateurs et libéraux; ces derniers subdivisés en *vieux et
jeunes*. Les vieux sont la reproduction de la nuance
Molé, Thiers, Guizot; les jeunes représentent O. Barrot,
en tournant au Ledru-Rollin, voire même à la République sociale.

Du reste, tous les vices qu'on reproche à ces gouvernements : amour de l'arbitraire, du faste, corruption dans la bourgeoisie et misère croissante dans la
masse. En résumé, la Belgique marche à une crise
analogue à celle de février ; alors si le parti jeune n'est
pas assez fort et éclairé et appuyé du dehors, il y aura
réaction violente de la part du parti catholique uni au
vieux libéralisme; le pouvoir, de parlementaire deviendra despotique, et si la plèbe devient menaçante,
intervention du dehors.

Le public n'y voit goutte et se croit naïvement supérieur à notre nation dont il proclame la décadence ; les
hommes éclairés que je fréquente conviennent tous de
la position.

Vous venez d'avoir la condamnation de M. le comte
de Montalembert à six mois de prison et 3,000 francs
d'amende. J'ai lu sa brochure ; elle est, en effet, passablement venimeuse; je me suis réjoui, en la lisant, de
voir la réaction française si bien battue par ses propres
armes. Chaudey m'écrit à propos du procès : « *J'étais
aux débats; l'affaire a été chaude. M. le comte a été aussi
malmené que vous l'avez été, et le grand Berryer aussi
malmené que je l'ai été.* » Six mois de prison et 3,000 fr.
pour une première fois, c'est autant que *trois ans* et
4,000 francs pour un récidiviste. Nous avons eu ici une
analyse des défenses; elles sont ce que vous pouvez
prévoir, des lieux-communs, un plaidoyer des atté-

nuantes. Moi, du moins, je n'ai pas louvoyé, ni dans ma défense orale, ni dans ma défense écrite ; j'ai soutenu que j'avais le *droit d'écrire tout ce que j'ai écrit, et comme je l'ai écrit*. Aussi l'effet de mon Mémoire est foudroyant. Tôt ou tard vous le lirez, mais vous saurez que les gens qui font métier de passer cette sorte de contrebande sont envoyés à Cayenne.

Ainsi, à travers le silence impérial, les choses marchent ; voilà, de fait, légitimistes, orléanistes, républicains, socialistes, en deux mots, conservateurs et radicaux, également frappés et réunis dans une hostilité commune contre l'Empire.

Le temps, l'impatience, la raison, rendent le rapprochement de plus en plus intime, le moment est facile à prévoir où l'Empire, n'ayant plus de partisans que sa garde, ses jésuites et ses agioteurs, ses prostituées et quelques fonctionnaires, le gouvernement de Sa Majesté sera en guerre ouverte avec le pays.

Je compte profiter de ma position pour aider au rapprochement des vieux partis, faire entendre un peu raison aux uns et aux autres, arracher à la bourgeoisie quelques concessions, obtenir des rouges un peu de calme, toute chose que ma position me permet de faire mieux qu'un autre aujourd'hui.

Des bruits de guerre circulent ; j'ai sur ma table une brochure, publiée à Marseille, demandant à grands cris la guerre aux Anglais. C'est une réponse à la brochure de Montalembert, en même temps qu'un ballon d'essai.

Il y a quatre jours, la *Presse* poussait à la guerre contre l'Autriche. Autre ballon d'essai. La *Presse*, c'est la saint-simonerie agioteuse et complaisante qui ne me pardonne pas mes coups de trique et me mord les jambes chaque fois qu'elle en trouve l'occasion, surtout depuis que je ne suis plus là. — Attendez un peu, vous la verrez hurler.

Mais je crois que Napoléon III ne peut plus normalement faire la guerre. *Sa mesure est prise*, les gouvernements de l'Europe s'en méfient tous, et l'on dirait qu'il y a accord pour lui ôter tous les prétextes L'affaire du *Regina cœli* a été arrangée comme l'empereur l'a voulu; on parle d'une expédition en commun des flottes anglo-française vers l'Amérique centrale. Mais l'opinion en Angleterre est nettement hostile, le *Times* fulmine sans cesse, le gouvernement anglais arme ses côtes, l'Autriche, la Confédération germanique et la Prusse sont unies par une chaîne indissoluble, l'Angleterre soudée à la Prusse et à l'Autriche, les petits États, Belgique, Suisse, Piémont, etc., ne nous aiment point. Bref, en réalité, la France impériale est seule, et un conflit aboutirait selon toute apparence à une coalition générale et à un deuxième Waterloo.

Cependant, comment tenir dans cette situation? Là est le *hic*. Mais il ne me paraît pas possible que le *statu quo* se prolonge encore cinq ans.

Assez pour une fois. Si vous tenez, cher ami, à ce que je vous donne quelquefois de mes nouvelles, il faut que vous preniez la peine de me stimuler un peu ; j'ai de la besogne par-dessus les yeux, et quarante lettres sur ma table qui attendent réponse.

Vous pouvez m'écrire à l'adresse suivante : M. Proudhon, faubourg d'Ixelles, rue du Conseil, 8, à Bruxelles.

Bien des amitiés à M. Marcelin. Si vous écrivez au châtelain, dites-lui que je l'aime et que je le prie d'excuser mon silence.

A vous tout entier, cher ami.

P.-J. PROUDHON.

Bruxelles, 3 décembre 1858.

A M. CHARLES BESLAY

Mon cher ami, mon monde est arrivé en bon état mardi à midi. Le premier jour et la première nuit, mes femmes ont dû accepter l'hospitalité de M. Delhasse; des formalités innombrables ne m'ayant pas permis, comme je l'espérais, d'emménager plus tôt le mobilier venu par le chemin de fer. Hier soir jeudi seulement ma femme est venue *rue du Conseil*, 8, *à Ixelles*, faire son lit et celui des enfants, et nous avons fait l'étrenne de l'appartement.

Aujourd'hui notre ménage est un vrai capharnaüm. Nous allons acheter quelques armoires indispensables pour établir l'ordre, et dès lundi au plus tard je reprendrai mon train de vie habituel.

Il était temps, je flânais et ne travaillais plus. Et pourtant j'ai de la besogne par-dessus les yeux, et de bonne....

Je ne vous remercie plus, cher ami, car avec vous je ne puis plus compter. Mais on me dit, d'un côté, que vous entrevoyez la possibilité de faire le voyage de Bruxelles; d'autre part, que mon vieil ami, le docteur Maguet, pourrait bien venir jusqu'à la maison. Quelle chance! si vous nous arriviez tous les deux! Quel bonheur de pendre la crémaillère, avec Madier-Montjau, mon voisin, et Buvignier !

Dites-moi si vous pensez pouvoir venir, car nous ajournerons la cérémonie. Nous avons du vin et des pommes de terre ! Que pouvez-vous souhaiter de mieux ?

Ma femme, étourdie par le nombre des personnes qui sont venues lui faire la conduite, ne sait plus quelle somme elle a reçue de vous, et ce que vous avez payé pour elle. Elle me charge de vous le demander. Je trouve qu'elle a apporté beaucoup plus d'argent qu'il ne convient à de petites gens comme nous, et puisque les nécessiteux ne manquent pas et que vous avez tant à faire, je tiens à ce que vous soyez remboursé au plus tôt.

Faites traite sur moi, ou dites si vous préférez un autre mode.

— Voilà Montalembert gracié en souvenir du 2 Décembre !... J'avoue que si je devais recueillir un jour le bénéfice de quelque amnistie, j'aimerais mieux qu'elle m'arrivât le 2 novembre (jour des trépassés) que le 2 décembre. Mais l'amnistie avec la grâce m'arrivât-elle, je suis décidé à ne rentrer à Paris qu'avec mon livre et la liberté de la presse. Qu'irai-je faire sans cela ? Servir de compère à la réaction impériale. Non, non, je suis à Bruxelles, j'y reste. Comme me le dit un ami, je tâcherai de compenser par l'énergie et la profondeur des pensées ce qui me manquera du côté de la publicité.

A vous de cœur, et à bientôt de vos nouvelles.

P.-J. PROUDHON.

Bruxelles, 5 décembre 1858.

A M. LE DOCTEUR CRETIN

Mon cher docteur, je vous écris au milieu d'un tohu-
bohu épouvantable ; tous mes bouquins en tas, mes
paperasses pêle-mêle, et le menuisier, et les enfants,
et la mère, et le tapage ! Il faut, je crois, de temps en
temps de ces renouvellements qui donnent une secousse
à l'esprit et le rafraîchissent, comme les purgatifs rafraîchissent le corps, si l'on en croit vos anciens en
médecine, les allopathes.

Votre avant-dernière, de huit pages, est dans un paquet que je n'ai pas le courage d'ouvrir ; c'est pourquoi
je me contente de répondre à votre lettre du 25 novembre, que j'ai sous les yeux. J'ai ressenti bien vivement tout ce que vous m'avez dit de la situation du corps
medical ; j'ai lu avec tristesse les deux petits imprimés
que vous m'avez fait tenir à ce sujet ; et dernièrement,
ayant à répondre à un de nos compatriotes, médecin
aussi, le docteur Panet, qui, désespéré, se proposait
d'aller en Égypte et me demandait quelques recommandations, je me souviens que je lui écrivis sous l'impression de toutes ces lectures, et que je lui dis précisément ce que je vous aurais dit à vous même. Il faut

croire que l'effet de ma lettre fut puissant : le pauvre
docteur me répondait, il y a trois jours, qu'il renonçait
à l'Égypte et provisoirement à la médecine, et qu'il se
résignait à chercher un autre emploi de ses facultés !...

Voilà ce qui arrive, cher ami, sous le contre-coup de
vos observations, à un de vos confrères, compatriotes,
ami, coreligionnaire politique, revenu du Locle, où
l'avait placé le 2 *Décembre*, et qui, de retour à Paris,
n'avait pu parvenir à se reformer la clientèle qu'il avait
acquise autrefois. Quel monde ! On va au collége, on
se donne une instruction littéraire et scientifique, on
apprend du droit, de la médecine, des mathématiques,
on se fait recevoir ingénieur, on prend des diplômes ;
et quand tout cela est fait, on tombe dans ce pêle-mêle
où l'on exerce alors la fonction que le souverain maître
de l'époque, le hasard, vous assigne.

Versigny, avocat, après avoir été journaliste est devenu secrétaire d'une compagnie de chemin de fer suisse ;
vous, médecin, vous avez été sténographe ; le malheureux Boutteville, après avoir été professeur, poursuivi
par la jésuitière, ne trouve plus de leçons particulières
ni pour lui ni pour ses filles, et songe à quitter la
France ; Darimon est député ; j'ai été compositeur d'imprimerie ; le docteur Panet se fera un de ces matins
courtier marron ou commis voyageur. Voilà le gâchis
où nous jettent les amis de l'*ordre*. Est-ce assez bête ?

. Vous accordez beaucoup trop d'importance à mes
deux articles sur la *propriété littéraire*, dont vos préoccupations particulières ne vous ont pas permis d'apercevoir les défauts. Je vais les refondre en un opuscule
que je signerai ; j'attends pour cela une occasion favorable, la discussion qui doit avoir lieu devant les Cham-
bres de Belgique ; les Malthusiens du pays ne revien-

nent pas de l'effet inopinément produit par ces deux articles, on accuse le Congrès d'avoir été communiste, anarchiste, *proudhonnien;* et on crie qu'il n'y a plus qu'à déclarer avec moi que *la propriété* c'est *le vol*, et autres inepties de même force. Et cependant M. de Lamartine, sachant ma présence ici, avait écrit long-temps d'avance, tout exprès pour prémunir le congrès contre les *sophistes* ennemis de la propriété; et M. Jules Simon, dans un discours d'ailleurs plein de verve, avait répété la même antienne; maintenant ce sont MM. Jobard et de Molinari, qui, chacun dans un petit journal, travaillent à prendre une revanche devant le Parle-ment. Nous verrons bientôt. Mais ne trouvez-vous pas curieux que la Révolution sociale vienne remporter à l'improviste sa première victoire dans le pays le plus conservateur qui soit au monde, la pacifique et bour-geoise Belgique?... Tant il est vrai, mon cher ami, que l'à propos tient une grande place dans les œuvres de l'esprit, et que les trois quarts du succès d'un écrivain sont le fait de la conscience publique.

Oui, mon cher ami, je vous le dis sans fausse mo-destie, mais avec une pleine conviction, la gloire d'un auteur tient surtout à ce qu'il est un *écho*. S'il veut être davantage, il tombe dans la *science;* alors il peut être titré comme initiateur, professeur; mais il ne produit plus ces effets puissants qui sont l'apanage des ora-teurs, des poètes, et quelquefois des journalistes. Par la même raison, l'opinion que le lecteur se fait d'un écrit tient à ses dispositions mentales, beaucoup plus qu'à la valeur intrinsèque de l'œuvre, et c'est pourquoi le jugement des contemporains est insuffisant; il faut celui de la postérité.

C'est par toutes ces raisons que je me permettrai en

ce moment de ne pas partager votre avis, ni sur mes deux articles, ni sur mon Mémoire, non que je regarde ces opuscules comme des chefs-d'œuvre, il s'en faut bien, mais vous ne saisissez pas la pensée de l'auteur.

Pour les deux articles, je les ai faits au rebours de ce que vous croyez, avec une contrainte extrême, craignant plus à cette heure de mécontenter le gouvernement belge que je n'ai jamais fait pour le gouvernement impérial; en second lieu, je les ai écrits terre-à-terre, avec négligence, et cela pour plusieurs motifs : je voulais tâter mon public belge, très-peu ami des théories, et à qui cependant il fallait faire accepter une théorie des plus élevées; en second lieu, je me proposais de commencer mon œuvre d'*application;* considérant tout ce que j'ai fait jusqu'à ce jour, partie comme critique pure, partie comme position de principes. Or, l'application ne comporte plus la même forme littéraire que la théorie ni la critique; — enfin, je songeais plus à battre l'ennemi et à obtenir un petit succès parlementaire qu'à faire œuvre de marque et de durée.

Vous, vous m'avez vu dans des dispositions tout à fait spéciales, et qui vous ont fait découvrir dans mes articles des choses cachées au vulgaire et que je révélerai plus tard; c'est pour cela que vous y avez trouvé, pour le fond et pour la forme, un mérite qui véritablement n'y est pas, du moins pas à un degré aussi élevé qu'il vous semble.

Quant à mon Mémoire, vous vous trompez encore si vous croyez que je l'ai fait dans l'espoir d'un succès judiciaire. Je l'ai fait pour les *légistes* de l'étranger à qui je tenais à prouver que j'ai été condamné, non pas en vertu des lois, mais contre les lois, et à révéler l'abîme juridique où est tombé l'Eglise en France depuis la Révolution. Ici, je n'ai éprouvé aucune contrainte; j'ai fait ce que j'ai voulu; et je crois que j'ai atteint mon but. En Belgique, en Suisse, en Piémont, j'ai convaincu mon jury; j'ai opéré des conversions subites, incroyables; bref, je crois avoir pris une position telle que je puis, à la rigueur, me faire une carrière toute nouvelle dans ces États et me passer de la France. Rien de semblable ne pouvait avoir lieu en 1849 quand je vins à Liége; maintenant le monde a marché; encore un peu et partout l'on m'acceptera. Voilà, mon cher docteur, ce que vous ne voyez pas et que vous pouvez à peine sentir; vous avez encore l'impression toute vive de nos lettres de 1848-49; vous cherchez votre chef de file de ce temps-là, et vous ne le trouvez plus. Il s'est mis au diapason du temps, parce qu'après avoir émerveillé le prolétaire, il lui fallait conquérir le bourgeois.

Ne craigniez pas que je retourne en France, même gracié et amnistié, avec remise de prison et d'amende, comme M. le comte de Montalembert. Je ne rentre qu'avec mon *livre* et la *liberté de la presse*. Sinon, non. La Belgique et l'Europe me suffisent. Dès avant la publication de mon livre, je m'étais fait ce plan; les observations recueillies depuis quatre mois et demi sur les lieux m'ont prouvé que mon plan était juste.

Je pose donc la plume du tribun; je ne suis plus qu'un philosophe cosmopolite et un vulgarisateur. Je suis professeur de philosophie appliquée, voilà mon titre. C'est avec cela que je vous reviendrai un jour, et je ne crois pas que cela tarde bien des années. Les affaires marchent trop bien, à mon avis, pour que je finisse, comme Dante, ma carrière dans l'exil.

Savez-vous que j'ai voulu assigner le ministre pour

obtenir, par autorité de justice, l'introduction de mon
Mémoire ; que je n'ai pu trouver ni huissier, ni juge ;
que pour esquiver un procès on m'a réexpédié mon
ballot ; que j'ai adressé plainte du tout au Procureur
impérial, puis requête au Président 'pour proteste.
contre tout ce qui serait fait, et que l'affaire en est là ?
J'attends que l'on confirme le défaut pour publier mes
deux pièces. Je combats pour le droit, cher ami, non
pour le salut : pour le droit, je me fais plaideur, procureur, huissier, je menace le ministre, et jusqu'à la
Cour, et je tiens en respect ce monde avec un bout de
considérant motivé sur un bout d'article de loi. Le public y verra clair à la fin et me rendra justice ; pour
le moment, il n'y a que les habitués qui me comprennent.

Je sais que peu d'exemplaires de mes publications
passeront la frontière ; mais je ne spécule pas sur l'action qu'elles peuvent produire en France ; d'ailleurs,
comme vous le dites, nous compenserons par le choix
la multitude. L'argent viendra moins vite, l'effet
restera le même. Puis, n'oubliez pas que le jour où
l'on apprendra en France que j'ai acquis autorité
et action à l'étranger, le mouvement des esprits se
dirigera de nouveau de mon côté ; j'ose même dire que
le seul moyen pour un expatrié de se faire désirer dans
son pays, c'est de faire parler de lui au dehors. Je
commence à être connu en France ; pour l'influence que
j'y exercerai il faut revenir de plus loin.

J'ai vu avec grand plaisir la condamnation de M. le
comte de Montalembert ; il est temps que la réaction
soit flagellée par ses propres verges ; — j'ai bien ri de
la grâce qu'on lui a faite *à l'occasion de l'anniversaire
du 2 Décembre*. Quoi que dise M. le comte, desireux de

la renommée et du martyre, il ne peut renier comme sienne cette illustre date, et quand on le gracie en commémoration du coup de main qui inaugura le régime actuel, il n'a pas le droit de se trouver injurié ; il ne peut que baisser la tête.

En attendant, la réaction se refaisant opposition par Montalembert, Berryer, Dufaure, Thiers, Villemain, et *tutti quanti*, recule donc ; et l'Empire, graciant Montalembert, craignant les procès, blâmant la traite déguisée des nègres, protestant sans cesse de son amour pour la paix, l'Empire recule aussi. Tout recule, nous seuls avançons ; je le vois, je le comprends mieux que personne. Nous n'avons plus qu'à aider au mouvement, et je serai bien malheureux ou bien maladroit si je n'y contribue en quelque chose.

Continuez, je vous en prie, cher ami, à m'écrire. Si vous le pouvez, voyez quelquefois nos deux amis M. B*** et papa G***, que j'établis mes deux chefs de correspondance ; cela me dispenserait d'écrire autant, une seule lettre pouvant à l'occasion servir pour plusieurs. Gardez seulement pour vous ce que je vous dis ici ; il est bien que peu de gens soient instruits de mes relations.

Ma femme et mes filles vous embrassent de tout cœur. ainsi que votre père et Mlle Cretin. Si j'étais quelquefois négligent à vous répondre, plaignez-vous à ma femme, elle aura soin de vos intérêts. On vous aime par ici, et l'on ne souffrira pas que je laisse dormir l'amitié.

J'ai reçu une lettre de Guillemin ; je lui écrirai sous peu.

A vous.

P.-.J PROUDHON.

Bruxelles, 5 décembre 1858.

A M. ET Mme WOHLGEMUTH

Chers neveu et nièce, ma femme, mes filles et moi
nous venons vous souhaiter un petit bonjour. Le voyage
s'est bien passé ; le premier jour, mes trois femmes
ont reçu l'hospitalité d'un mien ami de Belgique,
M. Delhasse. et le lendemain votre tante est allée chez
elle faire son lit. celui des enfants, allumer son poële,
et nous avons fait notre premier repas à la maison. Déjà
Euphrasie a acheté à Bruxelles quelques meubles,
mais elle dit pis que pendre de ceux que j'ai achetés
moi-même. Un homme peut-il rien faire au gré d'une
femme en matière de ménage? Il est vrai que nous
sommes dans un capharnaüm dix fois plus affreux que
celui où je vous surpris un jour rue de l'Estrapade, et
votre tante est faite comme était Clarisse, mais avec
dix-huit ou vingt ans de plus, et par conséquent les
grâces de moins. Jugez de l'humeur ? Aussi je me sauve
dans mon atelier parmi mes bouquins en tas et mes
abominables paperasses.

J'ai appris, chers neveu et nièce, avec un vrai plaisir,
l'intéressante position de Clarisse. Embellie, rajeunie,
criait sa tante, et heureuse! Cela n'arrive qu'aux bonnes

filles comme Clarisse, et ce sera bien pis quand elle aura son petit dans les bras. Ah ! mon cher Wohlgemuth, si votre femme le peut sans compromettre sa santé, gardez-vous de confier votre enfant à un sein étranger et à des soins mercenaires. Si j'en crois ma femme, vous convenez aujourd'hui de bonne grâce que le célibat est absurde pour un homme bien né ; j'ai partagé autrefois vos appréhensions à ce sujet, et je puis vous dire, comme votre ancien en fait de mariage, que le meilleur vous n'y êtes pas encore. Le plaisir de voir une jeune femme à soi, nourrissant un enfant de soi, efface toutes les peines de la vie et vaut tous les sacrifices.

Mais je prêche qui m'en remontrerait sur le devoir conjugal. Ne voyez donc, je vous en prie, dans mes paroles que la part que je prends à votre félicité, et la reconnaissance que je vous garde pour les bons offices dont vous avez comblé ma femme et mes enfants.

Embrassez pour moi votre beau-père Michaud et votre mère Élisa. Elle doit être heureuse aussi. Dites-leur que je les aime.

Je vous serre la main bien cordialement, mon cher Wohlgemuth, et j'embrasse sur les deux joues ma bonne Clarisse.

Votre fidèle et ami.

P.-J. PROUDHON.

Bruxelles, 5 décembre 1858.

A M. GOUVERNET

Mon cher ami, nous sommes dans un désarroi, dans
un capharnaüm abominable, que vous devinez sans
peine, et qui vous explique pourquoi je ne vous ai pas
écrit depuis quelque temps.

Du 25 novembre au 1ᵉʳ décembre, j'ai passé le temps
en courses et formalités à remplir ; tant pour mon
emménagement que pour la décharge des droits de
douane sur mon pauvre mobilier ; mercredi, 1ᵉʳ décembre, arrivée de mes femmes en bon état, sauf
l'extinction de voix qui n'a disparu qu'hier ; jeudi,
emménagement à la rue du Conseil ; vendredi et samedi,
acquisition de quelques meubles de première necessité,
ouverture des sacs et caisses et commencement de mise
en place. Tous mes bouquins en tas, mes paperasses
pêle-mêle ; *anarchie* complète. J'ai de quoi être content.

Le premier jour, mon monde a été hébergé chez notre
nouvel ami M. Delhasse, sans cela il eût fallu aller à
l'auberge. Dans huit jours, nous serons à peu près en
ordre. Au total, ma femme n'est nullement effrayée de
son changement de domicile ; la ville, le faubourg,

l'appartement lui plaisent; mais elle me casse la tête du lit et de la commode qu'elle a laissés rue d'Enfer. Le fait est qu'ils valent mieux que tout ce que nous avons ici au même prix. Enfin, on s'accoutumera à ce changement, d'autant mieux que si nous n'avons pas de luxe, nous avons du propre; en fait de mobilier, je crains le vieux, j'ai horreur du graillon humain, cela me rappelle les murailles de prison et la pourriture d'hôpital. Demain lundi, je conduirai mes deux filles à une bonne école, tout près de la maison, où l'enseignement est fort soigné, avec jardin, gymnastique et affranchissement complet de toute influence cléricale. C'est ce qu'on nomme *institution des* PÈRES DE FAMILLE. Vous voyez qu'en Belgique la famille se sépare et se déclare insolidaire de la religion. Une journée de menuisier pour placer nos glaces et me faire quelques rayons, et me voilà installé, prêt pour le travail et tout disposé à la lutte.

Maintenant, mon cher ami, il ne faut pas que nos relations se ralentissent parce que je n'ai plus rien rue d'Enfer. Je compte sur vous au contraire, en même temps que sur l'ami B*** *, pour me servir de CENTRE de correspondance. Cela se fera selon la mesure que vous-même donnerez, avec discrétion et prudence, et sans trop d'ennui pour vous.

Tantôt vous userez directement de la poste, tantôt vous passerez par les adresses que vous avez déjà et les occasions que je vous ménagerai ou que vous rencontrerez vous-même. Le port d'une lettre ordinaire coûtant 40 centimes ne laisse pas que de devenir fort onéreux; pour ma part, j'ai plus dépensé depuis quatre mois en ports de lettres qu'un autre en café et en cigares.

Je tiens à ne vous pas être à charge : une lettre, deux

au plus par la poste et par mois, c'est tout ce que je vous demande.

Pour le quart d'heure, rien à vous mander d'intéressant. Depuis huit jours je ne suis plus à l'étude ni aux choses publiques. J'ai su le procès, la défense, la condamnation et la grâce de M. de Montalembert. Le tout m'a fait plaisir.

Il est bien que le monde voie la réaction frappée par elle-même et avec ses propres verges; les sauvés en guerre avec le Sauveur, un des princes de l'Église protestant contre l'organe des Jésuites, et la vieille bourgeoisie, représentée par ses notabilités, se rangeant au tribunal du côté de l'inculpé contre le ministère public impérial. La dislocation marche. Quant à la grâce, je trouve que l'à propos du 2 décembre ne manque pas d'esprit. Quoique dise M. le comte, il a applaudi au 2 *Décembre* contre lequel il déclame aujourd'hui, il l'a préparé, il n'a pas le droit de lui dire, comme il a fait dans sa lettre à l'archevêque : *Je regarderai toute grâce me venant de vous comme une injure personnelle.* M. de Montalembert, justement condamné par le régime de son choix, est encore plus justement gracié par ce même régime, s'il y a injure, il l'a méritée et il en est responsable!...

Quant aux rumeurs belliqueuses qu'on fait circuler et qui émanent surtout du Palais-Royal, je ne crois pas qu'elles aboutissent et je regarde les idées du Prince Napoléon comme de pures illusions. Oui, l'Empire a besoin de distraire le pays par la guerre; mais l'Europe entière y répugne; mais les vieux partis, qui voient la situation, sont tous d'accord pour réprouver toute tentative de guerre comme un attentat, et la diplomatie est admirablement dirigée en ce sens. Vous avez vu

l'affaire du *Regina Cœli*, venue à la suite d'une autre du
même genre, et où l'empereur, après avoir obtenu tout
ce qu'il voulait, a conclu par un désaveu et une reculade. Vous venez de lire les protestations de paix du
Constitutionnel; d'autres faits encore montrent, selon
moi, que la guerre est chose à peu près impossible. Il
faut pour cela des causes, des prétextes, l'opinion, des
alliances, etc., et tout cela manque. Paris est le siége
d'un Congrès européen en permanence, où tout se passe
avec la plus grande déférence pour la dynastie impériale. Quo faire? En attendant, on arme partout sur
mer et sur terre. Toute l'Allemagne, Prusse, Autriche
et Confédération germanique est unie; l'Angleterre est
alliée de la Prusse et de l'Autriche; la Russie est
occupée de ses serfs. La France ne représente pas pour
le moment la liberté, elle représente le catholicisme,
le papisme, le droit divin, le vieux régime. Aussi les
petits États lui sont à leur tour hostiles ; l'Empire n'a
pas d'antipathies plus profondes qu'en Belgique, en
Piémont, en Suisse. La guerre avec l'Angleterre est
impraticable; avec le Corps germanique, elle le paraîtra
encore davantage. Pour celle-ci, il ne faudrait pas
moins de trois grandes armées de 200,000 hommes
chacune : une armée d'Italie, une armée de Belgique,
et une armée de réserve. Essayez donc une pareille
tragédie !

L'Empire c'est la paix ! Napoléon croyait mentir en
prononçant ce mot; il a dit une vérité fatale qui le
tue. L'Empire est englué dans la paix; il cuit dans son
jus; il n'y a qu'à entretenir la situation pour mener les
choses à bien, c'est-à-dire pour débarrasser le monde
de cette tradition soldatesque, et c'est à quoi tout con-
court avec une intelligence admirable. Si l'empereu

garde le *statu quo*, il finit par un acte additionnel ; s'il fait la guerre, par un Waterloo. Voilà, pour le moment, le dilemme. Il y avait une autre issue, il l'a repoussée. Donc... C'est devant cette perspective que nous avons à nous diriger, nous autres socialistes ; la chose ne sera pas difficile.

L'année 58 est écoulée, 59 va être engagé dans une filière plus étroite encore ; l'empereur est épuisé, usé. Le cousin, reprenant la vieille politique de famille, montre de plus en plus la pensée napoléonienne, et dans six mois sera usé à son tour. Après?...

Ah ! si la démocratie, la vieille, avait eu l'intelligence qu'elle s'arroge ; si elle avait compris ses propres principes, quelle position ! mais elle cuit elle-même ; elle n'agit ni ne pense, préoccupée uniquement de l'embarras que lui créera la *sociale*. Eh bien, cher ami, la sociale va l'écarter simplement et prendre sa place. On verra bientôt. Il n'y a qu'à parler et dire en son nom *je suis*.

Je vous serre la main, cher ami, et attends de vos nouvelles. Prenez votre temps ; écrivez à loisir, avec la précision qui vous distingue. Cela vous servira de promenade.

Ma femme et mes filles vous embrassent.

Tout à vous,

P.-J. PROUDHON.

Bruxelles, 10 décembre 1858.

A M. CHARLES BESLAY

Mon cher ami, bonne note est prise de votre traite
de fr. 320 pour le 15 courant. Elle sera payée exacte-
tement.

Ma femme vous est bien reconnaissante de l'intérêt
que vous prenez à sa santé. Elle est arrivée à Bruxelles
un peu fatiguée et avec une extinction de voix totale ;
mais le visage assez bon. Dès le lendemain, elle s'est
mise à l'œuvre ; elle a acheté quelques meubles, procédé à l'emménagement de ses hardes, fait connaissance avec le boucher, le boulanger, le marchand de
bière, etc. Le surlendemain, la voix était revenue,
malheureusement elle devait payer le tribut ; elle a été
saisie d'un refroidissement, qui lui a valu un torticolis
atroce et un bon rhume que je partage, par sympathie
conjugale sans doute. Le fait est que me voilà fortement grippé.

Depuis hier, mes deux filles suivent l'école dite des
Pères de famille, méthode Froëbel. On en dit beaucoup
de bien. Le meilleur pour moi est que le clergé n'y
exerce aucune influence. Du reste, le bourgmestre

d'Ixelles a bien voulu recommander d'une façon toute spéciale mes enfants à la directrice.

Dans quinze jours, enfin, nous serons tout à fait rangés, moi dans mon laboratoire anarchique, ma femme dans son petit appartement, où elle se plairait fort si elle ne regrettait son lit et sa commode. Le lit surtout, un lit nuptial! L'avoir laissé à Paris à un jeune homme de vingt ans, quel sacrilége! J'ai déjà essuyé plus de reproches qu'il ne vaut ; mais qui diable se fût douté qu'il existât une religion du bois de lit? Les femmes ont toujours quelque religion à laquelle notre philosophie n'arrive point...

Orsini avait fait baisser l'empire d'un cran, le procès Montalembert le fait baisser d'un second. La protestation est bien accentuée : Thiers, O. Barrot, Villemain, Berryer, Dufaure, les chefs de la bourgeoisie conservatrice et monarchique, réunis contre le despotisme impérial. Le mot d'ordre est bien donné aussi. Montalembert n'a voulu faire qu'une chose dans sa brochure : exprimer le regret des *libertés* parlementaires et des vœux pour le maintien de l'alliance anglaise. M. le comte de Montalembert a combattu toute sa vie pour la liberté, en 1825, en 1831, en 1846, en 1848 et 1849, même après le coup d'État, quand il applaudissait à l'acte du Président !... M. de Montalembert est un *catholique libéral*, liberté par-ci, liberté par-là ! Quant à l'alliance anglaise, qui commence à peser à l'Empire, elle signifie pour ces messieurs le *statu quo* de paix, c'est-à-dire la mort inévitable de l'Empire.

A cette manifestation, les journaux anglais répondent par des hourrahs frénétiques ; puis, pour maintenir, avec l'*alliance anglaise* et la *liberté catholique*, un juste milieu salutaire, M. Dufaure déclare que les lois contre la presse, en 1848, n'ont été faites que pour la DÉFENSE du pays; et lord Normanby, de l'autre, faisant l'*Histoire de février*, donne le dernier coup à la sociale. Éliminer d'un seul coup l'Empire et le socialisme, c'est le plan. Eh bien ! soit. Laissons faire, laissons dire; que le vieux parti conservateur expédie Napoléon, puisque Napoléon n'a pas voulu servir la révolution; nous ne réclamerons pas. Mais le terrain est miné; et les Ratons qui tireront du feu cette châtaigne ne la mangeront pas seuls. La chute de l'Empire implique désormais, qu'on l'avoue ou qu'on le nie, l'avénement de la sociale.

Mon affaire ne vient toujours pas. Vont-ils la laisser en suspens ? ou bien a-t-on attendu que ma femme fût déménagée pour tirer de mon changement de domicile un argument contre moi ? Je n'y conçois plus rien. Si vous pouviez revoir M. Chaudey, à cet effet, et passer en même temps rue d'Enfer, 83, pour recommander au portier de recevoir en mon nom tout ce qui arrivera, ce serait peut-être une bonne précaution. Toujours est-il qu'à l'heure qu'il est je ne suis pas condamné, et qu'il est difficile de me condamner sans faire quelque éclat. Puis, qui sait si, en présence de la manifestation Montalembert et Cⁱᵉ, on ne regrette pas de m'avoir laissé le champ libre ?... Tâchez donc, s. v. p., d'approfondir ces mystères.

Que signifie ce mot de votre avant-dernière : que si je ne me trouvais pas bien à Bruxelles, j'aurais une place toute trouvée à Turin ?

E. Ollivier va plaider, je crois, justement contre Chaudey, qui déjà fait son profit de mes articles sur la *propriété littéraire*. Il serait curieux que les deux avocats en vinssent à se prévaloir de mon opinion. Mais je crois qu'Ollivier se propose de la combattre. Quoi qu'il

en soit, je prépare une réimpression de mes deux
articles, ou pour mieux dire une refonte, dans laquelle
je prendrai la chose tout à fait de haut et répondrai à
toutes les objections.

Voici un billet qui n'a rien d'urgent et qui vous
donnera l'occasion d'entrer en passant au bureau de
notre ami Massol, à qui je demande quelques renseigne-
gnements.

Vous lui serrerez la main pour moi.

A vous de cœur.

P.-J. PROUDHON.

Bruxelles, 15 décembre 1858.

A M. MAURICE

Mon cher Maurice, j'ai reçu en son temps votre lettre du 6 novembre, il y a par conséquent près de six semaines.

Voici, depuis, ce qui m'est arrivé.

J'ai dû, tout en reprenant peu à peu le cours de mes études, et je pourrai bientôt dire de mes publications, m'occuper de chercher un logement et de préparer un mobilier, ma femme et mes enfants devant bientôt me rejoindre. Celle-ci, de son côté, a dû remettre son appartement de la rue d'Enfer et vendre la plus grande part de ses meubles, puis emballer le reste, ce qui n'a pas laissé que de demander bien du temps et d'exténuer la malheureuse.

Enfin, tout s'est fait avantageusement ; notre appartement a été repris le jour même où ma femme en est sortie ; ses meubles ont été vendus fort cher, et elle, ainsi que ses enfants, me sont arrivés en bonne santé le 1er décembre. Un de mes amis de Belgique, républicain socialiste autant que moi, et jouissant de 40,000 livres de rente, a hébergé ma nichée pendant les premières vingt-quatre heures ; puis, dès le lendemain, ma femme et moi nous avons procédé au nouvel emménagement, qui, à l'heure où je vous écris, n'est pas entièrement terminé. Comme étranger, j'ai eu bien des démarches à faire aux différentes municipalités, puis à la douane, etc., pour le transport de mon bagage et les droits à payer, ou plutôt à ne pas payer. Il nous restait à Paris environ deux cents bouteilles de vin que nous avons fait venir, et nous avons bien fait : nous l'eussions payé le double en le prenant à Bruxelles.

Enfin, nous voilà installés ; je travaille à peu près comme si de rien n'était, et bien que mon émigration me coûte, tout compté, un millier de francs, je me trouve au total, et ce qui vous surprendra peut-être, en meilleure position que je n'ai jamais été. Comment cela ? Je ne désespère pas, malgré votre incrédulité, de vous le faire comprendre.

Sans doute mon ouvrage ne m'a pas produit ce que j'en espérais, puisqu'il est saisi ; Garnier, qui me l'eût acheté peut-être, pour dix ans, 60 à 80,000 francs, ne m'en offrirait pas un sou pour le quart d'heure. Mais ce livre a mis le sceau à ma réputation ; j'ose dire que son succès grandit tous les jours ; avec le temps, le gouvernement français sera obligé de le souffrir et de me laisser rentrer moi-même, avec armes et bagages, je veux dire avec pleine liberté d'écrire. En attendant, je recueille le bénéfice de cette publication en considération, crédit et influence. Un libraire de Bruxelles consent à m'ouvrir, comme faisait Garnier, un compte courant en échange de tout ce que je pourrai lui livrer de manuscrit ; c'est-à-dire que nous formons une espèce de participation, dont la condition principale est que je prélève, comme avances, ce qui est nécessaire à mes besoins. Du côté de France, j'ai plus de sympathies

que jamais, jusque dans les rangs bourgeois; des
hommes considérables du parti orléaniste prennent ma
défense, et l'ennui du despotisme aidant, on n'est pas
loin de penser que conservateurs et radicaux pourraient fort bien finir par s'entendre, qu'il y a à cet
égard à tenter quelque chose. Tandis que le gouvernement impérial, poussé par sa sottise et les jésuites,
dépasse le but et force la mesure, la réflexion vient
aux autres, et l'on s'occupe dans les deux camps
extrêmes des concessions à s'accorder mutuellement et
des moyens à prendre pour se délivrer de cette servitude. Je vois cela d'ici; je le sais; et, comme bien vous
pensez, tout en encourageant ces dispositions, je songe
à prendre aussi mes garanties. L'appui, les adhésions,
peut-être les secours ne manqueront pas; encore une
fois, je n'ai jamais eu la partie plus belle. Je ne saurais
vous dire encore ce qui sortira de tout cela pour ma
fortune, mais, ce qui m'importe, le présent est assuré,
et l'avenir, au moins pour le nécessaire, à peu près garanti. Aussi n'ai-je jamais eu l'esprit plus calme : si
malheur m'arrive, je ferai double besogne, et de bonne.

Nous avons pris un tout petit logement, mais suffisant, dans le quartier le plus sain de Bruxelles : ce
logement nous coûte 31 francs par mois, soit 372 francs
par an. Le pain et les pommes de terre ne sont pas
chers; la bière brune, façon Strasbourg, 22 centimes
le litre. Nous ne buvons pas le *faro*. De temps en temps
un petit verre de vin : vous savez qu'en Belgique le vin
ne se boit que par petits verres. La viande, un peu
moins chère aussi qu'à Paris; la houille, 22 francs les
1,000 kilos rendue en cave. Le reste suit à peu près les
mêmes proportions; il faut dire seulement que, comme
la nation est moins industrieuse que la nôtre, bon

nombre d'articles, surtout de ceux qu'on appelle *de Paris*, sont beaucoup plus chers.— Notre mobilier, par exemple, est loin de valoir pour la qualité l'ancien, et ma femme ne cesse de pleurer son lit et sa commode.

J'ai mis, dès la première semaine, mes deux filles à l'école dite des *Pères de famille*. Elle passe pour excellente ; ce qui m'importe le plus, est que le clergé n'y exerce aucune influence.

Vous le voyez, mon cher Maurice, me voilà recasé, mais je n'entends pas que ce soit pour la vie. A présent que le *marché* français m'est à peu près interdit, je vais travailler à m'accréditer sur le marché étranger et à faire en sorte que mon action sur le pays que je quitte gagne en profondeur ce qu'elle perd en étendue. Je compte beaucoup moins qu'il y a un an réaliser une petite fortune : la publication de mon livre, dont je connaissais bien la valeur, était un coup de maître dont l'effet manqué (au point de vue de la librairie) ne se réparera jamais entièrement. Quant à mes travaux ultérieurs, je doute que la situation, du côté du public, leur soit jamais aussi favorable. Hors de France, en effet, mes ouvrages n'ont qu'une valeur vénale restreinte ; en France, si j'y rentre, comme je ne rentrerai qu'à la suite d'événements considérables, l'attention pourrait bien n'être plus aux écrivains.

Quoi qu'il en soit, je vais reprendre mon œuvre avec le même courage qu'auparavant et même avec plus de certitude encore. J'ai prévenu mon frère qu'il ne devait pas compter sur moi pour cette année, et le malheureux n'est pas à l'aise. Je suis obligé, mon cher Maurice, de me faire le même compliment, c'est-à-dire de ne pas compter non plus sur moi de quelque temps : heureusement que vous n'avez jamais trop compté sur

moi. Mais je n'en suis pas moins résolu à poursuivre de
plus belle l'affranchissement complet de mon frère et le
mien et à amasser une petite dot pour mes filles ; et
j'ose dire que rien ne m'empêche plus à cette heure d'y
parvenir. Tout ce que j'avais à dire au monde de plus
féroce est dit ; ma carrière de polémiste est terminée, et
Dieu merci, non sans honneur. Je n'ai plus qu'à développer et vulgariser des principes qui, je le crois, ne
pouvaient se dégager que par une longue et périlleuse
controverse, mais qui, une fois mis au jour, ne peuvent
rencontrer d'opposition chez personne. Enfin, chose que
vous ne pouvez apercevoir de la rue de la Lue, le
monde commence à se mouvoir dans mon orbite : je
serais bien malheureux ou bien maladroit si, quand
l'opinion publique commence à me sourire, je ne par-
venais pas à réaliser quelque peu de bien-être.

Mon procès n'est pas terminé, et je crois qu'il ne se
terminera pas. Mon Mémoire, dès son apparition, a été
consigné à la frontière, et les vingt-cinq exemplaires
que j'avais envoyés d'abord par la douane, retenus au
ministère. Là-dessus j'ai donné ordre d'assigner le ministre par-devant le tribunal : point d'huissier. J'ai
requis les présidents de donner ordre aux huissiers
d'agir : point de présidents. De guerre lasse, le ministre
m'a fait renvoyer, au bout de six semaines, mon ballot
de Mémoires, afin de faire tomber mon assignation : il
se prévalait d'une loi de 1810, au moyen de laquelle il
croyait pouvoir infirmer celle de 1819, en vertu de laquelle je publiais ma défense. Là-dessus, j'ai adressé
plainte au procureur impérial, et requête au président
de la Cour d'avoir à surseoir à l'appel de ma cause
jusqu'à ce que j'eusse obtenu satisfaction sur ce fait de
mon Mémoire. Maintenant on m'écrit que probablement

on laissera là mon procès ! Au fond, la position est inextricable pour le parquet, à moins de procéder par le pur arbitraire. Si le ministère public n'agit pas, j'aurai à voir si je dois le pousser ou accepter tacitement cette espèce de trêve, dont le résultat est que je ne suis pas plus condamné que vous, mais qui ne me rend pas mon ouvrage.

Garnier aîné est en prison, ou y entrera bientôt : c'est le jeune qu'on a vu à Genève.

Comme vous, je pense que Bruxelles est un centre de lumières et de commerce beaucoup meilleur pour moi que Genève; aussi je ne pense plus à en sortir. A ce propos, je vous dirai cependant qu'on me mande de Paris que je serais parfaitement accueilli à Turin, où des personnes d'importance désireraient que je fixasse mon séjour. Je suis trop vieux pour courir le monde, et me tiens où je suis. Je commence aussi à obtenir quelque succès en Angleterre, où il est question d'imprimer mon livre : mais ce pays est pour moi l'inconnu.

Il y a vingt-deux ou vingt-trois ans, mon cher Maurice, que je suis devenu votre associé; il y a vingt ans passés que j'ai été nommé pensionnaire Suard. C'est en 1840, au mois de juillet, que j'ai publié mon premier Mémoire sur la *Propriété*; c'est en février 1842, que j'ai eu mon premier procès. Depuis, vous m'avez suivi partout. Je n'ai cessé de travailler, de lutter; j'ai été nommé en 1848, représentant du peuple, et moins d'un an après j'entrai en prison. Aujourd'hui, me voilà banni volontaire : mais croyez-moi, le monde change. On ne supporte plus, de notre temps, la guerre aux idées ; et comme le personnel de la société se renouvelle sans cesse, comme les jeunes ne sentent ni ne pensent jamais ce qu'ont senti et pensé les anciens, il arrive que celui qui a été persécuté pour ses opinions finit par obtenir tolérance, et même si ces opinions ont de la vérité et de la valeur, qu'on lui donne gain de cause. C'est à peu près ce qui m'arrive, je dis *arrive*, car la chose n'est pas encore *arrivée* tout à fait, elle n'est qu'en voie d'accomplissement.

Pourquoi donc me lamenterais-je? Et pourquoi de votre côté désespéreriez-vous de moi?... Ayez confiance; rien n'est plus fort que l'idée, et je viens de remporter ici ma première victoire. Je vous en parlerai une autre fois.

Mes compliments affectueux, et ceux de ma femme à Mlle Laure.

Si vous rencontrez Plumey ou sa femme, dites-leur de ma part bien des choses; j'aime à me souvenir de mes vieilles connaissances.

Si vous pouviez aussi voir le vieux père Proudhon, et m'en dire des nouvelles, afin que je susse sur quel pied lui écrire, vous me feriez également un grand plaisir, ainsi qu'au vénérable vieillard qui vous aime et vous estime.

Inclus un mot pour Guillemin, que je vous demande pardon de placer sous votre pli; mais j'ai tant de lettres à affranchir que je suis forcé, par économie, d'utiliser mes amis, et de faire double emploi de mes timbres.

Je crois n'avoir plus besoin de protester avec vous, mon cher Maurice, de l'inviolabilité de mon affection; je suis sûr de la vôtre; je voudrais seulement vous inspirer moins de pitié et d'impatience.

Cela ne va pas mal, vous dis-je.

A vous de cœur.

P.-J. PROUDHON.

Paris, 18 décembre 1858.

A M. CHARLES BESLAY

Mon cher ami, voici deux grosses commissions, deux
lettres à faire remettre sans passer par la poste.

De plus, il sera bien que vous vous entendiez avec
MM. Gouvernet et Duchêne pour toutes les choses
importantes que vous savez, et de manière que vous,
m'écrivant librement par la poste, vous me préveniez
régulièrement de l'arrivée de mes paquets.

Comme je ne dis rien à ces messieurs de secret pour
vous, prenez connaissance des deux lettres, et mettez-
les ensuite sous enveloppe avec les adresses :

M. Gouvernet, chez M. Avrelet, rue de Grenelle-
Saint-Honoré. 25 ;

M. Duchêne, rue d'Enfer, 61.

(Et ne vous trompez pas d'adresse.)

J'espère que vous lirez avec plaisir ce que je dis à
Duchêne de Madier-Montjau. Mais si vous en parlez, ne
prononcez pas mon nom, et n'exaltez pas trop Madier-
Montjau aux dépens de ses deux rivaux : cela gâterait
tout. Il suffit que vous les placiez *ex æquo* ; que l'on
sache en France l'action que les réfugiés exercent ici
sur les idées, et que le retour à la Révolution com-

mence juste par la restauration et la glorincation de
nos vieux classiques tant dédaignés par le roman-
tisme. Voilà ce qu'il faut dire, et qui d'ailleurs est la
vérité.

La traite a été acquittée.

Donnez-nous toujours de vos bonnes nouvelles, surtout de votre affaire suisse, qui m'inquiète toujours.

A vous de cœur.

P.-J. Proudhon.

Bruxelles, 30 décembre 1858.

A M. GUSTAVE CHAUDEY

Je suis désolé, mon cher ami, d'avoir à vous entre-
ténir toujours de mes misères, quand je m'étais promis
de notre correspondance un peu de distraction et un
échange d'idées. Ne vous frottez jamais aux malheureux, c'est un vieux proverbe ; recommandez-le de ma
part à votre Georges, dès qu'il parlera.

J'ai lu hier, dans un journal belge, les dernières
plaidoieries de Dufaure et Berryer en faveur de Montalembert. Certainement le cri de *Liberté*, dans la
bouche de ces messieurs, doit avoir de l'écho ; certainement, ce qu'il y a d'acrimonieux dans l'article de Montalembert doit être imputé à ce régime de mutisme
qui mérite qu'on dise de lui dix fois pis : mais la pali-
nodie a quelque chose de si odieux en elle-même qu'on
est tenté d'applaudir à Chaix d'Est-Ange, rappelant
les anciens *services* de M. le comte et lui demandant
pourquoi il a changé tout à coup et si complétement.
Patere legem quam ipse fecisti ; n'est-ce pas la justice
même qui parlait ici par la bouche de Chaix d'Est-
Ange? Et que dire ensuite de cette lettre de Montalem-

bert, écrite le 12 décembre 1851, sous le coup des massacres, et dénonçant encore le *pillage* et le *crime*, c'est-à-dire la démocratie, pour pousser les citoyens à un vote approbateur? Non, non, jamais je ne consentirai à me rapprocher de cette vipère, jamais, dis-je, à moins d'une abjuration complète de toute sa vie, de tout son christianisme, de tout son monarchisme, et dont j'aurais moi-même rédigé les termes.

Dufaure a été bien sanglant, bien transparent, quand il a parlé de cette famille d'Orléans, dont toutes les filles étaient *chastes*, tous les fils *vaillants*. Quel lambeau de chair enlevé aux princesses Elisa et Pauline, nos feues tantes, à S. A. I. le Ministre de l'Algérie, rendu suspect par les soins du gouvernement impérial lui-même!... Tout cela a dû porter coup, et je ne m'y connais pas ou l'opinion doit commencer à renaître et se sentir à Paris.

J'ai lu dernièrement dans la *Presse* la lettre de votre beau-frère Barbier; où en est son procès? Tenez-moi au courant de cette affaire.

Et ma cause n'est toujours pas appelée; croyez-vous qu'elle vienne, enfin? Je vous avoue que je commence à m'inquiéter de ce silence, que je ne sais à quoi attribuer. Qu'on abandonne la poursuite; qu'on me laisse rentrer avec mon livre et continuer la guerre aux jésuites, aux romantiques et à leurs compères; et comme je le dis un jour à Morny, je leur donne quittance du premier quart de leur coup d'État.

Vous ne savez rien de la Belgique; il est bon que je vous en dise quelques mots. Il ne faut pas se laisser séduire par l'*Officiel*, qui bien souvent ne rend que la superficie des choses : la Belgique est libre, légalement parlant; en réalité, elle est esclave et plus corrompue, plus éloignée de la liberté et du droit, de quinze ans, que la France.

Dès avant 48, la question sociale a commencé de poindre et d'agiter la multitude ouvrière, comme nous l'avons vu en France ; mais, comme en France aussi, la bourgeoisie, le clergé, le Pouvoir, refusent de rien voir, de rien entendre ; loin de là, on s'occupe, comme on le faisait chez nous avant 1848, des moyens de parer à toutes éventualités par le developpement d'un *pouvoir fort*, des lois de coercition et de répression, et la consolidation des prérogatives dynastiques. Tel fut, en principe, le projet de fortification d'Anvers, rejeté, il y a cinq mois ; tel est, aujourd'hui, la *réforme* du Code pénal. Dimanche dernier, une manifestation ouvrière eut lieu à Gand ; l'ordre fut admirablement observé, tous les journaux conservateurs l'avouent. Mais les discours furent très-*avancés* et maintenant la police cherche à faire croire que le bonapartisme avait la main là-dedans. C'est vouloir se tromper quand même ; le mouvement a été tout *flamand*, ce qui implique tout à fait opposé au bonapartisme ; de plus, il était *anticlérical*, ainsi qu'il résulte des discours, et enfin *socialiste*, comme le démontre le personnel. Tout cela crève les yeux ; mais bourgeois, libéraux, cléricaux, princes et ministres, tout le monde refuse de voir. Je l'ai dit déjà à tous ceux qui ont voulu l'entendre ; la Belgique, si rien ne vient troubler le travail qui s'y fait, aura avant dix ans son Février 48 ; alors, si le parti révolutionnaire ne sait rien faire, il y aura réaction, coup d'État, et finalement despotisme ; au besoin, Napoléon III ferait pour Bruxelles ce qu'il a fait pour Rome.

Vous me demandez ce que fait la presse ? Elle n'existe pas. Nulle part, sur le continent, il ne s'imprime autant de journaux qu'en Belgique ; mais la moitié défend le clergé et suit l'*Univers* ; l'autre moitié, soi-disant libérale, est inféodée au capital, ni plus ni moins que la *Presse*, le *Siècle*, le *Constitutionnel*, etc., et ne dit que ce qui plaît à ses propriétaires. Il a fallu que le *Journal des Débats*, averti par un Français réfugié, sonnât l'alarme à propos des prétendues *réformes* du Code pénal, pour que la presse belge s'émût, sans cela elle gardait le silence. Or, les réformes en question, en ce qui touche la presse, sont quelque chose comme les lois de *septembre* unies à la loi du *sacrilége*. Qu'en dites-vous ?

La contre-révolution, ou pour mieux dire la réaction au socialisme, n'a pas encore atteint son apogée en Europe ; et comme je découvre peu d'énergie dans la résistance, il est impossible de prévoir jusqu'où elle ira et quand elle finira.

Vous pensez bien qu'en présence du péril croissant je ne reste pas inactif ; j'ai rencontré ici quelques braves citoyens avec lesquels je m'entends à merveille, et bien décidés à user de ce qui reste de liberté légale sur ce coin de terre belge pour enrayer ce mouvement satanique ; le malheur est que je ne puis organiser les rapports avec les amis de France. Des correspondances, passe encore ; mais des envois de livres, cela devient impossible. Tout tremble devant ce terrible mot : *Cayenne!* Quiconque résiste à la politique impériale est déclaré, *ipso facto*, appartenir à un parti politique qui n'est pas celui de l'Empereur ; quiconque appartient à un parti hostile est censé, *ipso facto*, faire partie d'une société secrète ; quiconque fait partie d'une société secrète peut-être condamné judiciairement à quinze jours de prison, puis, administrativement, à dix années de Cayenne. Ainsi l'a crié, de sa voix foudroyante, Berryer au procès de Montalembert.

Comment rompre cette chaîne ?

Ah ! Que n'ai-je quelque cent mille francs disponibles ! Comme il ferait beau secouer cette tyrannie !… Mais rien ne bouge, rien ne parle ; il y a toujours le sous-entendu que le Bonaparte mort on continue d'écraser la sociale ; et voilà pourquoi nous n'avons pas fait, depuis sept ans, un pas vers la délivrance.

Avez-vous lu *l'Amour*, par Michelet, ouvrage écrit en réponse à mes études sur le mariage (je le tiens de l'auteur lui-même) ; les *Idées anti-proudhoniennes*, de Mme Juliette la Messine ; un livre sur la même matière par L. Jourdain ; un feuilleton de la *Presse*, où je suis maltraité par Pelletan. — Quelle babouille érotique que tout cela ! Et comme on voit le bonheur qu'éprouvent certaines gens de mon départ ! Enfin, pense-t-on, le voilà parti, condamné ; on n'en parlera plus ! La République est sauvée. Que l'Empire finisse, et il nous faudra quinze ans pour faire comprendre au pays le sens de la Révolution, comme il a fallu quinze ans après 1814 pour comprendre la monarchie constitutionnelle. Et encore, ne l'avait-on pas bien comprise.

Avec tout cela, soyez persuadé, mon cher ami, que la France est encore le vrai foyer de l'idée et le centre du mouvement ; peu importe que les écrivains, les moteurs, soient dedans ou dehors.

Je vous souhaite la bonne année, ainsi qu'à Mme Chaudey.

P.-J. PROUDHON.

Bruxelles, 31 décembre 1858.

A M. GOUVERNET

Mon cher Gouvernet, je termine l'année avec vous ;
je ne saurais mieux faire.

Avez-vous reçu un billet que je crois vous avoir
adressé, il y a plus de huit jours, par l'entremise de la
rue Saint-Sébastien, où il avait dû être parti de la rue
Laffite, ce dont je n'ai reçu encore aucun avis ?

Il est vrai que votre intermédiaire immédiat, notre
ami B***, a dû partir pour la Suisse le 29, qui était
avant-hier, en sorte que ma lettre peut bien être chez
lui à l'attendre.

Nous commençons à nous organiser dans notre petit
logement, qui, à force d'ordre et de soin, se trouvera
suffisant. Le plus pénible, est qu'il n'y a ni cour, ni
jardin, où mes enfants puissent prendre leurs récréa-
tions ; quant à les envoyer courir à la rue ou sur la
place, il n'y a pas à y songer.

Tâchez donc, dimanche matin, de voir Chaudey et
de savoir ce que devient mon procès. Veut-on le laisser
là ? J'y donne les mains ; mais alors je rentre avec
mon livre, car enfin, pour un écrivain, son livre c'est
lui. Préfère-t-on me juger à huis-clos ? Je proteste, et

je publie les deux pièces que j'ai adressées au procureur impérial et au président de la Cour. Je sais bien qu'on s'en fiche pas mal ; mais enfin, ce sera un acte de bon plaisir bien caractéristique, et qui achèvera de donner raison au livre et au Mémoire.

On s'est bien hâté pour M. de Montalembert ; qu'on en finisse donc avec moi.

Je prépare toute une série d'études ou conférences populaires, que je publierai, selon que le temps ou la fantaisie m'inspirera, sur toutes sortes de sujets ; des in-18 de 150 à 200 pages, à 1 fr. 50. J'espère que j'en donnerai cette année au moins une demi-douzaine. Telle de ces publications se débiterait en France, en ce moment à 40,000 exemplaires, telle autre n'irait peut-être pas à 4,000. Mais il faut traiter le public comme les enfants ; lui beurrer son pain si on veut qu'il le mange.

Mes amitiés à M. et Mme Avrelet.

Je vous remercie de vos souliers fourrés ; mais pourquoi vous déchaussez-vous pour moi ? A la maison, j'ai ce qu'il me faut ; pour la ville, des souliers ordinaires suffisent.

Ma femme vous souhaite la bonne année, elle vous aime autant que moi ; mais elle me charge de vous gronder pour les obstacles que vous avez mis à son emballage. « Si j'avais cru, dit-elle, ces célibataires, il s'agit de vous et de Duchêne, je n'aurais rien emporté du tout ; et maintenant tout me manque ! Que n'ai je suivi mon idée ! J'aurais maintenant mon lit, ma commode, etc., à la place de ces *cochonneries*... » Je vous fais grâce du reste.

Quoi de nouveau de l'affaire Perron ? Revoyez-vous

Ley? Avez-vous des nouvelles de Samyon, de Maguet ?...

Je vous serre la main, mon cher ami, et vous engage de toutes mes forces à soigner votre santé.

Nous devenons vieux, souvenez-vous-en. Dans quinze jours, j'aurai le demi-siècle révolu, et m'est avis que j'ai fait plus des deux tiers de mon temps.

A vous.

P.-J. Proudhon.

1859.

A M. CHARLES EDMOND

Mon cher Edmond, j'ai lu environ la moitié de *Votre esprit des lois chez les bêtes.*

Je crois que cette fantaisie peut se vendre, et comme Garnier est venu me trouver ce matin, je lui ai parlé tout de suite de la chose. Il consent à publier. Quant aux émoluments, c'est une affaire dont je ne me mêlerai point.

Je ferai volontiers un bout de préface.

Mais il me semble qu'il y aurait quelque amélioraration à apporter dans votre rédaction, afin de ne pas blesser l'esprit de rigoureuse exactitude du lecteur français.

Par exemple, il ne faudrait pas présenter l'état des abeilles comme la représentation de la monarchie constitutionnelle, quand il s'y trouve des choses qui appartiennent *au communisme, au despotisme, à la caste,* etc.

En fait d'allégorie et analogie, il faut, en France, une rigueur absolue de logique et de parallélisme.

Pourquoi aussi faire l'éloge du *dévouement* des abeilles, à propos de leur ardeur au travail et de leur modeste condition (chose qui donne raison au système de L. Blanc), quand il y a bien plus d'ironie à présenter ce prétendu dévouement comme un effet de la *bestialité*; quand il serait d'une moralité plus sarcastique, plus poignante, plus amère, de railler, à propos de ces laborieux insectes, la sottise du prolétariat, content de travailler, de jeûner, de servir, pourvu que ses princes soient gras et glorieux!...

Enfin, à propos de la castration systématique des abeilles ouvrières, il y avait quelque chose de fort à dire sur l'antique polygamie, polyandrie ou polygynie, l'institution de l'eunuchisme, le système malthusien, etc. Après avoir rappelé les histoires d'un Salomon et d'une Zingha, vous faisiez arriver l'exemple de Victoria et de L. P***, le bon père de famille (à la façon du roi d'Yvetot); alors tout cela était à sa place.

En deux mots, l'histoire des abeilles devrait vous servir à faire la critique du despotisme, du régime des castes, de la polygamie, de l'eunuchisme, du malthusianisme, de la communauté, du régime constitutionnel, etc. Il fallait tout sabrer d'un coup et verser la satire à pleines mains, non-seulement sur les hommes, mais sur les animaux eux-mêmes.

Il suffirait pour tout cela, de changer au commencement du chapitre quelques phrases et d'ajouter ça et là quelques *traits*. — En la forme actuelle, votre fable est gauche, boiteuse, et manque même malgré sa bonne humeur de verve comique.

Ayez le courage de faire ces corrections, et tout est bien.

Bonjour.

P.-J. PROUDHON.

Bruxelles, 5 janvier 1859.

A M. GOUVERNET

Cher ami, j'ai bien reçu votre lettre du 22 décembre, ainsi que celle du 31 qui m'est remise à l'instant (deux heures).

Naturellement, vous ne me dites pas si vous avez reçu la mienne du même jour, 31, adressée comme à l'ordinaire chez *M. Avrelet*, 25, rue Saint-Honoré, et qui en contenait une autre pour votre compatriote Chaudey. Ce pli vous a été envoyé directement par la poste; réclamez-le s'il ne vous a pas été remis, et ac-cusez-m'en réception, à moins que Chaudey ne se charge de la chose.

Inclus un mot pour notre voyageur, dont la douleur, je vous le promets, n'a rien d'affecté.

P*** est un Achille, extrême en tout, et qui n'avait plus rien au monde (je ne parle pas des amis) qu'il affectionnât aussi profondément que sa vieille mère.

Combien les bonnes nouvelles qu'il m'annonce me désespèrent! Impossible de rien obtenir de ces Belges : ils ne savent faire que la besogne courante, les choses faciles. Dès qu'il faut s'ingénier, lutter, vaincre, ils n'en sont plus. Cependant Lebègue m'a annoncé que toute une pacotille avait été dirigée sur : *Dieu sait quand elle viendra*. Vous verrez qu'il faudra que je m'en mêle et que je fasse moi-même un voyage à la frontière.

Sous quinze jours, vous pourrez lire ma nouvelle brochure, et un mois après une autre : cela ira dru.

Quelle est l'opinion de Chaudey sur le silence du parquet à mon égard? Croit-il qu'on veuille laisser tomber l'affaire et rentrer mon livre? Je soupçonne, moi, que, puisque j'ai tant fait que de me mettre en sûreté, le ministère public fait ce raisonnement : Pourquoi rappellerions-nous cette affaire quand il ne tient qu'à nous de la laisser dormir? L'auteur est en fuite, cela nous va; son livre est supprimé, c'est tout ce que nous voulions; son Mémoire écarté, à merveille. Mais le procès n'est pas jugé! Que M. Proudhon se présente en personne, et nous jugerons; qu'il passe seulement la frontière, et nous lui prouverons que nous ne craignons pas de plaider avec lui..... En sorte que me voilà ni condamné, ni absous, et banni !...

En effet, que leur faut-il de plus? Mais il s'agit de savoir si on peut ainsi abuser de la mécanique judiciaire, et si je n'ai pas quelque moyen de faire vider l'incident.

A vous de cœur.

P.-J. PROUDHON.

Bruxelles, 15 janvier 1859.

A M. GUSTAVE CHAUDEY

Mon cher ami, vous vous rappelez les paroles d'Andromaque à Hector, au sixième livre de l'*Iliade* : « Hector, tu es pour moi un père et une mère vénérée; tu me tiens lieu de frère et tu es mon glorieux époux.» Je pourrais vous dire à mon tour : Tu es mon défenseur, mon conseil, mon compatriote, mon frère, mon ami!... Que ne vous dois-je pas pour tant de bons offices, de bons avis, de bons conseils! Et comment m'acquitter jamais!

Ici encore je vous ferai une citation, non plus d'Homère, mais de la Bible : « Je prendrai mon verre et je boirai avec toi à l'amitié : *Calicem salutaris accipiam et nomen Domini invocabo.*» En attendant, je boirai ce soir à votre santé : c'est aujourd'hui l'anniversaire de ma naissance et j'ai *cinquante ans.*

Depuis que je suis en Belgique, j'ai préparé la suite de mes études et publications pour le reste de ma carrière, de façon à y faire entrer tout ce que je voudrai sans en abandonner jamais la pensée ni en déranger l'économie. Après avoir fait, pendant près de vingt ans, de la *critique* et de la *logique,* j'ai publié un dernier

ouvrage qui contient, pour la première fois, la suite de
mes principes positifs, l'ensemble de mes affirmations,
telles que dans leur expression la plus générale elles
pouvaient résulter pour moi des données antérieures :
cet ouvrage est mon livre de la *Justice*. La critique sans
doute y tient encore une grande place, mais rien de
plus cependant que ce qu'il fallait pour motiver des
conclusions.

Actuellement, le moment est venu de *vulgariser* tout
cela, c'est-à-dire de le débiter en monnaie. Voici comment j'entends procéder à la chose.

Sous le titre général de *Philosophie populaire*, je
commence une série indéfinie de publications sur toutes
sortes de sujets : histoire, littérature, économie politique, morale, biographie, etc., hommes et choses. Tout
cela jugé, apprécié, expliqué, interprété à l'aide du
nouveau principe philosophique, le plus élevé et le plus
fécond, à la fois objectif et subjectif, idée et sentiment,
loi de l'homme et loi de la nature, la JUSTICE. Donnez-
moi cinq ans de cette vulgarisation, et j'ose dire que le
public, aujourd'hui fatigué, dégoûté, sceptique, reprendra courage et concevra ce que c'est qu'un système philosophique, une sorte d'encyclopédie, dont le
principe, la loi, la méthode, la fin, le moyen, est le
droit.

J'aurai des choses éminemment curieuses, j'en réponds.

Ces publications auront de cent quatre-vingt à deux
cent cinquante pages, soit de cinq à sept feuilles grand
in-18, format Charpentier.

Elles pourront se vendre séparément.

J'ai pris note déjà d'une *soixantaine* de sujets, dont
le premier paraîtra à Bruxelles sous quinze jours, mais

probablement ne pourra pas entrer en France. C'est un travail sur les affaires : *Comment vont les affaires en France;* voilà le sous-titre : *Une leçon de philosophie, d'histoire et d'histoire contemporaine.* Le fonds n'est pas très-neuf, et je n'aurais pas choisi de moi-même pour premier numéro ce sujet; j'y ai été entraîné par un manuscrit qui m'a été envoyé à propos des nouveaux projets de traités entre les Compagnies de chemins de fer et l'État.

Dans mon plan général, Voltaire et Diderot formeraient, le premier deux, le second une livraison, soit en tout sept cents à sept cent cinquante pages. Toutes trois pourraient se vendre séparément. Je ferais de mon mieux, naturellement, pour que le Voltaire fût pris en entier.

J'ai lu l'an passé le volume d'Arsène Houssaye sur Voltaire, j'y ai acquis la triste conviction que nos gens de lettres du jour ne savent plus ce que c'est que Voltaire, qui, du reste, ne s'est pas donné la peine de se définir. Et la masse des Welches est à peu près dans le même cas : elle a apostasié de la foi voltairienne. Le moment est bon, ce serait donc une vraie restauration.

Maintenant, la besogne demanderait du temps : il faut que je me remette au dix-huitième siècle, que je revoie Voltaire, les encyclopédistes, etc. La lecture seule prendra deux à trois mois. Et je n'épuiserai pas la matière. Voltaire seul, pour être lu, demanderait la moitié d'une année. D'ici donc à ce que je puisse fournir du manuscrit, il se passera du temps; en attendant, j'aurai à terminer d'autre part quelque chose. Il faut que je puisse marcher à mon gré.

Je suppose donc :

1º Que B*** et son intéressé se chargent de publier,

au fur et à mesure que j'en fournirai le manuscrit, une suite de publications, de l'étendue de 200 à 250 pages, format grand in-18 Charpentier (beau papier, joli caractère, impression soignée).

Je tiens au format in-18 parce qu'il est le plus économique; qu'il fait suite à mes publications précédentes, que j'ai intérêt à écouler et, s'il y a lieu, à réimprimer; parce qu'enfin il accommode tous mes anciens lecteurs.

2º Je désire ne pas aliéner la propriété, tout en offrant, comme vous voyez, les plus larges garanties à B***, parce que je désire ne faire, un jour, qu'un tout de mes publications; et qu'ayant la presque totalité chez Garnier frères, je désire leur laisser la perspective de la publication ultérieure.

3º Ceci me conduit à une autre condition qui ne doit pas déplaire à B*** et à son associé, c'est qu'ils s'entendent avec Garnier frères pour le débit des livraisons qu'ils éditeront, et qu'en conséquence ils leur feront des avantages supérieurs à ceux qu'ils accorderont aux autres libraires. Les frères Garnier ont un débit immense en France et à l'étranger; leur maison est sûre d'ailleurs; des auxiliaires comme ceux-là ne peuvent être dédaignés, et pour moi, ils n'hésitent pas à pousser de leur mieux à la vente. Leur nom figurerait sur la couverture.

Tel est mon plan, que je vous saurai gré de faire prévaloir, qui n'expose en rien ces messieurs, et qui même leur enlève toute chance aléatoire. Un volume peut être plus ou moins *réussi*. Tel de mes ouvrages s'est vendu à 2,000 exemplaires; tel autre, avant et après, à 20,000. Rien de plus baroque que le public; rien de plus difficile pour un écrivain, à saisir que sa fantaisie, rien de plus incertain que le succès. Le travail, la science, le style même n'y suffisent pas : il faut, chose qu'on ne peut maîtriser, la coïncidence de l'inspiration de l'auteur avec l'appétence du public.

4° Je m'occuperai d'un travail sur Voltaire et je le donnerai, de préférence à tout autre sujet, à B*** ; ce qui ne l'empêcherait pas, le cas échéant, de se faire éditeur d'une autre livraison de ma série, s'il y avait lieu pour l'accomplissement du marché.

5° Pour l'exécution du travail même, il conviendrait que B*** et son associé me procurassent un certain nombre d'ouvrages dont j'ai besoin, et qui reviendraient à la *participation* si le prix d'achat était trop considérable, pour qu'elle m'en fît l'hommage.

Œuvres de Voltaire, complètes si possible.

Id.   de Diderot.

Id.   de Rousseau.

Id.   de Shakespeare (la meilleure traduction française).

Quelques-uns des adversaires de Voltaire : l'abbé *Guénée, Nonotte, Fréron, Desfontaines*, le célèbre médecin *Haller*, (je n'ai pas le titre des livres dans lesquels il a combattu Voltaire).

Histoire de France, par HENRI MARTIN.

Œuvres d'*Augustin* et d'*Amédée* THIERRY, moi_s le *Tiers-État* du premier, que je possède.

Histoire de l'Église, par ROHRBACHER (celle de Henry ne serait pas de trop); je verrai ici celle de *Potter*.

Désobry (*Rome au siècle d'Auguste*).

Guignault, traduction de la *Symbolique de Creuzer*, 8 ou 10 volumes (la dernière édition).

Voltaire et Rousseau ne sont pas rares; je ne tiendrais pas *absolument* à l'édition de Beuchot, qui est chère. — Les livres de Guénée, etc., ne sont par chers non plus.

Histoire de la *Pucelle d'Orléans*, par MICHELET d'abord, et une autre encore. Il faut que je vois ce que l'on a publié, dans ce siècle, sur la célèbre pucelle.

Histoire des *ducs de Bourgogne*, par de BARANTE.

Je m'en tiens là pour le moment. Je me procurerai, comme je pourrai, les écrivains littéraires, antérieurs et postérieurs à Voltaire.

J'ai assez de philosophie ; quant à la Bible, je m'en charge. C'est fini.

Telle serait l'avance à faire, un peu plus, un peu moins, quant aux *matériaux*, le prix serait porté au débit de la participation, et l'affaire terminée ; le tiers me revenant, je ferais mon choix ; les entrepreneurs jugeraient ensuite ce qu'ils auraient à faire.

6° Dernière condition du marché : une subvention immédiate de 500 francs (1,000 si vous pouvez), et à partir du jour où je me serai mis à l'œuvre, 300 francs par mois jusqu'à la fin du travail : toutes ces sommes à déduire de ma part de produit, laquelle resterait fixée comme avec Garnier frères, à moitié, cette moitié évaluée à l'amiable après la mise en vente.

Je me résume (voir la note ci-jointe qui vous servira de *memento*) :

B*** et ses collègues deviennent mes *éditeurs* pour une série de publications, dont le sujet premier traité, autant que possible, sera Voltaire et Diderot.

Ces publications seront grand in-18, de 180 à 250, pages. — Prix à fixer par les éditeurs.

La propriété restera à l'auteur ; seulement les éditeurs continueront l'entreprise exclusivement à tous autres, jusqu'à réalisation pour eux d'un bénéfice net de 8 à 15,000 francs. (Je vous laisse à débattre le chiffre au mieux de mes intérêts.)

Garnier frères, priés, moyennant une remise supérieure de s'intéresser à la vente. — Mêmes conditions à la personne que je désignerai comme représentant mes amis politiques.

Fourniture à l'auteur d'un certain nombre d'ouvrages indiqués d'autre part, au débit de la participation.

Avance à l'auteur : 1° d'une somme de 500 à 1,000 francs (à débattre), au moment où le traité sera conclu entre B*** et son associé et vous, qui m'enverrez le traité prêt à signer.

2° D'un appointement mensuel de 300 francs jusqu'à la fin du traité; le tout, à valoir sur la part de bénéfice de l'auteur, fixée à moitié du produit net.

Aucune annonce avant le jour de la mise en vente (je tiens à cela).

Il est inutile que vous fassiez part à B*** de mes projets de publications à venir, et de la pensée générale qui me conduit : ceci, cher ami, est entre vous et moi.

Voilà, cher ami, ce que je puis faire. J'ai la conviction que tout ira bien ; j'ai un public assuré dont B*** ne se doute pas, et pour lequel je réserve d'avance (presqu'en note s. v. p.) les conditions faites à Garnier; et quant à la matière, je crois pouvoir en répondre.

Assurez-vous bien de B*** et de son associé.

Il est bien entendu que lorsque je dis *participation*, je n'entends pas former une solidarité avec ces messieurs; que je n'entends pas m'engager au delà d'une simple fourniture de manuscrits; que ces manuscrits livrés, les avances me restent acquises; qu'ensuite, la mise en vente commencée, le montant des bénéfices sera prévu à l'amiable, et que j'en serai crédité et le plus tôt possible remboursé, de manière à ce que je n'aie à intervenir en rien dans la gestion de ces messieurs, si ce n'est pour vérifier la quantité du tirage.

Voilà bien des paroles : il en faudra beaucoup moins pour rédiger l'écrit qui liera les parties; mais j'ai dû discuter avec vous mes raisons, et vous expliquer mes vues. Actuellement vous pouvez marcher.

Nota. J'oublie le plus important, *l'envoi des épreuves.* Je n'écris rien que je puisse dire irréformable, et n'avoir plus besoin de correction et révision. J'exige absolument que les épreuves me soient envoyées comme faisait Guillaumin lorsque j'étais à Lyon, pendant qu'on imprimait à Paris mes Contradictions.

— Ah! je respire, enfin; je vous parle affaires, et nous ne causons pas. Votre lettre, d'ailleurs, toute pleine de mes intérêts, ne me donne pas *pain.* Je ne vous dirai donc pas grand'chose.

D'abord, sur mon procès : est-ce que vous ne pensez pas que le ministère public s'accommode fort bien de mon éloignement, de mon opposition, etc.? Mon livre supprimé, moi évacué, et cela pour un temps indéfini, puisqu'on ne juge pas, que peut-on souhaiter de mieux? En droit, ni condamné, ni absous; en fait, banni à perpétuité!... Cela ne m'accommode point. Voici ce que je pense faire et que je vous soumets : je veux bien, pendant un temps, rester dehors; mais, si l'on n'ose ni juger avec mon Mémoire, ni me condamner sans mon Mémoire; si on recule devant cette question, qui pour moi n'est pas douteuse, de la défense écrite, alors je prends un passe-port pour la France et

m'en vais à Paris, comme si de rien n'était. Le moment, il est vrai, ne me paraît pas opportun ; mais cela
viendra, et ce serait un beau texte de *pétition au
Sénat!*... Vous verrez que nous en finirons par un coup
d'État judiciaire.

Sur les affaires courantes, peu de choses encore. Le
vulgaire les trouve embrouillées, parce qu'il prend
pour embrouillement le tapage de la guerre que chacun
prévoit aujourd'hui. Mais le tumulte des armes, *gallicus
tumultus*, n'est pas l'enchevêtrement des idées, ni la
complication des faits. Sous ce rapport, je trouve la
situation très-nette, quoique *tendue*, comme l'on dit.

1. L'Empire, par une foule de causes, ne peut aller
comme il va. — Il faut qu'il donne des distractions au
pays, une diversion à la pensée ; surtout qu'il se dé-
barrasse, dans trois ans, du suffrage universel, ou
qu'il trouve moyen de le dompter.

La guerre est donc fatalement dans la donnée, dans
la tendance, dans la fatalité de l'Empire.

2. Mais avec qui la guerre, et pourquoi? On a tâté
l'Angleterre, et l'on rebrousse. Reste l'Autriche, avec
la *nationalité* italienne pour prétexte. Thème à chauvins, à badauds, à gogos et traîneurs de sabres ; je
doute que la *Presse* obtienne l'entraînement qu'elle
sollicite.

3. En tout cas, voici la conséquence : l'Empire et
son personnel est jugé en Europe. Sa signification, sa
valeur, son rôle temporaire, tout cela est tiré au clair,
ce qu'il peut faire de mal, prévu et calculé. La coalition contre lui est formée à cette heure en Europe :
cette coalition se compose de l'Autriche, la Prusse,
toute l'Allemagne confédérée; enfin l'Angleterre. — Le
tsar, qu'on croyait allié aux Bonaparte, est plus que

douteux ; il va faire une visite à Victoria ; à tout le moins il se tiendra neutre. Ajoutez que l'opinion, en Angleterre, en Belgique, et dans toute l'Allemagne, est unanime contre l'Empire ; la démocratie germanique la plus avancée pousse à la coalition et appuie le maintien de la domination autrichienne en Lombardie. Ici, cela se voit très-nettement et n'est un doute pour personne.

4. Tant que l'Empire se bornera à prêter un appui *moral* aux Italiens, on ne bougera pas : le jour où il prendra fait et cause, aussitôt tout s'ébranle, et, je vous le répète, comme en 1813, avec un élan général des masses. — Donc, il faut à Napoléon III, pour faire la guerre, une armée d'Italie et une autre du Rhin ; car le jour où il passera les monts, la Prusse passera le fleuve ; — plus une armée de réserve, pour garder l'intérieur, et appuyer les deux armées en campagne. Trois armées donc, quatre ou cinq cent mille hommes en mouvement, et la suspension générale des affaires : combien de temps tiendra l'Empire à ce régime ?

5. L'Angleterre aidera à la chose : est-ce que vous ne voyez pas que cette race, si durement éprouvée, si agitée au dedans se retrempe ? Le socialisme s'y développe aussi vigoureusement qu'en France ; la bourgeoisie talonne l'aristocratie ; l'Irlande agace la vieille Angleterre : tout cela prépare une crise salutaire, qui, nivelant les classes, et bientôt les fortunes, produisant un effet gigantesque, peut-être une liquidation, se résoudra par une élévation du pays à un degré supérieur de force et de richesse. C'est, depuis des siècles, le train de ce pays, que tout lui profite parce qu'il est libre et que, sitôt le salut de la nation compromis, toute la nation redevient unanime.

N'est-ce pas d'ailleurs l'histoire de Rome, grandissant sans cesse à travers des séditions incessantes et des crises effroyables ?

En Angleterre il existe sans doute de vives sympathies pour les Italiens, surtout depuis les scènes faites au général Haynau, mais on y juge très-bien la politique impériale ; on comprend que ce n'est pas du tout la liberté des Italiens qui est ici en cause, mais une seconde édition de la tragédie jouée par le premier Empire.

6. Enfin, quant à la France, je ne vois pas l'ombre d'un motif pour appuyer cette entreprise. Déposez votre *acte additionnel*, rendez-nous le contrôle, le droit, la liberté ; faites justice chez vous ; nous verrons après. La guerre de Crimée, sans résultat, doit avoir éclairé tout le monde.

Voici donc, à mon avis, comment les choses se présentent : si Napoléon va de l'avant, il rencontre l'Europe et se casse le nez ; s'il recule et met les pouces, il est perdu devant l'armée et devant le peuple.

De moyen terme, je n'en vois pas. Mais l'avenir contient bien des secrets, bien des hypothèses, bien des solutions. On verra.

Je vous serre la main, et j'embrasse Georges en baisant la main de sa chère maman.

Amitiés à Barbier et à ces dames.

A vous.

P.-J. PROUDHON.

Bruxelles, 16 janvier 1859.

A MM. GARNIER FRÈRES

Nous avons reçu les jolies étrennes que vous avez eu la bonté d'envoyer à mes petites filles, un *Berquin* et un *Florian*. Ces demoiselles vous en sont on ne peut plus reconnaissantes, d'autant que c'est le seul cadeau qu'elles aient reçu, cette année, de la France et de l'étranger. Pauvres petites ! j'ai profité de l'occasion pour leur dire ce que c'est que l'exil : le lendemain c'était oublié.

Que devenez-vous avec votre condamnation ? Il me semble que puisque le parquet laisse dormir mon affaire, il pourrait bien oublier aussi vos trois mois de prison. — Me voilà, si la chose reste en l'état, dans une drôle de position. Ni condamné ni absous, et de fait banni pour un temps illimité. Cela ne peut pas aller comme cela, et je songe au moyen de tirer parti de la position. Puisqu'on a pris le parti du silence, qu'on laisse donc entrer et vendre mon livre ; je ne soufflerai plus mot, le procès restera où il est, et tout sera dit.

Il serait bien, messieurs, que vous fissiez arrêter, à l'occasion de votre inventaire, mon compte. Je dois être en avance avec vous, et je ne sais encore quand je pourrai liquider cela. Mon procès et mon expatriation m'auront causé une dépense extraordinaire de 1,000 à 1,200 francs; à présent je suis au travail, mais vous le savez, il faut du temps pour mettre un ouvrage en état.

Puis, j'ai d'autres embarras.

Je vous ai, je crois, entretenu dans le temps (1852-53) d'un traité fait avec B***, avant sa faillite, pour une publication dans laquelle il a avancé jusqu'à 8,000 fr. Pas un sou de cette somme n'est entré dans ma bourse; je voulais procurer du travail à quelques amis. Maintenant B**** me demande quelque chose à publier et me propose un arrangement. En bonne' conscience je ne puis m'y refuser; mais entre autres conditions, je désirerais que vous voulussiez bien consentir à ce que la publication portât votre nom sur la couverture, et par conséquent que B**** vous en demandât l'autorisation.

Lui, *éditeur*, serait responsable; — la propriété devant me rester pourrait vous revenir un jour, sans compter que j'aurais à vous proposer d'autres choses; enfin cette combinaison vous déchargerait aux yeux de la police, qui peut-être en ce moment ne vous verrait pas de bon œil publier de moi quelque nouveau travail.

Voilà, messieurs, ce dont j'avais à vous entretenir.

Vous avez et vous conserverez la collection de mes ouvrages; je fais en ce moment le plan de mes études pour le reste de ma vie; vous jugerez de ce plan; — vous verrez par ce qu'éditera B****, — en admettant que nous nous arrangions, ce qu'il y a au fond de mon sac; et si vos bonnes dispositions pour moi ne se refi oidissent pas, ma conviction intime est que nous ferons encore de bonnes affaires.

M. Michelet m'a envoyé son livre sur l'*Amour* : c'est une publication qu'on croirait faite uniquement de fantaisie. — J'ai reçu aussi le livre de Mme Juliette Lamessine, toujours sur l'*Amour;* je ne possède pas encore celui de M. Louis Jourdan. Il faudra que je revienne à la charge sur ce sujet qui me répugne; mais il y a nécessité. Tout tourne à la fornication; il n'y a plus que cela. Si personne ne se charge de nettoyer cette pourriture, je suis décidé à prendre sur moi la chose. Vous en seriez les éditeurs.

Je vous salue, messieurs, bien cordialement, et vous souhaite des affaires de plus en plus prospères.

Tout à vous.

P.-J. PROUDHON.

Bruxelles, 16 janvier 1859.

A M. NEVEU

Mon cher Neveu, ma femme m'a bien donné votre adresse; mais, puisque j'écris à nos amis Bourgès et Boutteville en même temps qu'à vous, vous me permettrez de ne faire qu'un paquet des trois lettres. Si vous vous rencontrez jeudi prochain avec ces messieurs, vous penserez, en leur serrant la main, combien nos petites réunions m'étaient agréables, et combien chacun de vous me fait penser aux deux autres.

Je vous remercie, mon cher ami, des honnêtetés dont vous avez comblé ma femme et mes enfants. J'ai été vivement touché du tableau que ma femme m'a fait de ce dîner, où deux places étaient vacantes, celle de votre digne et irréparable défunte et la mienne. J'aime à vous voir ainsi garder le culte de votre unique et premier amour. Croyez-moi; n'en ayez jamais d'autre. Vous avez été jeune homme et libre ; vous avez eu les joies d'un heureux mariage ; sachez vivre dans votre veuvage. Je voudrais seulement pour vous que, moins absorbé dans ce souvenir d'ailleurs si sacré, vous songeassiez un peu plus à tirer parti du veuvage même, et à vous en donner de temps à autre les petites jouis-

sances. La vraie liberté de l'homme est de se retrouver
tout entier toujours le même en toute situation. Et
maintenant n'avez-vous pas deux cœurs dans la poitrine? Votre femme est-elle donc morte pour vous tout
entière? Est-ce que cet échange fait de vos personnes
le jour des noces n'a rien laissé après lui? Vous êtes
toujours deux, mon cher ami, quoi que vous ne viviez
plus que sous l'espèce d'un : au total, votre sort est
bien supérieur à celui du vieux garçon, de l'homme
qui a vieilli incomplet.

Ma femme, depuis un mois a ressenti plus vivement
que jamais les douleurs de son sein, ce qui m'a décidé
à la confier aux soins d'un médecin français, assez
heureux guérisseur, m'a-t-on dit, et allopathe.

Elle n'est pas encore consolée de la perte de son
petit mobilier, où elle trouvait tous les objets qui lui
étaient nécessaires; de son logement, si gai. si commode. Cela a été la cause de l'aggravation de son mal.
Du reste elle se félicite assez de la population belge, du
climat et de la vie. — Nous sommes à la bière comme
tout le monde. De temps en temps seulement un petit
verre de vin.

Moi je travaille et je ne désespère pas, tout en tra-
vaillant, que ma cervelle se remette tout à fait. J'ob-
serve, j'étudie la Belgique; je veux tâcher pour l'avenir
de donner à ce que je publierai un caractère plus universel, moins restreint dans les questions et les formes
de mon pays. J'aurais à cet égard beaucoup à vous
dire; vous seriez surtout surpris de m'entendre vous
assurer, par exemple, que la Belgique, avec la liberté
politique dont elle jouit, est en réalité bien moins libre,
et comme raison et comme conscience, et comme sentiment social, que la France. Il se passe ici des choses

que l'Empire même n'oserait pas. La presse, par exemple, est encore plus enchaînée que la nôtre !...

Mais tout cela me mènerait loin : il me suffit de vous dire, mon cher ami, que depuis mon arrivée en Belgique, j'ai gagné un sang-froid d'imagination, un calme de jugement, que la vue immédiate du régime impérial ne me laissait pas. Soyez tranquille, la France actuelle a encore cinquante ans d'avance sur l'Europe, je parle surtout de la Belgique, de l'Angleterre, des États-Unis, de la Suisse, de l'Autriche : je réserve mon opinion sur l'Allemagne, que son haut enseignement, que ses habitudes philosophiques mettent à part.

Adieu, cher ami ; faites mes compliments à vos enfants et petits-enfants.

P.-J. Proudhon.

Bruxelles, 16 janvier 1859.

A M. BOUTTEVILLE

Mon cher Boutteville, j'ai reçu votre toute bonne lettre du 1ᵉʳ janvier, et je vous en remercie de tout cœur. Comme j'étais embarlificoté dans la mise au net d'un manuscrit destiné à l'impression, j'avais résolu d'ajourner toute ma correspondance, — elle est bien longue, — jusqu'à ce que je fusse débarrassé : cela m'a conduit jusqu'au 15 inclusivement.

Je réponds au hasard au contenu de votre lettre.

Pour mon *Mémoire* et mes deux articles sur la *Propriété littéraire*, ne perdez pas patience : la douane veille et je ne passe pas; mais le temps et peut-être le dévouement auront raison tôt ou tard de la douane; alors vous pourrez compléter votre collection. D'ailleurs, je songe à transformer mes deux articles en une brochure de 60 à 80 pages, qui, purgée de quelques coups de dent, paraîtrait à Paris même. La question en vaut la peine; puis, les nécessités mêmes de ma position m'y obligent. Pour avoir succès à l'étranger, *il faut avoir passé par Paris ou en venir*, voilà ce que me répètent d'un commun accord les libraires. Sans cela, malgré les plus beaux certificats d'origine, on n'est pas censé Français; et si l'on n'est censé Français, on est négligé. Que dites-vous, après cela, de ces pauvres Belges, qui ne cessent de déclamer contre notre nation, contre sa décrépitude et sa folie?... \

Je vais donc *organiser* (toujours ce mot!) mes études de manière à ne publier au dehors que ce qui ne pourra passer au dedans, et qui sera un complément nécessaire de mes publications *françaises*. Mon petit revenu même s'en trouvera mieux; puis, il est bon que certaines gens de là-bas s'aperçoivent que je ne suis pas si loin que peut-être ils le voudraient.....

Je goûte fort votre idée d'une brochure *à propos* de l'affaire Mortara : *l'Église et la Morale*, le titre est excellent; l'épigraphe, très-vive; j'en retrancherais, comme inutiles, les trois derniers mots : *il faut choisir.* Avec cela, vous pouvez vous étendre autant que vous voudrez, ou vous restreindre; faire un gros livre ou une brochure bien troussée, décisive, qui, après avoir posé un cas bien clair, bien décisif, laisserait apercevoir, en quelques pages et sous forme de corollaires, toute l'étendue de la chose. Si j'ai bien compris votre lettre, telle est votre pensée et je ne puis qu'y applaudir.

Quant à la publication, à qui vous recommanderais-je? La *Revue de Paris* est morte; la *Revue germanique* ne vous insérerait qu'autant que votre travail sentirait le germanisme; en tout cas vous pouvez compter de la part de l'ami Nefftzer sur une annonce favorable. —Je ne connais pas la *Revue des Deux-Mondes*, ni le *Correspondant*, ni la *Revue britannique*. *Quid? quid?* Informez-vous si notre ancien ami Favre, en dernier lieu teneur de livres à la *Revue de Paris*, n'est pas employé en ce moment à la *Librairie nouvelle*. Il pourrait vous être utile. La *Librairie nouvelle* ne risquerait guère à se charger de votre

opuscule; elle en placerait toujours assez : sa clientèle
étendue et ses relations le lui garantissent. Informez-
vous. Serrez la main de ma part à Favre et dites-lui
que je le remercie de ses derniers renseignements.

De quoi parler à présent? Croyez-vous à la guerre?
Moi, fort peu. Tout le monde, à l'étranger, me paraît
convaincu que la coalition, un traité de protection mutuelle, si vous aimez mieux, existe entre l'Autriche et
la Prusse, la Confédération germanique et l'Angleterre;
que le tsar Alexandre y est favorable; que, si l'Empereur Napoléon se borne à prêter un appui moral aux
Italiens, on ne bougera pas; s'il prend fait et cause, alors
tout s'ébranlera. Des signes nombreux indiquent qu'il
en est ainsi. Ce qu'il y a de plus grave est que les
populations y poussent; l'Allemagne démocratique s'est
prononcée à cet égard à l'unanimité. De ce côté-là, on
peut dire que la Révolution serait contre nous. En Angleterre, malgré des sympathies prononcées pour les
Italiens et le désir de non-intervention, on n'hésiterait
pas non plus, autant que je puis en juger, à s'unir
contre l'Empire. On se souvient du passé; et puis il est
trop visible que la liberté des Italiens n'est qu'une
blague chauvinique servant à pallier d'autres desseins.
Bref, je ne crois pas, au moins de si tôt, à la guerre, et
la reculade du *Constitutionnel* est encore un argument
de mon opinion.

J'ajoute maintenant qu'à tous les points de vue il
est heureux que la guerre devienne ainsi impossible et
pour la France, et pour la civilisation et pour la liberté.
L'Empire, tel qu'il est, ne peut tenir dans ce *statu quo*;
que va-t-il faire? Je ne suis plus là pour juger jusqu'à
quel point la presse salariée aurait pouvoir d'entraîner
le pays : mais il faut qu'on soit convaincu qu'il ne s'a-

girait pas, comme dit la *Presse*, d'une simple expédition contre l'Autriche ; toute l'Allemagne tient à la possession de la Lombardie, toute l'Europe entend qu'on respecte les traités : si nous passons les monts, la Prusse à l'instant passe le Rhin ; il nous faut donc du premier coup trois armées, une pour l'Italie, une pour le Rhin, et une pour servir de réserve et garder l'intérieur. Pendant ce temps-là, l'Angleterre bloquerait nos côtes ; guerre sur terre et sur mer ! Le tout pour échapper aux élections de 1862 et procurer un trône à M. Murat !...

C'est impossible ; si bien impossible que je crois qu'il suffit aux puissances de déclarer qu'elles y sont résolues, pour qu'à Paris rien ne bouge. Or, si Napoléon est ainsi forcé de se taire ; s'il est une fois contenu, il est perdu. Les choses en sont là. A lui de chercher une autre échappatoire.

Ceci rend le retour de la famille d'Orléans de plus en plus plausible. Cette influence du dehors contre l'Empire est d'un poids énorme en leur faveur. A l'heure où j'écris, il faudrait pour ramener la République une occasion qui indignât violemment le pays.

Ma page finie je n'ai que le temps de vous embrasser et d'offrir mes respects à ces dames. Ma femme se joint à moi pour faire ses amitiés à Mme Moylin, ainsi qu'à Mlles Anna et Marie.

Tout vôtre.

P.-J. PROUDHON.

Bruxelles, 16 janvier 1859.

A M. CHARLES BESLAY

Mon cher ami, voilà bien longtemps que nous sommes sans nouvelle aucune de vous ni des vôtres. — Avez-vous terminé avec les Suisses? Je tremble que vos inquiétudes de ce côté-là ne soient la cause de votre silence. A présent que les chemins de fer sont construits, on tend à se moquer des compagnies comme de ceux qui y ont apporté leur crédit et leur entremise. Le système de la loi de 1842 a prévalu; maintenant on commence à en voir les inconvénients, on comprend que livrer les services publics, la circulation publique aux mains de compagnies financières était une conception des plus malheureuses, et la faveur qui s'y attache retombe sur les concessionnaires, les entrepreneurs, les fournisseurs, les négociateurs, etc.

De grâce, dites-nous un mot, et croyez que tout accident fâcheux qui pourrait vous atteindre nous affligerait encore plus que vous.

J'ai reçu la *consultation* contre Mirès et le rapport à l'Assemblée générale de janvier 1858. Si c'est vous qui me l'avez fait passer, merci; j'en ai trouvé de suite l'emploi.

Qu'est-ce qu'une affaire Morny, plus scandaleuse que toutes les autres, dont on parle? On dit, c'est le mot qui court : *la fortune de M. de Morny n'est plus à refaire, elle est refaite.*

Que devient aussi la fameuse banque *Calley Saint-Paul?*...

Quelles sont les exécutions qui ont été faites à la Bourse, depuis le premier de l'an, à la suite de l'algarade de l'empereur à M. de Morny?

Croit-on à la guerre, en France? Aurait-on le malheur d'y applaudir? Déjà le *Constitutionnel* a commencé de battre en retraite, et le discours de S. M. le roi de Sardaigne a été beaucoup plus calme qu'on ne s'y attendait. L'empereur recule-t-il devant les grandes puissances coalisées? Ce serait bien à souhaiter, et il est encore plus à souhaiter qu'elles, lesdites puissances, s'entendent. La guerre d'Italie, que préconise la *Presse*, est une *blague saint-simonienne et chauvinique,* un coup de désespoir.

Voici inclus une lettre pour le *Champenois* D***, que vous avez rencontré plusieurs fois, mais je n'ai pas son adresse. Le malheureux s'est mis en tête de faire un livre en réponse à celui de Michelet sur l'*Amour,* et je lui envoie une admonestation.

Je mets cette lettre sous le couvert de Duchêne qui le trouvera.

Bonjour, cher ami, et bonne année.

Conservez-vous et écrivez-nous.

P.-J. PROUDHON.

P.-S. Que pensez-vous, en dernière analyse, de Prost?

J'oubliai de vous dire que ma femme a été on ne peut plus touchée des témoignages d'affection qu'elle n'a cessé de recevoir de Lisbeth et de son mari ; elle les regarde comme l'écho de vos sentiments pour nous, et, tout en vous remerciant, elle vous supplie de vouloir bien vous faire auprès de la bonne Lisbeth l'interprète de nos sentiments.

Bruxelles, 16 janvier 1859.

A M. D***

Mon cher D***, nous avons reçu votre lettre et vos raisins.

Oui, vous avez deviné juste, et votre conscience ne vous a pas menti quand elle vous a dit que je vous gronderais.

Je vous gronde, d'abord, de vous priver du peu que votre père vous envoie et de faire de la dépense pour nous procurer une satisfaction de gourmandise, dont ma femme et moi nous pouvons nous passer parce que nous avons la raison, et dont mes enfants pouvaient se passer aussi parce qu'elles n'y pensent plus. Enfin, c'est fait, mais n'y revenez plus.

Je vous gronde, en second lieu, d'avoir brusquement donné congé à votre avoué et de vous être mis au jeûne, au pain sec et à l'eau, — car je sais ce que l'on fait quand on a votre ardeur, — et cela pourquoi, grand Dieu! pour répondre à la complainte amoureuse de ce cher M. Michelet, que son mariage récent avec une jeune et gentille femme a ensorcelé, ce dont tout le monde convient.

Laissez donc passer ces fantaisies qui caractérisent

notre époque et dont le bon sens public suffit à faire justice, et, puisque vous avez quelque confiance en moi, laissez-moi le soin de relever ces publications sur l'*Amour* et les *Femmes*, que j'ai moi-même provoquées, et dont trois me sont tombées sur la tête en même temps · l'une, de M. Michelet; l'autre, de Mme Juliette la Messine ; la troisième, de M. Louis Jourdan. Nous ne sommes sans doute pas à la fin.

Vous voulez faire un livre, mon pauvre ami, un livre pour redresser M. Michelet, et vous ne vous apercevez pas que vous êtes aussi amoureux que lui; que ce qui vous irrite contre lui, c'est votre culte des femmes, culte, il est vrai, fondé sur un tout autre idéal, mais culte qui, en définitive, est une mauvaise inspiration.

Puisque vous m'en donnez l'occasion et que vous aimez, dites-vous, la Révolution et la Justice, vous me permettrez de vous tenir ici un langage un peu sévère.

Vous savez que je n'approuve pas les motifs qui vous ont fait quitter votre pays; — vous savez surtout que, si j'approuve un attachement aussi vertueux que celui que vous m'avez dépeint, je n'admets pas cependant que vous puissiez lui sacrifier toutes les considérations de famille et d'avenir, l'accomplissement de vos devoirs de producteur et de citoyen et la joie de votre père.

A tout ce que j'ai pu vous dire, je vous ai trouvé rétif, et je me suis retenu par compassion pour votre cœur, mais aujourd'hui je dois parler.

Il faut renoncer à votre passion et retourner auprès de votre famille, ou vous entendre dire par moi que vous n'êtes pas un bon fils, un homme de cœur, un vrai démocrate.

Croyez-vous donc être le premier qui ait fait à son devoir le sacrifice de son amour?... Relisez le commencement de ma *Dixième étude*, et si vous savez lire entre les lignes, vous y verrez que j'ai passé par les mêmes déchirements de cœur qu'aujourd'hui je réclame de vous. L'adoration d'une femme, quelle qu'elle soit, est un *vice;* — le sacrifice fait à cette femme de tous les devoirs est une *iniquité.* Vous, honnête homme, homme laborieux, vous pouviez, à défaut de celle que votre cœur avait choisie, trouver une femme qui aurait mérité votre estime; je dis plus, le véritable démocrate, le vrai juste, épouse volontiers celle qui a le moins de mérite, précisément afin de l'élever à sa hauteur, ou tout le moins de la préserver de la corruption.

En deux mots, je blâme cet amour prétendu héroïque qui ne voit rien que l'objet aimé; je dis que c'est de la sensualité déguisée, de la fornication pure, une idolâtrie coupable.

Je sais ce qu'on souffre à triompher de semblables sentiments, je connais l'amertume de ce calice, mais je n'en pense pas moins que le repousser est une indignité; c'est manquer à la conscience, à la famille, à l'humanité tout entière.

Ce premier point réglé, et je vous répète que je n'admets ici ni explication, ni raisonnement, pas plus que je n'admets qu'on argumente contre le droit et le devoir, — le reste me sera facile.

Depuis tantôt un an que vous êtes à Paris, qu'y avez-vous fait? — Rien. Vous avez privé la société d'un travailleur utile et vous avez désolé le cœur de vos parents. Jusqu'ici la violence de votre amour vous a rendu excusable; maintenant cette excuse commence à s'user, il ne reste que le fait, et le fait, c'est que par votre faute, par votre fringale amoureuse, un homme MANQUE à la campagne, un ouvrier au travail, un citoyen à la cité, un enfant à son père, et bientôt un chef de famille à une femme et à des enfants.

Quand l'homme est ainsi dévoyé, fourvoyé, déclassé, sa tête s'égare, sa raison se pervertit : gare la conscience!

Vous vous êtes mis en tête d'écrire un livre ; vous en avez l'inspiration, je l'admets, vos idées sont justes, saines, votre logique sera invincible, soit. Faut-il que je vous dise après tout cela qu'il reste la mise en œuvre, et qu'à cet égard vous n'êtes pas à l'*a b c* du métier ?

Savez-vous que moi, né paysan, de paysans, tout comme vous, et qui n'ai cessé de vivre avec des paysans et des ouvriers tout en faisant mes études, savez-vous que lorsque je suis entré dans la carrière littéraire j'avais sept ans de collége, trois ans d'études à Paris aux frais de ma ville natale, dix ans de séjour dans les imprimeries où j'ai dévoré des masses de volumes, et qu'après tout cela, j'ai été *huit ans* sans parvenir à me faire connaître ?...

Écoutez-moi bien, ami D***, vous êtes au bord du précipice, car vous touchez au ridicule, et du ridicule à la honte il n'y a souvent pas loin. — Il faut retourner chez votre père : à cette première condition je consens à être en relation avec vous; il faut faire ce que demande de vous votre père : à cette deuxième condition je vous accorde toute mon estime, je vous choisis pour mon correspondant dans votre pays; je ferai plus : pour vous témoigner toute mon amitié, je vous demanderai votre manuscrit sur l'Amour quand vous l'aurez terminé, et je vous promets d'en prendre tout ce qu'il contiendra d'utile pour la réponse que je publierai moi-même.

Faites ce que je vous dis, et je vous proclame un brave; sinon, obligez-moi de ne me plus écrire, et surtout ne m'envoyez jamais rien, car je vous le retournerais. Je vous le répète, il n'y a à mes yeux qu'un mot qui serve et une chose qui vaille : *faire son devoir*, et j'exige que vous fassiez le vôtre, sinon je romps avec vous.

Votre père sait sans doute quelles idées vous travaillent, et cela l'indispose et contre les idées et peut-être contre moi-même. Je voudrais qu'en allant l'embrasser vous lui donnassiez communication de la présente, afin de le convaincre que ceux qui représentent et défendent la Révolution et la Justice sont d'honnêtes gens qui font passer avant toute chose l'empire sur soi-même et le devoir.

Peut-être vos voisins ont-ils aussi quelque soupçon de ce qui vous tourmente : instruisez-les par l'exemple et le discours, devenez un apôtre pour votre canton; ce jour-là, vous serez un homme et vous compterez parmi les patriotes. Je vous en donne ma parole.

Peut-être, enfin, la personne que vous aimiez et qui, je le soupçonne, précisément pour vos opinions trop exaltées n'a pas voulu de vous, peut-être cette personne qui vous sait à Paris à rien faire, en est-elle venue à s'applaudir de sa résolution, en quoi elle n'aurait pas entièrement tort. Prouvez-lui, par une vigoureuse résolution, que vous étiez par la force de votre âme, par la grandeur de votre justice encore-plus que par votre amour, bien au-dessus d'elle, et qu'un homme de la démocratie nouvelle sait s'honorer et être heureux en épousant la plus humble des créatures.

Il faut finir cette existence de bohême : vous vous le devez à vous-même, et je me devais de mon côté, je devais à notre cause de vous le dire.

Je compte, mon cher enfant, sur votre courage et votre docilité. Dans cette idée, je vous remercie de vos raisins et de vos souhaits de bonne année, et je fais des vœux sincères pour votre bien-être futur.

Suivez mes conseils, je vous prêche d'expérience, et je pourrais dire d'exemple, et croyez que je m'en trouve bien.

Je vous serre la main.

P.-J. PROUDHON.

Bruxelles, 17 janvier 1859·

A M. CHARLES BESLAY

Mon cher ami, ma lettre d'hier était à la boîte quand j'ai reçu la vôtre du 15, qui m'a apporté force nouvelles.

Je commence par ce qui me regarde.

Sauf meilleur avis, je ne vois rien à répondre à l'assignation, à moins que la Cour, *en mon absence*, ne consente à plaider sur la question de mon *Mémoire*. Le fera-t-elle ? J'en doute. C'est une question qu'il ne doit pas être agréable au ministère public de discuter; et puisque je fais défaut, rien de plus simple que de faire confirmer purement et simplement l'arrêt. J'ignore si le président fera mention de la lettre que vous lui avez remise et en donnera lecture; quant à moi, je ne puis que la lui confirmer pour toute réponse, et laisser faire. L'assignation étant donnée pour le 25 janvier, j'ai le temps de recevoir lettre de vous et de Chaudey, et de minuter mes dernières intentions. Mon *Mémoire* existe : veut-on que je le produise, oui ou non ? Que la Cour décide; et si elle a envie de le dire, elle a le moyen de se faire obéir.

J'ai repris le travail; ma brochure sur les chemins de fer est sous presse; elle fera 180 pages environ.

J'ai fait ce que j'ai pu pour rendre le tableau saisissant et complet. J'ignore si j'aurai réussi. Bien que le public belge, suisse, allemand, piémontais, anglais, etc., se moque de la servitude de la France, cependant il n'y a de succès décisif pour un livre qu'autant qu'il arrive de Paris. Ma brochure courant le risque de n'y être pas admise, n'aura qu'un effet très-médiocre ; ce sera, comme mon Mémoire, un coup d'épée dans l'eau. J'aurai perdu six semaines à la faire : car ce que Duchêne m'a envoyé, en tant que venant de lui, a été refait de fond en comble, et augmenté de 60 à 80 pages de moi. Au total, je ne suis pas fâché de la publication ; mais elle ne me vaudra pas mon pain sec.

Elle a pourtant bien son intérêt, surtout en ce moment où tout le monde parle de guerre. On y voit à nu les causes secrètes qui y poussent le gouvernement français. — Mais, à ce que je découvre, la race des chauvins n'est pas morte, ni la bêtise des boutiquiers à bout. Comment ! ils ne craignent pas la guerre ! ils ne voient seulement pas que c'est la dernière ressource du régime, et que s'il ne cherche de l'occupation aux esprits, à l'armée, au pays, il est perdu ! L'aimable public, l'intelligente race que ces boutiquiers ! Il suffit de leur dire : *nationalité italienne*, pour qu'ils s'émeuvent et consentent. Allons, allons, puisqu'il le faut, sonnons le boute-selle. Massacrons des hommes, dépensons des milliards, et que tout finisse par un nouveau Waterloo ! Nous en serons pour un nouveau milliard d'indemnité, en sus de nos propres frais ; mais je m'en consolerai si la coalition a le bon esprit de raser nos forteresses, nos citadelles, nos remparts ; d'emporter nos fusils et nos canons, et de nous défendre d'entretenir plus de 10,000 hommes de gendarmerie pour faire la chasse aux malfaiteurs. — Je me souviens d'avoir lu une petite comédie d'enfants, où l'on voit un gamin querelleur, à qui son père fut obligé de retirer l'épée qu'il lui avait donnée, et de la remplacer par une plume de dindon, de peur d'accident. Nous méritons qu'on ne nous laisse que des canons de bois et des fusils de caoutchouc : des gens si sots ne doivent jamais toucher aux armes.

Une autre fois je vous en dirai davantage.

Vous ne me parlez toujours pas de votre affaire suisse : où en est-elle ?...

— Pardonnez-moi de profiter toujours de votre occasion pour mes lettres : mais franchement, j'en ai par trop. Celle-ci ne presse pas : il me suffit que, dans vos courses, vous la laissiez soit à la rue de Lille, soit au Palais-Royal.

A propos, je vais acheter un *pèse-lettres*, afin de ne pas surcharger mes paquets. Vous me feriez plaisir de me dire s'il m'est arrivé déjà de vous faire payer double port pour quelque paquet mal affranchi : dans ce cas, j'entends vous rembourser ce que vous aurez payé.

Bonjour et santé.

P.-J. PROUDHON.

Bruxelles, 22 janvier 1859.

A MM. GARNIER FRÈRES

J'ai reçu la vôtre du 18 courant, avec le relevé de compte qui s'y trouvait. Je vois avec plaisir, ce à quoi je ne m'attendais pas, que ce compte solde à mon crédit par 479 fr. 85. Mais je ne vois aucune mention d'une somme de fr. 360 que ma femme avait reçue, pour votre compte, de M. Charles Edmond, et qu'elle a dû vous remettre, à moins qu'elle ne l'ait gardée après vous en avoir averti : c'est un article à revoir, et qui, je le crains, se trouvera à mon débit.

Pour les remboursements en retard, je les crois tous assurés, et vous ferez bien d'en écrire aux débiteurs, en mon nom, et après avoir prévenu M. Pilhes, qui doit être à Paris fin courant. (Son adresse, rue du Sentier, 8, maison Boissaye.) Je le préviendrai de mon côté ; et s'il y a quelque embarras, il saura y mettre ordre.

Vous avez M. Massol sous la main, boulevard Bonne-Nouvelle, maison Ducommun, 28. — Écrivez-lui un mot.

Je comprends parfaitement, messieurs, votre répugnance à voir votre nom accolé à celui de M. B***, et

je n'insiste pas là-dessus. Je vous prierai seulement, le
cas échéant, de faire figurer dans vos catalogues, et de
mettre en vente ce qu'il pourrait un jour publier de
moi : ce qui, ce me semble, ne peut en rien vous con-
trarier. Vous le faites pour tous les ouvrages nouveaux, quelle que soit leur origine, et de quelque éditeur qu'ils sortent : je vous le demande et j'y tiens,
parce que, dans mes prévisions, la réédition ou la propriété doit un jour vous revenir, mon intention n'étant
pas de courir de libraire en libraire et d'entretenir des
relations avec plusieurs éditeurs à la fois.

Je fais mes compliments de condoléance à M. Auguste ; et je le félicite même de pouvoir faire sa prison
en janvier et février plutôt qu'en juin et juillet. J'ose
lui prédire, pour peu qu'il reçoive des visites et qu'il
s'occupe, qu'il n'aura pas le temps de s'ennuyer. Ce
que vous me racontez du ministre à son égard me
prouve une fois de plus combien l'animosité contre
nous était grande : appel *à minima*, augmentation de
l'amende, opposition à la grâce; tenez-vous bien à
l'avenir. Pour moi, vous ignorez peut-être que je suis
de nouveau assigné pour le 25 janvier : bien entendu
que je ne comparaîtrai point. Ils connaissent mes dernières intentions. Puisqu'il est acquis, par le procès
Montalembert, qu'un condamné pour délit de presse
peut, sa peine expirée ou périmée, être repris et conduit à Cayenne, vous devinez que je ne rentrerai en
France que lorsque l'empereur en sortira, ou si vous
aimez mieux, lorsque le régime qu'il nous a fait sera
aboli. Combien me faudra-t-il attendre? Je ne suis
pas prophète : mais je crois que cela n'ira pas désormais bien loin.

Vous me demandez si nous aurons la guerre ? Voici

mon opinion très-arrêtée. Il n'existe aucun motif sérieux de guerre. La possession de la Lombardie est garantie à l'Autriche par l'Autriche; et nul n'a le droit de s'immiscer dans son administration. Napoléon III a garanti à François-Joseph le respect de cette possession, lors de la guerre de Crimée. Quant au rétablissement de la *nationalité italienne*, c'est une blague chauvinique, destinée à allumer l'opinion. Autant vaudrait parler, dans l'état actuel des choses, de ressusciter la nationalité étrusque, l'église druidique, ou le sénat de Carthage. Il y a six mois, on chauffait, sans plus de raison et à propos de l'isthme de *Suez*, autre traquenard boursier où vous ferez bien de ne pas mettre d'argent, la guerre avec l'Angleterre. Apparemment que les difficultés ont paru trop grandes ; on se tourne aujourd'hui du côté de l'Autriche. On quitte la Manche pour les Alpes.

La raison secrète de tout cela est que le régime n'est plus tenable; qu'il faut sortir de l'impasse à tout prix par la guerre, par la banqueroute, ou par des coups d'État. — La guerre est donc probable, mais non pas *fatale;* mais qu'elle arrive ou n'arrive pas, les choses n'en seront pas plus claires, et je ne puis trop vous engager à être sur vos gardes. Si ce n'est la guerre, ce sera, je vous le répète, de l'agitation, des coups de théâtre, peut-être une révolution, toutes choses qui équivalent à la guerre. N'écoutez ni la hausse ni la baisse, si ce n'est pour noter les symptômes de la maladie, et ne risquez que ce que vous ne pouvez vous dispenser de faire. De l'argent en caisse, des marchandises en magasin, des créances solides, des livraisons à courte échéance : ne sortez pas de là. Je ne vous dis point : *Ne produisez pas, n'imprimez plus rien;* je dis :

Faites vos placements avec prudence, qu'il s'agisse de livres ou d'espèces ; et n'engagez rien que sur des ouvrages solides.

Tout vôtre.

P.-J. PROUDHON.

Bruxelles, 22 janvier 1859.

A M. GUSTAVE CHAUDEY

Cher ami, d'après les conditions renfermées dans votre dernière lettre, je ne ferai ni n'écrirai rien pour l'audience du 25.

J'ai imprimé, j'ai écrit, j'ai protesté, j'ai porté plainte, on n'a fait droit à aucune de mes demandes ; on se moque de mes réclamations ; on est bien résolu à maintenir ma condamnation et mon expulsion ; il suffit.

La Justice me connaît, elle sait ce que je veux, et de mon côté, j'ai pris sa mesure. Je vais voir si l'*Indépendance* est disposée à m'accorder une ou deux colonnes.

Si vous revoyez l'ami Beslay, dites-lui de ma part que je suis résolu à me tenir coi, et que j'attends de ses nouvelles.

Je ne doute guère du succès de l'affaire de librairie que vous connaissez. Toute la question est de savoir si on me laissera parler de *Voltaire*. Je réponds de me renfermer dans les limites de la littérature : mais la

littérature, la forme, peut devenir, entre des mains in-
telligentes, plus redoutable que le fond. Vous, avocat,
vous en savez quelque chose. Ici encore vous verriez
que la littérature et le droit ont plus d'un point de
contact.

A ce propos, je vous dirai que nous avons ici un
ami qui va de succès en succès. C'est Madier-Montjau.
— Madier-Montjau, simple avocat, ne sachant que
faire, s'est mis à donner des conférences littéraires.
Les premières années, il obtint peu de succès;
MM. Deschanel et Bancel, rivaux plus habiles, l'éclip-
saient. Comme ces messieurs il allait à l'aventure;
mais, moins que ces messieurs, il savait se mettre à la
mode. Le voilà qui, après avoir lu mon livre de la
Justice, a compris qu'il y a là un principe fécond de
critique littéraire; maintenant il obtient des suffrages
croissants; Bancel, qui s'efforce, en traitant identique-
ment, à quelques jours de distance et devant les
mêmes auditeurs, les mêmes sujets, reste loin en arrière.

Les Belges sont pris par l'*idée*; le partage ne leur
suffit plus. Et il faut voir comme Madier-Montjau sait
creuser l'idée l De temps en temps nous échangeons
nos réflexions; je profite de ce qu'il trouve : vous verrez qu'il en sortira du bon.

Ma brochure sur les *Compagnies* est sous presse :
dans quelques jours, elle paraîtra. Ce sera mon numéro 1. Il y a des choses à l'adresse des Anglais; qu'ils
s'en emparent l après cette première tartine, je leur en
promets une seconde plus instructive encore, et si
nous parvenons à nous comprendre, nous ferons belle
besogne. Vous verrez : ce sera bien autre chose que
M. de Montalembert.

Bonjour, cher ami, j'ai la tête grosse. Mon affection cérébrale semble notablement diminuée; mais je suis tourmenté de congestions.

Je vous serre la main.

P.-J. PROUDHON.

FIN DU TOME HUITIÈME.

TABLE DES MATIÈRES

Paris. — Imp. Moderne(Barthier, dr), rue J.-J. Rousseau

www.ingramcontent.com/pod-product-compliance
Lightning Source LLC
Chambersburg PA
CBHW052112270326
41928CB00010BA/1670